The Educational Theory of Amy Gutmann

エイミー・ガットマンの教育理論

Development of Egalitarian Arguments in the Contemporary American Philosophy of Education

現代アメリカ教育哲学における平等論の変容

Hirai Yusuke

平井悠介

世織書房

はしがき

　本書は、1980年代以降の英米圏におけるシティズンシップ教育理論の展開に対し平等主義的リベラリズムがいかに影響したかを探究テーマとしている。1970年代後半以降、英語使用圏における教育哲学では、分析的教育哲学に代わる規範的教育哲学が登場し、今日一つの潮流をつくり出している［宮寺 1997］。規範的教育哲学の課題は、〈自由〉と〈平等〉の価値対立を調整し、価値多元化社会での共生の方策を探究することである。本書は、平等主義の立場に立つリベラル派の思想家とその理論に焦点を当て、この課題に応えようとするものである。

　法哲学者ロナルド・ドゥオーキン（R. Dworkin）が「平等」を考察する際に財ないし機会の分配から議論を始めているように［Dworkin 2000 : Part I］、「平等」はしばしば分配的正義の文脈で語られる。教育の文脈でなされる、機会の平等か、結果の平等かという平等をめぐる議論も、その根底では「教育財をどのように分配していくか」が問われてきた。しかし、教育における平等は、1980年代後半から90年代にかけて、財の分配とは異なる観点から問われるようになってきている。多様な文化的アイデンティティ、特に文化的マイノリティの集団的アイデンティティの公的承認を求める動きが、理論的にも現実的にも見られるようになり（例えば、合衆国史のカリキュラムをめぐる多文化主義論争に象徴される）、その中で、政治的自由を万人に平等に保障すること、および個人を市民として平等に尊重することが重要だと認識されるようになった。

　こうした状況に対応するかのように、1990年代にリベラル派の論者はシ

ティズンシップ（citizenship）教育論を積極的に提出してきている。本書での問題関心は、90年代になぜリベラル派論者がシティズンシップ教育に関心を向けたのか、その動機に向けられている。この動機を解明するためには、シティズンシップ教育がその健全化を標榜する民主主義概念の分析とリベラル派論者が提出する社会的平等論の分析、およびそれらの接点の探究が必要となる。それゆえ、平等主義的立場から教育のあり方を考察しているアメリカ合衆国の政治哲学者エイミー・ガットマン（Amy Gutmann）を研究対象の中核に据えることになる。ガットマンの理論的変遷に軸足を置くことで、現代の英米圏の市民教育諸理論の特色を明らかにできると同時に、諸理論の中に平等主義的理論を位置づけられるのではないか。こうした研究展望のもとに本書は展開していく。

　わが国においては、2000年代に入り、シティズンシップ教育への社会的関心が高まっている。若年層の政治離れ、経済の停滞、社会的規範意識の希薄化などの問題への対応策として、シティズンシップ教育は注目されてきた。例えば、2006年に経済産業省「シティズンシップ教育と経済社会での人々の活躍についての研究会」が『シティズンシップ教育宣言』を発表し、成熟した市民社会の形成に向けた個人の資質・能力の向上を求める提言を行っている。そこではシティズンシップは、「多様な価値観や文化で構成される社会において、個人が自己を守り、自己実現を図るとともに、よりよい社会の実現に寄与するという目的のために、社会の意思決定や運営の過程において、個人としての権利と義務を行使し、多様な関係者と積極的に（アクティブに）関わろうとする資質」［経済産業省 2006 : 20］と定義されている。また、教育実践においても、東京都品川区や神奈川県横浜市、お茶の水女子大学附属幼・小・中学校をはじめとして市民教育推進の新たな取り組みが試行されてきた。これらは、成熟した社会でより善く生きていくために自ら、また協同して思考し、その思考を社会参画へとつなげようとする主体的な市民の育成を目的としていると言えよう。そして、これら試行的な教育は今後、より広く教育現場に浸透していくことになる。日本学術会議心理学・教育学委員会「市民性の涵養という観点から高校の社会科の在り方を考える分科会」が2016年5月に提出した提言「18歳を市民に――市民性の涵養をめざす高等学

校公民科の改革──」や次期学習指導要領からの高等学校における新科目「公共」（仮称）の必修化の検討議論がそれを物語っている。こうして広がりを見せるシティズンシップ教育は、明らかに伝統的な公民教育とは一線を画している。

　わが国においては、堀尾輝久の研究に見られるように、公民教育は社会の〈大衆〉化を助長する大衆操作の手段として認識され、結果としてナショナリティの形成と結びつけられて認識される傾向が根強く残っている［堀尾1957］。このような受動的な意味合いを連想させる「公民」ではなく、「市民」や「シティズンシップ」を前面に打ち出し、積極的に社会に参画する個人を育成しようとするところに、今日のシティズンシップ教育の特徴がある。そして、シティズンシップ教育理論は、積極的に公共について思考し、積極的に社会に参加しようとする意識を子どもに醸成する方法の探究へと向かう傾向にある。ただし、本書でのシティズンシップ教育理論の検討の対象は、教育方法論に向かうのではなく、その根底にある教育目的論へと向かっていく。

　市民がより善く生きていくためにはどのような社会を形成する必要があるのか。英米圏のシティズンシップ教育の議論は、望ましい市民像を包括する望ましい社会像をめぐって、論争を伴いながら展開している。本書は、わが国で高まってきているシティズンシップ教育の議論ではまだ十分には意識されていない社会的平等という視点をシティズンシップ教育に導入しようとする試みでもある。

目　次

はしがき　i

序章
平等をめぐる教育哲学研究と政治哲学研究との接点 ………………… 3

第1節　本書の目的と概要　3
　1．本書の目的、および教育の平等をめぐる1980年代以降の議論の整理　3
　2．民主主義概念からシティズンシップ概念へ
　　　──ガットマンを研究する意義　8

第2節　先行研究と本書の位置づけ、および本書の課題　10
　1．ガットマンに関する先行研究　10
　2．日本におけるガットマンに関する先行研究　15
　3．先行研究の整理と本書の課題　18

第3節　対象へのアプローチ──ガットマンの刊行著書・論文一覧　21

第Ⅰ部　1980年代のガットマンのリベラリズム批判と
　　　　　　民主主義的教育理論の形成

第1章
『リベラルな平等論』（1980年）に見られる政治参加論と教育
　　──── J. Rawlsの「分配的正義」論に対する批判 ……………………… 33

第1節　『リベラルな平等論』にいたる思想的背景　33

第2節　『リベラルな平等論』における分配的正義と参加的正義の統合　35

　1. 『リベラルな平等論』の概略　35
　2. ロールズの分配的正義の理論とその批判　37
　3. ガットマンによるロールズ批判とJ. S. ミルの参加擁護論　41
　4. 『リベラルな平等論』におけるガットマンの平等主義的思想　43

第3節　政治的参加と教育　44

　1. 平等なる参加の四つの価値　44
　2. 学校教育のコミュニティ・コントロールと参加的価値　47
　3. 教育における政治的参加の意義　49

第4節　教育論としての『リベラルな平等論』　51

第2章
『民主主義的教育』（1987年）における政治的教育の特質
　　────意識的社会再生産概念の確立と参加概念の関係性 ………………… 53

第1節　『リベラルな平等論』から『民主主義的教育』へ　53

第2節　『民主主義的教育』の主題　54

第3節　三つの国家論と「民主主義的教育」国家論　55

第4節　意識的社会再生産の包括性
　　　　──未来の子どもの権利保障と二つの制限原理　58

第5節　意識的社会再生産概念の確立と参加概念の関係性　60

第3章
ガットマンの民主主義的教育理論における「教育権限」問題
―― 1980年代の中心課題 ……………………………………… 63

第1節 「教育権限」問題と権利を主体とした教育理論 63

　1. 教育における親の自由とパターナリズム――「教育権限」問題 63

　2. 権利論を主体とした教育理論――子どもの未来の権利と教育 69

　3. ガットマンの思想的独自性
　　　――コミュニタリアニズムによるリベラリズム批判の受容 73

第2節 意識的社会再生産論の特質とその革新性――教育権限問題と
　　　　民主主義的教育理論 78

第3節 民主主義的教育理論における公教育の分配 81

第4節 1980年代の民主主義的教育理論における民主主義の意味 83

第Ⅱ部　ガットマンの民主主義的教育理論の展開
――1990年代前半の熟議民主主義論との関連を中心に

第4章
1990年代前半のガットマンの民主主義的教育理論の展開 ………… 89

第1節 熟議民主主義にみられる市民形成的側面 89

　1. 宗教的寛容と相互尊重の差異 89

　2. 熟議民主主義と市民的資質――熟議能力の育成と初等・中等教育の現実 91

　3. 教育実践における熟議の価値 95

第2節 『民主主義と意見の不一致』（1996年）における熟議民主主義
　　　　理論の構築 97

　1. 道徳的な意見の不一致と手続き的民主主義・立憲民主主義・熟議民主主
　　　義 97

　2. ガットマンの熟議民主主義論の特質――相互尊重と寛容との差異 101

第3節 教育における多文化主義の問題と民主主義的教育 105

第4節 1990年代前半の民主主義的教育理論における民主主義の意味 107

第5章

アメリカ市民教育理論におけるシティズンシップと民主主義 ……… 111

第1節　1990年代のアメリカ市民教育をめぐる問題状況　111

第2節　アイデンティティをめぐる対立と市民教育理論　113

1. ニューヨーク州社会科カリキュラム改訂をめぐる論争の概要　113
2. 市民教育をめぐるリベラル派の諸理論　116

第3節　市民教育理論としての民主主義的教育理論　117

1. 民主主義的教育理論の特質と市民的徳
　　──パトリオティズム的教育とコスモポリタン的教育との比較　117
2. 民主主義的教育理論に対するリベラル派による批判とシティズンシップ　121

第4節　多文化主義的教育に対する市民教育理論の意義　123

第5節　市民教育理論の可能性──共通アイデンティティと熟議　125

第6章

市民教育理論における教育の国家関与と親の教育権限
───市民教育の目的・内容をめぐって ………………………………… 127

第1節　市民教育の目的・内容をめぐる問題　127

第2節　市民教育に関するリベラル派の諸議論──その共通点と差異　130

1. 親の自由の制限要因としての「子どもの権利」　130
2. 市民教育の内容に関するリベラル派論者の主張の差異　133

第3節　「子どもの権利」、熟議民主主義、アイデンティティ　135

1.「子どもの権利」の保障と熟議民主主義　135
2. 子ども・親・国家間の抑制関係──正当化の問題への応答　137

第4節　熟議民主主義の実質化に向けた国家関与　139

目　次　ix

第Ⅲ部　1990年代後半の民主主義的教育理論の深化
──熟議民主主義の現代的意義と課題

第7章
ガットマンの民主主義的教育理論におけるアイデンティティを めぐる課題 ……………………………………………………… 143

第1節　公教育における宗教的信仰をめぐる問題と民主主義的教育　143

　1．チャドル事件の概要とフランス政府の対応　144
　2．寛容の原理に対する批判　146
　3．宗教的多様性と民主主義的教育──ガットマンによるチャドル事件批判　147
　4．ガットマン理論における宗教的多様性の意味　151

第2節　アファーマティヴ・アクションに対するガットマンの見解と 多様性擁護論　152

　1．アファーマティヴ・アクションに対する「肌の色を意識した」判断　152
　2．アファーマティヴ・アクション擁護論者の一般的解釈とガットマンの差異 の評価　157

第3節　教育の市場化の問題とマイノリティを考慮した平等論　160

　1．市場統制に対するガットマンの批判の変遷　161
　2．学校選択の問題の論点と多様性擁護論　164

第4節　『民主主義におけるアイデンティティ』（2003年）におけるア イデンティティ・ポリティクスと熟議民主主義　165

　1．『民主主義におけるアイデンティティ』の主題 　　──アイデンティティ集団の価値をめぐって　165
　2．文化的アイデンティティと民主主義　168
　3．宗教的アイデンティティと民主主義　170
　4．『民主主義におけるアイデンティティ』と熟議民主主義理論の深化　174

第8章
教育における国家的統合と価値としての政治的平等 ──── 1990年代アメリカのリベラル派の市民教育理論の新たな展開 …… 177

第1節　国家的統合をめぐる市民教育の論点　177

第2節 民主主義理論の「熟議的転回」と市民教育論 180

1. 1990年代のシティズンシップ論の再興と多文化主義の台頭 180
2. 民主主義理論の「熟議的転回」と市民教育論 182
3. 「熟議的転回」に伴う教育課題 183

第3節 「熟議的転回」後の市民教育理論 185

1. リベラル派の市民教育理論にみられる二つの立場
   ──カランとマセードの論争 185
2. リベラル派市民教育理論の新たな展開 189

第4節 批判的能力の育成と政治的平等 192

第9章

教育機会の平等論に対する熟議民主主義の意義 …………………… 195

第1節 教育機会の平等をめぐる議論の動向 195

第2節 教育機会の平等論における〈充分性の保証〉 197

1. 分配論を基礎とした教育機会の平等論批判と教育の充分性論 197
2. 充分性という教育水準とシティズンシップ教育論の接合 199

第3節 熟議民主主義が抱える諸問題と可能性
    ──社会統合論の文脈で 201

1. 教育の充分性論と社会統合論 201
2. 多文化教育批判に見られる熟議的シティズンシップ教育の課題 203
3. 熟議民主主義理論のシティズンシップ教育実践への適用の可能性 206

第4節 熟議民主主義は教育機会の平等論に何をもたらすか
    ──残される課題 208

第10章

熟議民主主義の規範性と実現可能性
───市民教育理論の文脈から排除問題を再考する ……………… 211

第1節 熟議民主主義の制度化へ向けた問題の所在 211

第2節 熟議民主主義を支える原理としての互恵性 213

第3節　熟議民主主義批判とその応答　216

　　1．熟議民主主義の理論内在的な排除に対する批判　216
　　2．自律的市民像と宗教的個人の対立問題　218
　　3．構造的不平等としての、事実上の社会的排除の問題　220

第4節　熟議民主主義の実現に向けて　223

終章

価値多元的社会と政治的教育哲学 ………………………………… 227

第1節　本書の研究のまとめ　227

第2節　残された課題　235

註　239

参考文献　257

索引（人名・事項）　275

あとがき　283

【凡例】

1、英文文献の訳出は原則として引用者が行っているが、一部邦訳を援用している。

2、訳出に当たり、原書のイタリック体の用語には傍点を付している。

3、文献は原則としてソシオロゴス方式に準拠し、文献一覧は巻末に掲げている。

エイミー・ガットマンの教育理論

序章

平等をめぐる教育哲学研究と
政治哲学研究との接点

第1節　本書の目的と概要

1．本書の目的、および教育の平等をめぐる1980年代以降の議論の整理

　本書の目的は二つある。第一に、現代アメリカの政治哲学者エイミー・ガットマン（Amy Gutmann, 1949-）の民主主義的教育（democratic education）理論の形成・展開過程を追いながら、その理論を支える民主主義概念が、参加民主主義（participatory democracy）から熟議民主主義（deliberative democracy）[1]へと展開していることの意味を明らかにすることである。第二に、ガットマンの理論の展開を、1980年代以降の市民教育の理論的動向と関連づけて検討することで、現代アメリカ教育哲学における平等論の変容の意味を明らかにすることである。言い替えれば、本書の研究課題は、ガットマンの教育理論の中核にある民主主義概念の展開を教育における平等論との関連において追いながら、1980年代から2000年代にかけての、教育における平等論の問い直しと理論的展開、およびその意味について探求することにある。

　ここでまず、現代アメリカ教育哲学において教育の平等論（教育機会の平等論）がどのように捉えられてきたか、教育裁判の判決の動向とあわせて整理、確認していこう。

　1954年のブラウン訴訟（*Brown v. Board of Education of Topeka*）判決は、結果の平等を基礎とする権利保障としての教育機会の平等という考え方への社会的な端緒を開いた。この考え方は、1970年代の一連の学校財政制度訴訟を経て、教育の充分性（adequacy）の保障を求める考え方へと論点を移行

4

させることとなった［Rebell 2008］。この転換の契機となったのが、1973年のサンアントニオ独立学区 対 ロドリゲス訴訟（*San Antonio Independent School District v. Rodriguez*）の連邦最高裁判決（いわゆる、ロドリゲス判決）である。

この裁判は、生徒一人当たりの教育費の学区間格差を生んでいるテキサス州公立学校財政制度が、合衆国憲法修正第14条に定める法の平等保護条項に違反するかが争点とされ、最高裁が州の財政制度は必ずしも法の平等を侵すものではないとする合憲判決を下した裁判である。この判決において、最高裁は、（1）学校の地方統制の促進という州の正統な利害と合理的に関係している限りにおいて、生徒への教育財の不平等な分配であっても認められる、とし、それと同時に（2）子どもがどの地方に住んでいるかに関係なく、あらゆる生徒に基本的で充分な教育を保証することの重要性も認めた［Satz 2007：624］。ロドリゲス判決は、教育機会の平等の判断基準として絶対的剥奪、および相対的不利益の基準を措定した上で、前者の場合には法の平等保護違反となりうるが、争点とされた後者の場合には違反となりえないとした判断であり、1960年代の教育の結果の平等論に終止符を打つ判決となった［白石 1996：61, 65］。

この判決の後、1989年以降の学校財政制度訴訟では、原告は合衆国憲法の平等保護条項ではなく教育条項を法的根拠にして争う姿勢に切り替え、結果的に原告の主張が認められる判決が引き続き出されることになる。裁判では、教育費の適切・妥当な分配だけではなく、適切・妥当な教育内容や教育制度のあり方が問われることとなった［白石 2007：69］。教育機会の平等は、1990年代以降、子どもの未来の生活機会を保証する適切・妥当な内容（充分性の内容）を特定することを含めて、判断されることになったのである。

こうした教育裁判の動向に呼応して、平等主義の教育理論の文脈においても、教育機会の平等は〈財の分配における平等〉から〈充分性の保証〉への論点移行の是非をめぐって、また教育の充分性の内容をめぐって、そのあり方が検討されてきている。サラ・マゴーフ（S. M. McGough）によれば、アメリカ教育哲学会の機関誌*Educational Theory*誌上では、ブラウン判決以後の教育の平等をめぐる哲学的理解が次のように変わってきている。すなわち、1960年代のアメリカ議会による平等に関する報告（コールマン報告）、1970

年代の女性解放運動、およびその後のアファーマティヴ・アクション運動の影響を受け、財の数量的分配、平等な教育機会、差異の包摂、資源の平等、教育の結果の平等という観点から議論が更新されている［McGough 2004：105］。1984年にはロドリゲス判決の是非をめぐる特集が組まれ、教育の平等保証に対する国家的後退状況に批判的な議論が展開されている。マゴーフが示すように、特集号への寄稿者の一人ケネス・ストライク（K. Strike）の論考［Strike 1984］では、必ずしもすべての機会が学校によって統制されるとは限らないがゆえに、哲学者はその任務として統制されるべき機会を特定し、その機会の平等化について考えるべきだと説かれている。そして、この任務が基礎教育の本性を問うことと同義だとされた上で、政治的・経済的生活への効果的な参加のための能力の獲得が基本的機会として措定されるべきだと主張されている［McGough 2004：110］。ストライクの議論に表れているように、1980年代以降のアメリカ教育哲学会において、教育機会の平等は「充分な教育内容とは何か」という議論の文脈の中で検討され、充分な教育内容として民主主義社会への参加能力が位置づけられるようになったのである。つまり、教育機会の平等が財の分配論とは異なる参加民主主義論（政治論）を伴って語られることになった転換点が1980年代にあったと言える。

　このように、アメリカ教育哲学における議論が1980年代に変容していることは、アメリカ教育哲学会会長を務めたこともあるニコラ・バービュラス（N. Burbules）が、創刊50年を迎えた*Educational Theory*誌上での過去の諸議論を総括した特集号の巻頭論文の中で明らかにしている［Burbules 2000］。バービュラスは、ウェンディ・コーリーの分析［Kohli 2000］を受け、分析哲学が主流であった1970年代までとは異なり、1980年代以降、学会誌の著者リストがジェンダー論の観点から変化したと捉え、フェミニズム理論、新マルクス主義による批判理論、ポストモダニズム理論が教育理論家の領域で正統なものとして認識されてきたとみなす［Burbules 2000：283］。また、その流れを受けた1990年代の特徴については、メーガン・ボーラーの論［Boler 2000］を受けながら、「社会的／学術的論争の結果として生じる合意、もしくは不合意が相対的にどのようなメリットをもたらすかについて中心的論争が生じた」とみなしている［Burbules 2000：284］。バービュラスは、こ

うした教育哲学分野のポストモダンと呼ばれるような動向は、「合理性や客観性、その他様々な普遍的な規範といった諸基準に対するますます増大する不信を表明している」とする。そして、「肯定的な社会的目標としての差異と意見の相違といった概念に対するますます増大する関心を示している」と考えている [Ibid. : 284-5]。その上で、2000年代以降の教育哲学には、「排除と包摂のダイナミズムがあらゆる社会的判断に潜在的に含まれていることへの理解、および、あらゆる種類の知的な仕事の責任の一つが、自らがどのような形で多様な集団の利害と観点に対して、それを沈黙させたり、それに特権を与えたり、それを見過ごしたり、それを標準・正常なものとしたりすることに関わってしまっているかを反省することだ、という理解」が必要であると指摘している [Ibid. : 285]。こうしたバービュラスの指摘に従えば、1980年代以降の教育哲学研究においては、社会的包摂と排除の問題を、グランドセオリーによることなく、社会的・学術的論争を考慮しながら問い直していく、という課題が存在している。それは分析哲学的教育哲学が、社会哲学・政治哲学との学際的交流を始めたことをも暗示している。

　教育哲学の社会哲学・政治哲学への接近の傾向は、2000年代初頭に刊行された教育哲学事典の内容にも現れている。2003年刊行の*A Companion to the Philosophy of Education*の編者ランドル・カレン（R. Curren）は、その編著のイントロダクションにおいて、次のように述べている。

　　別の実践の領域と関係のある他の形式の規範的探究と同じように、教育哲学はその領域にもたらされる教育哲学的な問題と資源によってのみ形づくられているわけではなく、その領域に固有に内在している実践的問題と混乱（難問題）によっても形づくられている。権力、自由、責任、正義、平等、専門職の倫理に関わる諸問題は様々な領域の実践哲学に共通するものであるが、教育哲学は教育の世界の規範的に重要な特徴づけと発展に取り組む必要がある。（中略）教育哲学は、これまで無視され続けてきた子どもに関わる問いを近年になって政治哲学が強調し始めたという事実から利を得てきている。それだけではなく、教育についての近年の注目すべき公共的論争、例えば、教育における親の選択、宗教学

校の公的支援、障害を抱えた子どもへの配慮などをめぐる論争が哲学的探究の妥当な対象候補となってきたという事実からも利を得てきているのである［Curren 2003 : 1］。

　この言及にも現れているように、1990年代から2000年代初頭にかけての教育哲学は、権力、自由、責任、正義、平等、専門職の倫理といった政治哲学分野で検討されてきた主題を共有しながら、公共的論争の中での規範性の探究を議論の中心に据えている。そうした探究は形而上学的な議論によってではなく、教育現実をコンテクストとした議論によってなされるべきだと考えられている点において、政治哲学の議論に欠けている要素を補うとも評価されている[2]。

　また、2003年に刊行された*The Blackwell Guide to the Philosophy of Education*の編者ブレイクらも、教育哲学の社会哲学・政治哲学への接近の傾向を指摘している。ブレイクらの分析によると、英語使用圏の教育哲学では、1970年代から80年代にかけて、それまで主流であった分析的アプローチ、およびカント主義的アプローチが問い直され、それらから離脱する傾向が強まった［Blake et al. 2003 : 6］。それと同時に現実の教育問題への対応策を議論の中心に据える傾向が強まった。その理由は、具体的には二つである。

　第一に、リベラリズムそれ自体が抱える諸問題がより鮮明になり、それに伴って、新自由主義的な政府が政治的形態と経済的形態の中間に位置するリベラリズムの両義性を際立たせたということである。「経済的リベラリズムは教育の供給、選択、差別、特権に関わる内的な諸問題を伴う一方で、特にイギリスとアメリカにおいて、しばしば社会的（そして教育的）権威主義をももたらした」という認識がそこに存在している［Ibid.］。第二に、社会的な主流派によって周辺に追いやられている、いわゆるマイノリティ集団の異議申し立てが強まったということである。このことは、教育における多文化主義の高まりとして顕著に現れてくる。80年代以降の教育哲学、特にリベラリズムの教育哲学における課題は、権威主義と集団主義の間で、社会的統合の問題と、アイデンティティおよびコミュニティに関する問題にいかに対応していくかということであった。教育における平等を議論する際の前提

として、国家の後退、供給主体からの離脱という現実が存在していたのであり、それゆえそうした問題の解決の糸口を「民主主義」の健全化に見出そうとしたのである。

2．民主主義概念からシティズンシップ概念へ──ガットマンを研究する意義

ところで、社会的統合の問題や民主主義の健全化については、市民教育のあり方をめぐる議論の中で扱われるテーマでもある。先述したブレイクら編纂の教育哲学事典の中で、ペニー・エンスリン（P. Enslin）とパトリシア・ホワイト（P. Whitte）が、1990年代初頭以降のリベラル派の政治理論においてシティズンシップ概念が大きな関心を得ている、と明示しているように［Enslin and White 2003 : 110］、市民教育は90年代以降の教育哲学の重要なトッピクスとして認識されている。しかし、この傾向性は、ブレイクらの議論で示されている80年代以降のリベラル派の内部修正の結果生まれたものであると推測されるものの、その意味は必ずしも研究上明らかにされていない。それは、エンスリンとホワイトが、「リベラルデモクラシーにおいて、シティズンシップ教育の問題への関心が増してきているものの、その教育目的と手続きへの見解の一致はいまだに生みだされないままである」と指摘していることからも明らかである［Ibid. : 121］。シティズンシップ教育をめぐる見解の一致が見出されていない状況が存在しており、それゆえ1990年代に教育哲学と政治哲学の分野で市民教育が注目されたことの意味の解明を検討課題とすることには一定の意義がある。

この課題に応えるために本書が注目するのが、政治哲学者ガットマンの民主主義的教育理論である。なぜガットマンに注目するのか。それは、ガットマンの理論的出発点が平等主義的リベラリズムの社会理論の批判的受容にあり、それを1980年代に民主主義的教育理論として展開させ、さらに90年代から市民教育の必要性を強調していった、ということが、上述の教育の平等をめぐる教育哲学の理論的動向に呼応していると考えられるからである。

ガットマンは、2016年現在、ペンシルヴァニア大学学長であり、教養学部のクリストファー・H・ブラウン政治学ディスティングイッシュトプロフ

ェッサーの地位にある。研究的地位を固めたのは前任大学のプリンストン大学（1976年から2004年まで所属）においてである。プリンストン大学では、1990年から2004年までローレンス・S・ロックフェラー大学政治学教授の地位にあり、2001年から2004年まで学務担当副総長（provost）の任に就いている。また、1990年から1995年、および1998年から2001年まで同大学ヒューマン・ヴァリュー・センター所長も務めている。本書が焦点化する時代は、ガットマンがプリンストン大学に所属していた時代ということになる。

　プリンストン大学勤務時代、ガットマンは政治哲学者という立場から、価値の多元化した社会における社会的平等について研究を重ね、社会哲学、法哲学、倫理学、教育学など各分野で精力的な活動を行った。わが国においても、価値多元化社会における合意の方法という文脈の中で、特に法哲学や政治学の分野で1990年代から注目され始め、『マルチカルチュラリズム』（佐々木毅、辻康夫、向山恭一訳、岩波書店、1996年）の編者として広く認識されている。

　著作は、単著として、『リベラルな平等論』（*Liberal Equality,* 1980）、『民主主義的教育』（*Democratic Education,* 1987）、『民主主義におけるアイデンティティ』（*Identity in Democracy,* 2003）が、デニス・トンプソン（D. Thompson）との共著『民主主義と意見の不一致』（*Democracy and Disagreement,* 1996）、『なぜ熟議民主主義が必要なのか』（*Why Deliberative Democracy?* 2004）、『妥協の精神』（*The Spirit of Compromise,* 2012）、アンソニー・アッピア（A. Appiah）との分担論文集（タナー・レクチャーによる講演論集）『カラー・コンシャス』（*Color Conscious,* 1996）がある。

　第1著書『リベラルな平等論』において、ガットマンは1970年代の平等主義的リベラリズムによる分配的正義論に基づく平等論とは異なる参加民主主義論の観点から平等論を形成していった。それ以降、リベラリズムと参加民主主義の接合について論じると同時に、教育を主題として論じるようになる。平等論から教育論への重点の移動は、1987年の第2著書『民主主義的教育』の刊行において決定的なものとなる。第2著書において、ガットマンは意識的社会再生産（conscious social reproduction）の理念を中心に据えた民主主義的教育理論を提唱し、非抑圧（nonrepression）と非差別（nondiscrimination）

という二つの制限原理を内包した教育の必要性を唱えた。『リベラルな平等論』の刊行以降、80年代のガットマンの中心課題は教育権限の所在をめぐる諸理論を、具体的には国家、親、教育専門家のいずれかに独占的に教育権限を認めようとする諸理論を相対化する独自の理論を構築することであった。民主主義概念は教育権限の分配を正当化するための概念として価値づけられ、権力を組み替える手段としてさらなる価値づけがなされていった。

　ところが、1990年に発表したデニス・トンプソンとの共著論文「道徳的対立と政治的合意」("Moral Conflict and Political Consensus")以降、道徳的対立の調整の方法として民主主義が論じられるようになり、それとともに市民的徳の育成の重要性が意識されるようになった。ガットマンはこの時期に、包括的概念としての民主主義を熟議民主主義へと展開させ、熟議への参加を通じた市民形成を強調し始める。民主主義概念は、教育権限の正当化の根拠から市民形成の方法として、議論上用いられるようになった。そして、その概念の展開は『民主主義と意見の不一致』（1996年）および1990年代の教育に関する諸論文において確実なものとされた。その後の2000年代初頭の『民主主義におけるアイデンティティ』（2003年）刊行までに民主主義的意思決定と集団的アイデンティティの関係性が中心的に議論され、個々人のアイデンティティの多様性を前提とした社会的統合のあり方が示されていくことになる。

　本書は、こうしたガットマンの理論的展開がアメリカ教育哲学分野での教育における平等論の新たな傾向を象徴すると評価した上で、ガットマン理論における民主主義概念の展開を詳細に検討することで、教育における平等論の動向の変化の意味を探究していくねらいをもつ。

第2節　先行研究と本書の位置づけ、および本書の課題

1．ガットマンに関する先行研究

　本書の研究対象であるガットマンは、1980年代から90年代にかけて市民教育と政治的平等との関係性を研究するとともに、90年代以降熟議民主主義理論の構築を中心に研究を重ねており、現在、リベラリズムの立場から市

民教育の必要性を論じる代表的な論者として認識されている［Fernandez & Sundström 2011］。そのガットマンの民主主義的教育理論、および熟議民主主義理論は1990年代よりアメリカ教育哲学において研究対象とされていた。アメリカ教育哲学会の年報*Philosophy of Education*誌に登場する諸論文の中で、ガットマン理論に関連する主な論文を取り上げると、以下のようになる。

　まず、1994年のランドル・カレンによる「正義と教育の平等の基準原理」をあげることができる［Curren 1994］。カレンは教育財の公正なる分配の議論の文脈の中で、ガットマンが『民主主義的教育』において展開した教育機会の平等原理としての民主主義的基準点（democratic threshold）に関して論考を加えている。ガットマンは有限な教育財をどのように分配すべきか、という問いに対し、社会で最も恵まれない者が民主主義社会に効果的に参加する能力を保証する最低基準を設定している。このことに対して、カレンは、基準点は社会相対的なものであり、民主主義的な意思決定によって変更可能であるという観点からその原理の修正を試みている[3]。カレン論文で重要なのは、ガットマンの民主主義的教育理論において平等性の原理が注目されていることを指摘している点である。また、そうした平等性の原理を考察する際に、（ガットマンも指摘している点であるが）民主主義的な意思決定が入り込む余地がある、としている点である。

　続いて、1997年のステイシー・スミス（S. Smith）による論文「民主主義、多元主義、教育——市民的参加の実践、市民的参加に向けての実践について熟議する」をあげることができる［Smith 1997］。スミスは、多元的社会における社会形成のあり方について、平等と包摂という価値原理を持ち出す熟議民主主義理論の観点から重要視するとともに、熟議民主主義の抱える問題性も指摘している。スミスにとって、熟議民主主義が多元的社会の社会理論として価値があるとするのは、多元性、相互主観性、誤謬性を要求する実践的理性（practical reason）の観念に依拠しており、そこに規範性が備わっているからである［Ibid.：340］。しかし、そうした熟議民主主義を実践する際に、社会的不平等、ジェンダー格差、文化的差異が問題となることを指摘し、それを克服するためにも、ガットマンの社会的再生産概念を支持している。こ

こでスミスは、社会的再生産概念には二つのレベルがあると捉えていく。民主主義的意思決定の実践と意思決定を求めた実践の二つのレベルである[Ibid.: 344]。つまり、その概念は単なる意思決定の実践ではなく、意思決定のあり方をも問い直す余地を残しているものとして捉えている。スミスは、セイラ・ベンハビブ（S. Benhabib）が主張する「確固とした他者性」（concrete otherness）が教育上の意思決定の実践の中で包摂と平等を最大化するだろう、と考えるとともに、教育者は民主主義的シティズンシップを求める教育実践を行うように差異を考慮し続けることを教師に求めていく。このスミス論文は、カレン論文と同様に社会的平等の達成に対して民主主義の重要性を強調している。ただ、カレン論文では十分には考察、検討されていないガットマンの熟議民主主義概念を援用して社会的平等の考察がなされていることは新たな傾向を示している。

　ガットマンの熟議民主主義概念への注目は、1998年に刊行されたマシュー・パメンタル（M. Pamental）の論文においてもなされている。1998年論文「熟議民主主義者というのはどのようなものか」において、パメンタルは次のように述べている。

　　　『民主主義的教育』では、ガットマンが教育の分配に対する民主主義的な制限とみなしていることに話題が集中しているが、民主主義的な統治への参加のために、市民が教育に求めている必要なものは何かという問いには開かれている。特に、「公共的理性」（公的なフォーラムにおいて政策課題がそれによって解決されるべき手段として想定されているもの）の問題は強調されていない。『民主主義と意見の不一致』を解釈する一つの方法は、それを公的熟議の基礎理論を供給するものであるとみなすことである [Pamental 1998 : 222]。

　こうしてパメンタルは、ガットマンの『民主主義的教育』と『民主主義と意見の不一致』に共通している民主主義的熟議という理念の実際的な特徴を解明しながら、その理念を実現するために市民に要求される特徴を探究することを目的としていく。そして、理念的な市民の特徴として、道徳的推論お

序章　平等をめぐる教育哲学研究と政治哲学研究との接点　13

よび熟議のための能力と、道徳的に熟議することへのコミットメントの二つ
が必要とされることを明らかにしていく[4]。パメンタルの指摘は、1987年と
1996年に出版されたガットマンの著作の比較を通じて、ガットマンが熟議
民主主義の達成のために市民教育により重点を置いて論を展開している、と
いうものである。この指摘は、1990年代の市民教育論の高まりが、権力の
分有の議論を包括する公共的理性の問題と関連させて論じられるべきことを
示唆している点で、非常に重要な意義を有している[5]。

　2000年代に入ると、ガットマン理論は社会的統合という観点から検討さ
れ、その有効性の有無について検討される傾向が見られる。例えば、シーガ
ル・ベン・ポラス（S. Ben-Porath）による2003年論文「民主主義的教育をラ
ディカル化する」においては、イスラエルの戦時体制下において右傾化した
市民教育を相対化する理論として、ガットマンの民主主義的教育理論の重要
性が主張され、その上で、ガットマン理論とラディカル・デモクラシー論と
の接近について考察されている［Ben-Porath 2003］。

　ただ、こうした肯定的評価に対して、ガットマン理論は批判の対象ともさ
れている。ヘイズ・アンダーソン（H. Anderson）による2003年論文「プラ
グマティズムと多文化主義の帰結について」では、多文化主義理論が普遍性
に基づいて論を展開していることへの批判と同じ文脈で、ガットマンが批判
されている［Anderson 2003］[6]。プラグマティズムを支持するアンダーソン
は、多文化主義社会において人々の差異の承認を行うとしても、実践におい
ては文脈依存的な解釈のもとで承認の判断がなされざるを得ないとし、ガッ
トマンが市民的徳性として強調する寛容や相互尊重のような価値をあらゆる
世界へと適応しようとすること自体が困難であることを指摘している。

　また、アン・ニューマン（A. Newman）による2005年論文「熟議の特性を
身につけるための教育――持続的な意見の不一致と宗教的個人の問題」では、
反省的自己の確立、自律性の育成を教育に求めるガットマンが批判されてい
く［Newman 2005］。ニューマンはガットマンが熟議民主主義を支えるため
に、公共的理性、相互尊重、自律性を支持する教育の必要性を論じているこ
とを確認した上で、そうした教育論が宗教的な生き方を選択している個人の
生き方を制限することになると指摘していく。ニューマンの指摘は、熟議民

主主義の実現に向けた市民教育が有する強制性を明らかにしている。宗教的マイノリティの信念の問題として語られていることを考慮すれば、教育の平等性に関する問題は、宗教的信念の問題にも関連した課題であると認識されている。

ところで、教育理論研究では、1990年代にジョン・デューイの教育理論との関連においてガットマン理論が検討されている。ジョエル・スプリング（J. Spring）の研究［Spring 1994（＝スプリング 1998)］、およびアン・マイケル・エドワーズ（A. M. Edwards）の研究［Edwards 1996］である。

市民すべての政治権力の平等を支持する教育哲学の体系化をめざした著作の中で、スプリングはガットマン理論を取り上げている。スプリングは、「どのような学校の統制と教育方法のあり方が、政治権力の平等を高めるか」について、多数の教育思想を検討するが、その中で民主的国家における教育問題として、「生徒の将来的な政治決定に影響を及ぼす、学校の強制力を制限すること」をあげている［スプリング 1998：24］。この問題に対して、ガットマンが『民主主義的教育』の中で導いた非抑圧、および非差別の二原理の検討がなされている。その際、スプリングは、ガットマンの論法には二つの問題が存在することを指摘している。第一に、非抑圧、非差別の原理を支える権威の出所が、民主主義にではなく、ガットマン自身にあるということである。第二に、多数支配と特殊利害集団の影響から、非抑圧の原理を本当に護るような政治構造を提示していない、ということである［同上書：30頁］。ただし、スプリングは、こうした問題を抱えながらも、「非抑圧と非差別というその理想は、すべての市民が政治問題について熟慮できることを求める民主的社会にとって重要である」［同上］とガットマンの理論・原理への一定の支持を表明している。

エドワーズが検討課題とするのは、教育の社会志向的目的と個人志向的目的の間に存在する緊張関係の解消である。エドワーズは、いかなる教育理論であっても、理想的な国家における理想的な市民のあり方について考えることを出発点とすべきだとし、教育によってめざされるべき理想的な市民が自律性というある種の自由を有するべきだと捉える。その上で、社会によって設定された教育目的と、個人が自らの生き方を選択することを含む自律性を

育むための教育目的との間に生じる対立の問題を解決しようとするのである。それを政治理論と教育理論の統合理論の探究という形で進めていく。探究において、J. J. ルソーとデューイの政治／教育理論の検討がなされるが、デューイ理論の批判的検討の上で援用されるのがガットマンの民主主義的教育理論である。エドワーズは次のように述べる。

　　個人が非常に固定的で制限された範囲の選択肢しか認められないことを避ける最良で、おそらく唯一の方法は、教育の方法、内容、主体をできる限り多様化することである。確かにデューイはこの方法を探究しようとした。しかし、デューイが検討しなかったことは、またデューイと私との最も大きな隔たりとなることは、私たちが有する最も計画的な教育主体である学校において貴重な多様性を維持していく方法を明らかにすることである。事実、このことこそが、エイミー・ガットマンが焦点を当てたことなのである [Edwards 1996 : 107-8]。

　エドワーズは、ガットマンの『民主主義的教育』を主に検討対象とし、教育権限を分有する民主主義的教育に自らの課題の到達点を見出すのである [Ibid. : chap. 8]。これらの研究は、ガットマンの民主主義的教育理論をシティズンシップ教育論として捉えたものと見なすことができる。

２．日本におけるガットマンに関する先行研究

　わが国において、ガットマン理論は1990年代以降、検討対象とされてきた。先に先行研究として取り上げたスプリングの研究は、その邦訳が1998年に公刊されており、邦訳を通じて日本にガットマン理論が紹介された。それに先立ち、ガットマン理論を検討したのが、1995年の加賀裕郎の研究 [加賀 1995] である。加賀は、ジェファソン、マンなどを経て、最終的にデューイによって体系化されたアメリカの民主教育の理念が、デューイ以後台頭したエリート民主主義における公教育によって変容、風化していったと指摘する。その上で、1980年代以降に、参加民主主義の理念を再興すべく唱えられた民主教育論を取り上げ、現代民主教育論の現状と課題を明らかにしよう

としている。その中でソルティス、ジルーの理論と並べ、ガットマン（加賀訳ではグットマン）の理論が取り上げられている。加賀は、ガットマンの理論的出発点を教育的権威の問題と見なし、そこから導かれた「意識的な社会の再生」としての民主教育論の特徴を明示している。そして、政治学的なガットマンの民主教育理論を「現代の民主教育論に対する貴重な貢献として評価されるべきである」と一定の評価を与えている。ただ加賀は、ガットマンの民主教育論が政治論の一環として構築されているがゆえに、子どもをもっぱら支配の対象として扱っているとし、デューイに代表される、子どもの視座から構築された民主教育論と対比して、その一面性を指摘している。

　1997年には、宮寺晃夫の研究において、規範的教育哲学を先導したジョン・ホワイト（J. White）が1990年代にコミットする立場「リベラリズム的民主主義」の着想にガットマンが影響を与えていることが指摘されている［宮寺 1997：309n］。また、宮寺の2000年の研究では、イギリスの規範的教育哲学の展開の文脈において、ガットマンの理論の意義が見出されている［宮寺 2000：第Ⅱ部・第六章］。

　宮寺の2000年の研究においては、1970年代から80年代にかけて「分析的教育哲学」から展開してきた「規範的教育哲学」が現代英語文化圏の教育哲学の潮流を形成しているとした上で、それが、90年代の価値多元的社会の急激な現実化への対応を課題として多様な現れ方を見せてきていることを指摘している。その多様な現れ方は、イギリス教育哲学の代表的論者パトリシア・ホワイト、グレアム・ヘイドン（G. Haydon）、ジョン・ホワイトの各論の提示によって、例証されている。宮寺の研究においては、90年代の英語文化圏の教育哲学の傾向は「社会的現実への「変革的なかかわり」というよりも、「現実即応の関わり」が目立つようになってきたこと」とみなされているが、その傾向はパトリシア・ホワイトの著作の主題が、80年代と90年代とのあいだで、「社会構成原理から人間的性向へと変化している」ことにも表れている。パトリシア・ホワイトの主題がこのように変化している理由は、「自由、平等、正義、自律などかつて彼女が旧著（1983年）で依拠していたリベラリズムの諸原理が、90年代になって社会構成原理としてのリアリティーを失ってきたこと」、換言すれば、「ソーシャリズム体制が民主主義

社会の歴史的到達モデルとしての意義を失い、それにかわって「価値多元的社会」という現実が社会の理想型として受け入れられるようになったこと」が関わっている［宮寺 2000：173］。宮寺によれば、パトリシア・ホワイトが「価値多元的社会を民主主義の現実態としてポジティヴに受け入れていくような人間の諸性向を涵養していく」ことに教育の課題を見出す論は、80年代にガットマンによって先取りされている。宮寺は、ガットマンの提案する「民主主義の教育」論の中心原理が「社会の意識的な再生産」であると見なした上で、その教育論が「対立する要因を包括的・統合的にみていく枠組み」を提示しようとして導かれたと指摘している［同上書：175-6］。

　こうした教育哲学研究以外に、教育行政研究においてガットマン理論は検討されている。勝野正章は、教師の専門性を前面に押し出した黒崎勲の公立学校選択論に対する批判の理論的根拠として、ガットマンの民主主義的教育理論を援用している［勝野 2001］。勝野は、学校選択論の中心的議題である民衆統制と教師の専門性との関係に関して、「専門的指導性を民衆統制のもとに従属させる」ことで両者の関係を調和させようとするのではなく、両者を、「学校教育に対する民衆統制は、その結果が抑圧的であったり、差別的であったりしない限りにおいて擁護されるものである」とする「原則的制限」原理を内に含む民主主義的教育によって相互規定的に調和させようとする。勝野論文には、ガットマンの民主主義的教育理論を実際の教育制度面へ適応させようとする意図がみられる。

　また、教育制度論の文脈で、清田夏代がガットマン理論を検討している［清田 2003］。清田は、公教育の課題を「教育の民主的過程（教育上の選好の保障）」と「民主主義社会の再生産（民主的価値の育成）」を同時に満たすことであるとし、「純粋な市場原理による学校選択論」も、その批判としての「抑制と均衡の原理に基づく学校選択論」も双方とも課題を満たさないと批判する。その上で、ガットマンによる「教育の民主主義国家」論とデュルケムの教育理論に注目し、これらが公教育の課題を満たす可能性を有していると示唆している[7]。

　ガットマンの市民教育理論をその課題を含め検討対象としている研究として、松下丈宏の研究をあげることができる［松下 2004］。松下論文において

は、親と国家の二つの教育要求を同時に満たす基本概念を、ヨーダー、モザート両裁判の判決の評価をめぐるアメリカ政治哲学上の論争の中に見出すことを目的とし、「市民的寛容を不寛容な者にいかに強制しうるか」という問題の解明に取り組んでいる。松下論文は、両判決に対するウィリアム・ゴールストン（W. Galston/松下の表記では「ギャルストン」）、ガットマン、スティーブン・マセード（S. Macedo/松下の表記では「マセド」）の諸議論を公教育の正統性をめぐる論争と位置づけ、そこで見出される問題点をジョン・ロールズ（J. Rawls）の「政治的リベラリズム」論の適用により克服しようと試みている。1980年代以降のリベラル派による教育理論の中心課題に切り込み、「政治的リベラリズム」論の中核である「公共的自我」（public identity）と「非公共的自我」（nonpublic identity）の区別論に問題克服の鍵を見出す論文の中で、ガットマンの理論が検討され批判の対象として取り上げられている。

3．先行研究の整理と本書の課題

　教育哲学研究において、小玉重夫は、1960年代から70年代にかけての福祉国家的政策に代わる市場原理の導入をめぐる教育改革論を新たな公共性を導く議論と捉え、その展開の意味を明らかにしている［小玉 1999］。小玉は、市場論に基づく教育の公共性論の新規性を見出しながら、「教育の公共性把握における自らの位置の相対性を十分に認識し得ていない」という理由で批判する［小玉 1999：5］。そして、小玉は、市場論に基づく公共性論に欠けている視点、すなわち1960年代以降続けられてきた教育の公共性に関する議論の歴史的文脈と、その背後にある思想的対立を考察するという視点をもつことで、市場論に基づく公共性論を相対化しようとする。ここで検討の対象とされるのが、1960年代に社会的再生産論を展開し、補償教育に批判を加えていたサミュエル・ボウルズ（S. Bowles）とハーバート・ギンタス（H. Gintis）であり、彼らがリベラリズムの再審という一貫したモチーフをもって思想を展開していった経緯が明らかにされる。そして、ボウルズとギンタスのリベラリズム批判がハンナ・アレント（H.Arendt）の近代教育批判の思想を受容しながら展開されていたことが論じられる。

本書は、社会的財の分配の役割から国家が退いた「福祉国家後」の1980年代に、参加民主主義と熟議民主主義を中核に据えた教育の平等論が展開されたことを明らかにする点において、小玉の研究を受けるものである。また、先述の宮寺の研究で明らかにされた1980年代以降の規範的教育哲学の展開の中で、教育の平等論を検討するものである。

　ガットマンに関わる先行研究のテーマが多岐にわたっているように、ガットマンの民主主義的教育理論、熟議民主主義理論、および市民教育理論は教育課題を論じる際に準拠される射程の広さをもっている。それは、裏を返せば、ガットマン理論の体系的な検討が先行研究において十分になされていないということを意味している。ガットマン理論の体系性を、教育への国家関与が薄らいだ時代状況との関連で明らかにすることが、教育哲学研究上の意義を有していると考える。また、その過程で、若者の政治離れを是正するための市民教育論とは異なる、平等社会の達成という理念を伴った市民教育理論を提示しているガットマン理論の有意味性を明らかにできると考える。

　以上の時代的・教育哲学的文脈をふまえて、一連の先行研究を整理すると、次のようになる。

① 　アメリカ教育哲学会の機関誌 *Philosophy of Education* 誌上では、ガットマン理論は1990年代前半に教育の平等論として、財の分配論、および権力の分有論との関係の中で検討されている。カレンによる研究は、教育における平等を分配論を基本に据えながら考察しているが、その基準の設定に民主主義的意思決定を入り込ませる余地を残している。この点は、ガットマン理論が1980年代から90年代の教育における平等の議論の新たな特徴、つまり「充分性」（adequacy）の保証を教育における平等の基準とする特徴を有していることを示唆するものである。カレン論文と同様に社会的平等の達成に対して民主主義の重要性を強調しているスミス論文で、カレン論文では十分には検討されていない、ガットマンの熟議民主主義概念を援用して社会的平等を考察していることは、先行研究として新たな傾向を示している。また、パメンタル論文では、ガットマンが1987年と1996年に出版した著作の比較を通じて、ガットマ

ンが熟議民主主義の達成のために市民教育により重点を置いて論を展開
している、ということが指摘されている。この指摘は、市民教育論の高
まりが、権力の分配を越えて、公共的理性の問題と関連させて論じられ
るべきことを示唆している点で、非常に重要な意義を有している。ベ
ン・ポラスによる支持論、アンダーソン、ニューマンによる批判論も、
90年代後半から2000年代に熟議と市民性の関連の中で社会統合論とし
て検討されていることを表している。ガットマンを対象とした研究の傾
向性は、ガットマン理論が分配論から統合論へと移行していることを示
唆している。

② 　日本における先行研究は、主に『民主主義的教育』において論じられ
た原理に焦点が当てられている。「意識的社会再生産」概念は社会統合
原理として、また権力の分有を旨とする「教育の民主主義的国家」論は
学校選択制を相対化する概念として分析、援用されている。さらに、ガ
ットマンの教育理論は、学校選択制の議論と同様に、親の教育権と国家
の教育権との対立の文脈で取り上げられ、批判的に検討されている。

こうした整理をふまえ、本書では先行研究では十分に検討されていない次
のことに論点を置き、課題としていく。

❶ 　アメリカ教育哲学でのガットマンに関わる先行研究が示唆するのは、
ガットマンの平等主義的理論が分配論から統合論へと焦点を移行してい
ることである。またそれとともに、その理論が、民主主義的教育理論、
市民教育理論、および熟議民主主義理論と、教育課題を論じる際の準拠
とされる射程の広さをもっていることである。しかし、そうした多岐に
わたる論じられ方は裏を返せば、ガットマン理論の体系的な検討が先行
研究において十分になされていないということを意味している。ガット
マン理論の体系性を明らかにすることには研究の新規性が存在し、また
教育哲学研究上の意義を有していると考えられるため、本書での課題と
していく。

❷ 　わが国においては、ガットマンの民主主義的教育理論、特に「意識的

社会再生産」が関心を集めてきたが、ガットマンが「意識的社会再生産」の概念を論じる際に市民による熟議（deliberation）の役割を非常に高く位置づけている点にはふれられていない。こうしたガットマン評価の一面性を、1980年代の参加民主主義概念から1990年代および2000年代にかけての熟議民主主義概念への展開を明らかにすることで是正できると考えられる。それは同時に、ガットマンの民主主義的教育論と市民教育論が平等主義的理論に基礎づけられ、国家の教育権限を強調する理論であることを明らかにすることを伴っていく。これらの検討を通して、平等社会の達成という理念を伴った市民教育理論としてのガットマン理論が、教育への国家関与が薄らいだ時代状況との関連の中で教育哲学的意義を有していることを明らかにしていく。

　本書では、❶の課題を第Ⅰ部、およびⅡ部において、❷の課題を第Ⅲ部において中心的に論じていく。その上で、ガットマン理論の現実化の必要性とともに、現実化に向けた課題を示していく。

第3節　対象へのアプローチ
——ガットマンの刊行著書・論文一覧

　本書では、ガットマンがプリンストン大学に所属していた1980年から2003年までに刊行されたガットマンの著作、およびこの時期に発表された諸論文、ならびにガットマン理論に対する賛同者、批判者の論文を分析・検討対象としていく。その際、三つの時期区分を設定した上で、それぞれの時期区分に応じた傾向性を見出し、民主主義的教育理論の展開過程を明らかにしていく。その時期区分は、第Ⅰ期を『リベラルな平等論』以降『民主主義的教育』刊行を経た1980年代と、第Ⅱ期を論文「道徳的対立と政治的合意」公刊から『民主主義と意見の不一致』刊行に至るまでの1990年から1996年、第Ⅲ期を『民主主義と意見の不一致』刊行後から『民主主義におけるアイデンティティ』刊行にいたるまでの1996年から2003年までと設定する。

　第Ⅰ期は、分配的正義を中心としたリベラリズムの平等論の批判的検討の

上で、参加民主主義概念を中核とした権力の分散を主眼とした民主主義的教育理論の構築に重点が置かれた時期を指し、第Ⅱ期は、熟議を通じた市民的徳の涵養を教育の主要目的とする議論を展開する時期と設定する。この時期は市民教育論とともに、熟議民主主義概念についても並行して論じられる傾向がある。さらに第Ⅲ期は、アイデンティティ・ポリティクスに関わる議論を積極的に行いながら熟議民主主義理論を深化させていく時期と設定する。

　本書第Ⅰ部では、第Ⅰ期の著作、および諸論文を検討対象とし、1980年代の民主主義的教育理論の形成過程を、ガットマンの思想対象に留意しながら、明らかにしていく。つづく第Ⅱ部では、第Ⅱ期の市民教育に関わる論文を選択的に検討対象に設定し、現代アメリカの市民教育諸理論をガットマンとの関係性を考慮して選択的に取り上げながら、それらとの比較、検討を行い、民主主義的教育理論の展開とその意義を明確化していく。第Ⅲ部は、第Ⅲ期の1990年代後半から2000年代初頭を主な対象時期とし、アイデンティティ・ポリティクスをめぐる議論を経由しての熟議民主主義概念の構築と展開について分析を加えていく。

　ここで、次章以降ガットマン教育理論の展開過程を明らかにするにあたり、ガットマンが精力的に研究活動を行っていたプリンストン大学所属時代に刊行された著作、および諸論文の一覧を以下に掲げることとする[8]。

【第Ⅰ期】

著書1『リベラルな平等論』（*Liberal Equality*, Cambridge University Press, 1980）

著書2『民主主義的教育』（*Democratic Education*, Princeton University Press, 1987 (New edition, 1999)）[9]

論文1「子ども、パターナリズム、教育——リベラルな議論」（"Children, Paternalism and Education : A Liberal Argument," in : *Philosophy and Public Affairs*, vol. 9, no. 4, 1980）

論文2「ヘルスケアへの平等なる接近の是非」（"For and Against Equal Access to Health Care," in : *Milbank Memorial Fund Quarterly*, vol. 59, no. 4,

序章　平等をめぐる教育哲学研究と政治哲学研究との接点　23

1981）

論文3「学校へ行くことの効用とは何か──功利主義と権利論における教育
の問題」（"What's the Use of Going to School? The Problem of Education in
Utilitarianism and Rights Theories," in : Sen, A. and Williams, B. eds., *Utilitarianism and Beyond*, Cambridge University Press, 1982）

論文4「道徳哲学と政治的諸問題」（"Moral Philosophy and Political Problems,
in : *Political Theory*, vol. 10, no. 1, 1982）

論文5「学問の自由とは──リベラルな民主主義体制下での大学の相対的自
律性」（"Is Freedom Academic? : The Relative Autonomy of Universities in
a Liberal Democracy," in : Chapman, J. W. and Pennock, J. R. eds., *NOMOS
XXV : Liberal Democracy*, New York University Press, 1983）

論文6「民主主義はどれほどリベラルか」（"How Liberal Is Democracy?," in :
MacLean, D. and Mills, C. eds., *Liberalism Reconsidered*, Rowman and Allanheld, 1983）

論文7「立法に関する倫理の理論」（"The Theory of Legislative Ethics," in :
Callahan, D. and Jennings, B. eds., *Representation and Responsibility : Exploring Legislative Ethics*, Plenum Press, 1985, with Dennis Thompson）

論文8「権利による統治か、統治のための権利か」（"The Rule of Rights or
the Right to Rule?," in : Chapman, J. W. and Pennock, J. R. eds., *NOMOS
XXVIII : Justification in Ethics, Law and Politics*, New York University
Press, 1985）

論文9「公立学校は徳を教えるべきか」（"Should Public Schools Teach Virtue?," in : *Report from the Center of Philosophy and Public Policy*, vol. 5, no.
3, Summer 1985）

論文10「民主主義的学校と道徳教育」（"Democratic Schools and Moral Education," in : *Notre Dame Journal of Law, Ethics and Public Policy*, vol. 1, no. 4,
1985）

論文11「コミュニタリアニズムによるリベラリズム批判」（"Communitarian
Critics of Liberalism," in : *Philosophy and Public Affairs,* vol. 14, no. 3, 1985）

論文12「平等」（"Equality," in : Coleman, J., Connolly, W., Miller, D. and Ryan, A.

eds., *Encyclopedia of Political Thought*, Basil Blackwell, 1987)

論文13「民主的社会における公教育の分配」("Distributing Public Education in a Democracy," in : Gutmann, A. ed., *Democracy and the Welfare State*, Princeton University Press, 1988)

論文14「民主主義的理論と民主主義的教育における教師の役割」("Democratic Theory and the Role of Teachers in Democratic Education," in : Hannaway, J. and Crowson, R. eds. *The Politics of Reforming School Administration* [*Yearbook of the Politics of Education Association*], Falmer Press, 1988)

論文15「ロールズ理論の中心的役割」("The Central Role of Rawls's Theory," in : *Dissent*, Summer 1989)

論文16「非民主主義的教育」("Undemocratic Education," in : Rosenblum, N. L. ed., *Liberalism and the Moral Life*, Harvard University Press, 1989)

【第Ⅱ期】

著書3『民主主義と意見の不一致』(*Democracy and Disagreement*, Belknap Press of Harvard University Press, 1996, with Dennis Thompson)

論文17「道徳的対立と政治的合意」("Moral Conflict and Political Consensus," in : Douglass, R. B., Mara, G. and Richardson, H. eds., *Liberalism and the Good*, Routledge, 1990, with Dennis Thompson)

論文18「困難な時代の民主主義的教育」("Democratic Education in Difficult Times," in : *Teachers College Record*, vol. 92, no. 1, Fall 1990)

論文19「『多面的な』選択のために教育すること」("Educating for [Multiple] Choice," in : *New Perspectives Quarterly*, Fall 1990)

論文20「高等教育における質とは何か」("What Counts as Quality in Higher Education?," in : Finifter, D. H., Baldwin, R. G. and Thelin, J. R. eds., *The Uneasy Public Policy Triangle in Higher Education : Quality, Diversity, and Budgetary Efficiency*, Macmillan, 1991)

論文21「民主主義的政治と倫理」("Democratic Politics and Ethics," in : Shea, W. R. and Spadafora, A. eds., *From the Twilight of Probability : Ethics and*

Politics , Science History Publications, 1992)

論文22「ジョン・ロールズ」("John Rawls," in : Benewick, R. and Green, P. eds., *Twentieth Century Political Thinkers*, Routledge, 1992)

論文23「民主主義と民主主義的教育」("Democracy and Democratic Education," in : *Studies in Philosophy and Education*, vol. 11, 1993)

論文24「徳は法律家に教えられうるのか」("Can Virtue Be Taught to Lawyers?," in : *Stanford Law Review*, vol. 45, no. 6, 1993)

論文25「民主主義」("Democracy," in : Goodin, R. E. ed., *Companion to Contemporary Political Theory*, Basil Blackwell, 1993)

論文26「民主主義の不調和」("The Disharmony of Democracy," in : Chapman, J. W. and Shapiro, I. eds., *NOMOS XXXV : Democratic Community*, New York University Press, 1993)

論文27「民主主義と哲学――民主主義は基礎づけを必要とするか」("Democracy and Philosophy : Does Democracy Need Foundations?," in : *Politisches Denken Jahrbuch 1993* , Verlag J. B. Metzler, 1993)

論文28「政治倫理における多文化主義の挑戦」("The Challenge of Multiculturalism in Political Ethics," in : *Philosophy and Public Affairs*, vol. 22, no. 3, Summer 1993)

論文29「民主主義における道徳的な意見の不一致」("Moral Disagreement in a Democracy," in : *Social Philosophy and Policy,* vol. 12, no. 1, winter 1995, with Dennis Thompson)

論文30「市民教育と社会的多様性」("Civic Education and Social Diversity," in : *Ethics*, vol. 105, no. 3, 1995)

論文31「民主主義的自制という諸徳」("The Virtues of Democratic Self-Constraint," in : Etzioni, A. ed., *New Communitarian Thinking : Persons, Virtues, Institutions, and Communities*, University of Virginia Press, 1995)

論文32「リベラルな統治はどれだけ制限を受けるか」("How Limited Is Liberal Government?," in : Yack, B. ed., *Liberalism Without Illusions : Essays on Liberal Theory and the Political Vision of Judith N. Shklar*, Chicago University Press, 1995)

論文33「領域を横断する正義」("Justice Across the Spheres," in : Miller, D. and Walzer, M. eds., *Pluralism, Justice, and Equality*, Oxford University Press, 1995)

【第Ⅲ期】

著書4『民主主義におけるアイデンティティ』(*Identity in Democracy*, Princeton University Press, 2003)

論文34「民主主義的教育における多文化主義の挑戦」("Challenges of Multiculturalism in Democratic Education," in : Fullinwider, R. ed., *Public Education in a Multicultural Society : Policy, Theory, Critique*, Cambridge University Press, 1996)

論文35「民主主義的シティズンシップ」("Democratic Citizenship," in : Cohen, J. ed., *For Love of Country : Debating the Limits of Patriotism*, Beacon Press, 1996)

論文36「民主主義、哲学、そして正当化」("Democracy, Philosophy, and Justification," in : Benhabib, S. ed., *Democracy and Difference : Contesting the Boundaries of the Political*, Princeton University Press, 1996)

論文37「人種的不正義への応答」("Responding to Racial Injustice," in : Appiah, A. K. and Gutmann, A. *Color Conscious : The Political Morality of Race*, Princeton University Press, 1996)

論文38「民主主義とそれへの不満の理由」("Democracy and Its Discontents," in : Sarat, A. and Villa, D. R. eds., *Liberal Modernism and Democratic Individuality : George Kateb and the Practice of Politics*, Princeton University Press, 1996)

論文39「バイオエシックスについて熟議する」("Deliberating about Bioethics," in : *Hastings Center Report*, vol. 27, no. 3, 1997, with Dennis Thompson)

論文40「生徒にとって自由な言論の価値とは何か」("What Is the Value of Free Speech for Students?," in : *Arizona State Law Journal*, vol. 29, no. 2, Summer 1997)

序章　平等をめぐる教育哲学研究と政治哲学研究との接点　27

論文41「大学は専門倫理をどのように教えることができるのか」("How Can Universities Teach Professional Ethics?," in : Bowen, W. G. and Shapiro, H. T. eds., *Universities and Their Leadership* , Princeton University Press, 1998)

論文42「アファーマティヴ・アクションはどれほど健全に機能でき、どこから機能できないのか」("How Affirmative Action Can (and Cannot) Work Well," in : Post, R. and Rogin, M, eds., *Race and Representation : Affirmative Action* , Zone Books, 1998)

論文43「結社の自由――導入としてのエッセイ」("Freedom of Association : An Introductory Essay," in : Gutmann, A, ed., *Freedom of Association*, Princeton University Press, 1998)

論文44「熟議と道徳的な意見の不一致」("Deliberation and Moral Disagreement," in : *Kettering Review*, vol. 17, no. 1, Fall 1999, with Dennis Thompson)

論文45「民主主義はそれほど特別なものか」("What Is So Special about Democracy?," in : *The Millennium Journal 2000*, University of Hong Kong, 1999)

論文46「高等教育の分配」("Distributing Higher Education," in : Pescosolido, B. A. and Aminzade, R. *The Social Worlds of Higher Education : Handbook for Teaching in a New Century,* Pine Forge Press, 1999)

論文47「熟議民主主義に関わる不一致」("Disagreeing about Deliberative Democracy : Reply to the Critics," in : Macedo, S. ed., *Deliberative Politics : Essays on Democracy and Disagreement,* Oxford University Press, 1999, with Dennis Thompson)

論文48「熟議民主主義と多数決ルール」("Deliberative Democracy and Majority Rule," in : Koh, H. H. and Slye, R. C., eds., *Deliberative Democracy and Human Rights,* Yale University Press, 1999)

論文49「政治における道徳的対立を解消しないやり方とは」("How Not to Resolve Moral Conflicts in Politics," in : *Ohio State Journal of Dispute Resolution*, vol. 15, no. 1, Winter 1999)

論文50「宗教の自由と市民の責任」("Religious Freedom and Civic Responsibility," in : *Washington and Lee Law Review*, vol. 56, no. 3, Summer 1999)

論文51「非理想的なるもの探求における自由と多元主義」("Liberty and Pluralism in Pursuit of the Non-Ideal," in : *Social Research*, vol. 66, no. 4, Winter 1999)

論文52「公的政策は肌の色を意識すべきではなく、階層を意識すべきであるか」("Should Public Policy Be Class Conscious Rather than Color Conscious?, in : Steinberg, S. ed., *Race and Ethnicity in the United States : Issues and Debates*, Blackwell, 1999)

論文53「真実和解委員会の道徳的基礎」("The Moral Foundation of Truth Commissions," in : Rotberg, R. and Thompson, D. eds., *Truth Vs. Justice*, Princeton University Press, 2000, with Dennis Thompson)

論文54「『学校選択』とは何を意味するのか」("What Does 'School Choice' Mean?," in : *Dissent*, Summer 2000)

論文55「熟議民主主義」("Deliberative Democracy," in : Clarke, P. B. and Foweraker, J. eds., *Encyclopedia of Democratic Thought*, Routledge, 2000, with Dennis Thompson)

論文56「なぜ熟議民主主義は特別なのか」("Why Deliberative Democracy Is Different," in : *Social Philosophy and Policy*, vol. 17, no. 1, 2000, with Dennis Thompson)

論文57「教育の市民教育としての目的と手段」("The Civic Ends and Means of Education," in : *Passing the Test : The National Interest in Good Schools for All*, Washington, D.C. : Center for National Policy, March 2000)

論文58「なぜ学校は市民教育を気づかうべきなのか」("Why Should Schools Care about Civic Education?," in : McDonnell, L. M. and Timpane, M. eds., *The Democratic Purposes of Education*, University of Kansas Press, 2000)

論文59「アメリカ合衆国における宗教と国家——政治と宗教の関係に関わる二方向の保護論の擁護」("Religion and State in the United States : A Defense of Two-Way Protection," in Rosenblum, N. L. ed., *Obligations of Citizenship and Demands of Faith, Religious Accommodation in Pluralist Democracies*, Princeton University Press, 2000)

論文60「リベラリズム」("Liberalism," in : Smelser, N. J. and Baltes, P. B. eds.,

International Encyclopedia of Social and Behavioral Sciences, Pergamon, 2001)

論文61「マルチカルチュラリズムとアイデンティティ・ポリティクス」("Multiculturalism and Identity Politics," in : Smelser, N. J. and Baltes, P. B. eds., *International Encyclopedia of Social and Behavioral Sciences,* Pergamon, 2001)

論文62「学校選択の諸議論を査定する――多元主義か、親の権利か、教育結果か」("Assessing Arguments for School Choice : Pluralism, Parental Rights, or Educational Results?" in : Wolfe, A. ed., *School Choice : The Moral Debate,* Princeton University Press, 2002)

論文63「市民的ミニマリズム、コスモポリタニズム、愛国主義――それぞれの関係性のなかで、民主主義的教育はどこに位置づくのか」("Civic Minimalism, Cosmopolitanism, and Patriotism : Where Does Democratic Education Stand in Relation to Each?," in : Macedo, S. and Tamir, Y. eds., *NOMOS XLIII : Moral and Political Education*, New York University Press, 2002)

論文64「立憲民主主義社会において、公的に設立された学校が諸価値を教えることは正当でありうるのか――マコーネルとアイスグルーバーへの応答」("Can Publicly Funded Schools Legitimately Teach Values in a Constitutional Democracy? : A Reply to McConnell and Eisgruber," in : Macedo, S. and Tamir, Y. eds., *NOMOS XLIII : Moral and Political Education*, New York University Press, 2002)

論文65「保健医療についての熟議」("Just Deliberation About Health Care," in : Danis, M., Clancy, C. and Churchill, L. eds., *Ethical Dimensions of Health Policy*, Oxford University Press, 2002, with Dennis Thompson)

論文66「保健医療に関する民主主義的決定」("Democratic Decisions About Health Care : Why Be Like NICE?" in : New, B. and Neuberger, J. eds., *Hidden Assets : Values and Decision-making in the NHS*, King's Fund Publishing, 2002, with Dennis Thompson)

論文67「過程以上のものとしての熟議民主主義」("Deliberative Democracy Beyond Process," in : *Journal of Political Philosophy*, vol. 10, no. 2, 2002, with

Dennis Thompson）

論文68「アイデンティティと民主主義──総合的観点」（"Identity and De-
mocracy : A Synthetic Perspective," in : Katznelson, I. and Milner, H. V. *Po-
litical Science : State of the Discipline*, W.W. Norton, 2002）

論文69「民主主義的多文化主義教育における社会的統一と多様性」（"Unity
and Diversity in Democratic Multicultural Education : Creative and Destruc-
tive Tensions," in : Banks, J. A. ed., *Diversity and Citizenship Education :
Global Perspectives*, Jossey-Bass/Wiley, 2003）

論文70「民主主義と意見の不一致」（"Democracy and Disagreement," in : Dahl,
R. A., Shapiro, I. and Cheibub, J. A. eds., *The Democracy Sourcebook*, MIT
Press, 2003, with Dennis Thompson）

論文71「ロールズにおけるリベラリズムと民主主義の関係」（"Rawls on the
Relationship between Liberalism and Democracy," in : Freeman, S. ed., *The
Cambridge Companion to Rawls*, Cambridge University Press, 2003）

論文72「教育する権限と責任の問題」（"The Authority and Responsibility to
Educate," in : Curren, R. ed., *A Companion to the Philosophy of Education*,
Blackwell Publishing, 2003）

論文73「教育」（"Education," in : Frey, R.G. and Wellman, C. H. eds., *A Compan-
ion to Applied Ethics*, Blackwell Publishing, 2003）

　以上がガットマンのプリンストン大学所属時代の著作、および主要刊行論
文である。政治哲学者ガットマンが扱うテーマは教育に特化されておらず、
社会科学全般に関わって多岐にわたっている。そのため、本書では、著作四
編のほか、ガットマンの「民主主義的教育」理論の展開過程を検討するに必
要と思われる論文を選択的に抽出し、検討を加える[10]。それにより、1980年
代から90年代にかけて、民主主義的教育理論を支える民主主義概念が参加
民主主義から熟議民主主義へと展開した事実を実証し、その展開の意味を探
究していく。また、90年代以降に市民教育理論を伴いながら熟議民主主義
が構築されていった事実を実証していくこととする。なお、次章以降の論述
において検討する著作および論文は、上記の番号を対応させることとする。

第Ⅰ部
1980年代のガットマンのリベラリズム批判と
民主主義的教育理論の形成

政治哲学思想と教育哲学思想はいかに接合可能か。

第Ⅰ部では、1980年代から分配的平等論に対する参加的平等論の必要性を主張する政治哲学者ガットマンの民主主義概念の変遷と民主主義的教育論の形成について、1980年代に出版された著作二編と公表された諸論文を検討対象にして分析する。

第1章では、ガットマンの思想形成の出発点となる著書1『リベラルな平等論』を分析対象として、ガットマンがリベラリズムの伝統をどのように捉えているか、また現代リベラリズムにおいて多大な影響力を有していたロールズ思想をいかに受容し、それを批判的に発展させようとしているかを明らかにしていく。それは、ガットマンが政治参加（参加民主主義）にいかなる意義を見出しているかを明らかにすることでもある。第2章では、著書2『民主主義的教育』を分析対象とし、ガットマンが1980年代に掲げる民主主義概念にいかなる含意があるかを、意識的社会再生産概念を中心に検討し、明らかにしていく。その上で、第3章では、1980年代に刊行された諸論文を分析対象に盛り込み、著書1と著書2の連続性について明らかにしていく。こうした一連の分析を通じて、ガットマンのリベラリズム批判としての政治哲学思想が参加的平等論を中心に構築されたことを示すとともに、そうした思想構築が必然的に教育理論を必要としていることを明らかにしていく。

第1章

『リベラルな平等論』（1980年）に見られる
政治参加論と教育
――――J. Rawlsの「分配的正義」論に対する批判

第1節　『リベラルな平等論』にいたる思想的背景

　本書の主題であるガットマンの政治哲学・教育思想の展開過程を明らかにするにあたり、著書1『リベラルな平等論』におけるリベラリズム批判の特徴を明らかにしていこう。検討に先立ち、まず『リベラルな平等論』が出版される時代的・理論的背景を確認する必要がある。

　1960年代半ば以降、アメリカ合衆国諸州における教育制度改革は、社会的平等を達成するために教育が有効な手段となりうるか、否かという議論の中で進められた。コールマン報告をはじめとする、1960年代から70年代にかけて出された社会調査により、公教育が必ずしも社会的な平等を生み出さないことが明らかにされた［黒崎 1989：2-4］。この時期、ジョン・デューイ（J. Dewey）をはじめとする、リベラリズムの各論者が主張してきた「社会の平等化装置としての教育」という考え方は問い直しを迫られた。それに代わり、これまで国家が集権的に握っていた教育の権限を親やコミュニティへと分散すべきであるという分権の考えが登場する。この流れの中でヴァウチャー制や学校教育のコミュニティ・コントロールなど、親やコミュニティに選択を任せることによって、児童・生徒のニーズにあった教育を生み出そうとする改革案が議論されていく［黒崎 同上書：7章、8章］。公教育の捉え直しが叫ばれた後、教育改革論議は、教育の権限を誰に分配すれば各生徒のニーズに応じた最良の教育を提供することができるのかという問いを中心に、多様な改革案を伴いながら展開されている。

このような教育改革論議の動向は、諸個人の差異を前提とした平等のあり方をテーマとする社会思想レベルでの対立の動向を色濃く反映している。この対立の契機となったのが1971年に刊行されたジョン・ロールズの『正義論』（*A Theory of Justice*）である。黒崎勲が指摘しているように、ロールズの『正義論』が「機会の平等から結果の平等へ」という教育政策課題の展開を支える理論的根拠となっていたのであれば［黒崎 前掲書：161-2］、1970年代以降の補償教育（compensatory education）の問い直しとしての教育改革論議の意味を理解するためにも、ロールズ理論をめぐる思想的対立を概観する必要がある。

　教育の平等論においてロールズの「公正としての正義」（justice as fairness）の理論が注目されたのは、この理論が格差原理（difference principle）と呼ばれる正義の原理を正当化しようとしているからである。格差原理とは、ロールズが原初状態における個人の選択という想定から導き出した社会構成原理としての正義の二原理の第二原理である。その内容は、社会的基本財の分配における社会的・経済的不平等が正当化されるのは、「最も不遇な人びとの最大の便益に資するように」編成された場合のみであるとするものである［Rawls 1971（1999）：266／川本他訳：403］。合理的な諸個人が社会を形成する際に必然的にこの格差原理を導き出すとするロールズの「公正としての正義」の正当化の理論は、社会的に不遇な人々に対する経済的補償政策の正当性を担保するものとして注目されたのである。

　しかしながら、ロールズの理論は1970年代半ばから80年代にかけて多くの批判を受ける。その批判の代表的なものが、コミュニタリアニズム（communitarianism）の各論者によって出された批判である。例えばコミュニタリアニズムの論者アラスディア・マッキンタイア（A. MacIntyre）は、ロールズの分配的原理が、「過去についての言及を排除しており、それゆえに過去の行為と経験に基づく功績（desert）の主張についての言及を排除している」［MacIntyre 1984（1981）：251］と批判を加える。マッキンタイアにとって、公正であるとは「各人に対し、それぞれが値するものを与えるということ」なのであって、そのためには「功績を判断するための合理的規準の存在と、それらの規準が何であるかについての社会的に確立された合意の存在」が不

可欠である［Ibid. : 152］。マッキンタイアは、コミュニティの歴史を考慮せず、原子論的な個人像を出発点としているロールズの議論によっては、社会的な原理は導き出されえないとし、コミュニティという背景を伴った個人像から社会理論を構築すべきであると主張した。このような批判、およびその応答は、1980年代の社会哲学において「リベラリズム−コミュニタリアニズム論争」として展開されていった。この論争はリベラリズムか、コミュニタリアニズムかという思想上の立場の違いこそあれ、いかなる方法によれば諸個人の差異に応じた社会的基本財の平等な分配が可能であるかという共通の問題関心の中で展開されていた。

　このロールズ流リベラリズムの平等をめぐる論議の最中にあって、政治哲学者ガットマンは人々の政治的参加に平等のあり方を見出そうとした。ガットマンは、ロールズの分配的正義論を基礎としながらも、経済的補償によって社会的平等を達成しようとする福祉国家的平等論とは異なる平等理論、すなわちあらゆる人々の政治的参加を社会的平等の契機とする理論を構築していくことを研究上の出発点としている。その研究成果が1976年にハーヴァード大学に提出された学位論文（"The Egalitarian Tradition : The Foundations and Limits of A Liberal Theory of Equality"）である。学位論文はガットマン自身の都合により、現在閲覧できないこととなっているが、その題目は『リベラルな平等論』の冒頭で述べられている目的に関する一文、「平等に関するリベラルな理論の基礎と限界、その両者について考察を加える」［Gutmann 1980a : 1］という一文と合致している。ゆえに、学位論文に加筆・修正を加えて第一著書が出版されたと推測される。

第2節　『リベラルな平等論』における分配的正義と参加的正義の統合

1. 『リベラルな平等論』の概略

　『リベラルな平等論』におけるねらいは、平等という観点からリベラリズム理論の伝統を捉え直し、諸個人の多様な生を保障する平等主義的な社会理論を構築することである。この意味でガットマンが対象とするのはリベラリ

ズム一般ではなく、彼女がリベラルな平等主義（liberal egalitarianism）[1]と呼ぶ、平等を志向するリベラリズムに限定される。

ガットマンによると、リベラルな平等主義は、以下の二つの特徴を有する平等な存在としての個人像を前提に、理論展開している。一つは、平等なる情念という前提（the equal passions assumption）であり、もう一つは、平等なる理性という前提（the equal rationality assumption）である。前者は「人々は少なくとも政治的な理論の諸目的の追求に対して、痛みを避けたいという気持ちや快楽を欲する気持ちのような共通した情念を有している」という前提である［Ibid. : 1］。この前提においては、その共通の情念を満たす条件を整えることによって平等なる状態を生み出すことができるという考え方を導く。後者は、あらゆる人々が「理性的な人生計画を創造する能力、および、公正な社会秩序を保つために必要な道徳律を遵守する能力を伴った、十分に理性的な存在」［Ibid. : 1］であるとする前提である。この前提によると、平等なる状態をつくりだすための必要条件は、あらゆる諸個人の理性的判断能力を十分に満たすということになる。そして、「社会を構成する人々の間で、財やサービス、機会をより平等に分配することを正当化する議論」を導くこととなる［Ibid. : 2］。

これら二つの前提は古典的リベラリズム理論の中の二つの立場に理論的な発端を見出すことができる。このことをガットマンは『リベラルな平等論』の第1章で論じる。共通の諸感情を満たすことに平等のあり方を求める前者の立場は「幸福主義派」（the eudaemonistic school）と呼ばれ、ジェレミ・ベンサム（J. Bentham）やジェームス・ミル（J. Mill）といった古典的功利主義の思想家がこの立場に位置づけられる。一方、諸個人の合理性を中心に平等のあり方を考えていく後者の立場は「理性派」（the rationalist school）と呼ばれ、そこにはジョン・ロック（J. Locke）やイマニュエル・カント（I. Kant）が含まれる。リベラリズムは、情念もしくは理性という人間本性に関わる二つの要素をいかにして満足させるかを中心的な課題としながら、平等主義的理論を構築、発展していったと捉えられる。このように発展した平等に関するリベラリズムの理論的伝統を、ガットマンは『リベラルな平等論』の第2章から第6章にかけて整理していく。

第1章 『リベラルな平等論』(1980年)に見られる政治参加論と教育　37

　まず検討されるのがJ. S. ミル（J. S. Mill）の理論である。ガットマンが注目するのは、ミルが諸個人の善き生のあり方を政治参加（political participation）に結びつけて強調している点である。ガットマンは、功利主義的な統合政策を能率的に、かつ合理的に探求していくことと個人の善き生を結びつけたミルの理論が、功利主義理論の再構築に影響を与えたと評価していく（第2章）。つづいて、1880年代イギリスにおいてリベラリズムの伝統を汲みながら社会主義的理論を発展させたフェビアン協会とその支持者について、その理論を検討する（第3章）。さらに1950年代に財の分配における「相応の理由」（relevant reason）の存在（例えば、医療の分配であれば、病気ないし医療上のニーズが相応の理由となる）を主張しながら、道徳的懐疑論隆盛の哲学の中に平等主義的な正義の基礎を位置づけたバーナード・ウィリアムズ（B. Williams）とマイケル・ウォルツァー（M. Walzer）の論を検討する（第4章）。そして、この流れを受けて1960年代に登場したジョン・ロールズの『正義論』の検討を行い（第5章）、ロールズに対する右派と左派からの批判を検討する（第6章）。

　ガットマンは現代リベラリズムの理論的帰結としてのロールズの理論に注目し、その中でも特に分配的正義に関する正義の二原理に焦点を当て検討していく。そして、ロールズの理論をリベラリズムの二つの理論的前提双方を満たす平等理論として一定の評価を与える。ただし、ガットマンは、ロールズの手続き論的な議論が理性的な存在としての諸個人という前提を十分満たしていないと批判し、諸個人の政治的参加の重要性を強調する。そこでJ. S. ミルの参加擁護論が援用され、ロールズ理論とミルの理論を統合しようとする。『リベラルな平等論』においてガットマンは、リベラリズムの理論的伝統に依拠しながら、ロールズの分配論的平等とミルの参加的平等の理論を統合する平等主義的理論の構築をめざしたのである。

2．ロールズの分配的正義の理論とその批判
　ガットマンは、ロールズの『正義論』を「平等主義的正義という包括的理論の中に、平等という概念を位置づけようとする、最も注目すべき現代の試みである」とし、また「リベラルな平等主義の最も新しい形式としての理

論」として捉えている［Ibid.：119］[2]。それでは、リベラリズムの理論的伝統と比較して、ロールズ理論のどこが新しく、また、どのように平等主義的であるのか。

　ロールズが『正義論』の中で展開した議論は、同時代の倫理思想で優勢を保っていた功利主義（utilitarianism）思想が諸個人の複数性（plurality）を真剣に受け止めていないとする批判から出発し、分配論の再興という形で社会のあり方を考え直す、というものであった。19世紀に誕生した功利主義は、トマス・ホッブス（T. Hobbes）にはじまる理論的伝統を継いで、個人的自由の保障と社会的平等とのバランスをいかにとるかをテーマに理論を展開させた。この功利主義の幸福観は、「最大多数の最大幸福」と表されるように、数値化された個人の欲求の総計が最も大きいものを社会の各構成員の幸福であるとするものである。そのため、功利主義は効率性（efficiency）と有用性（utility）の原理に基づいた制度を形成しようとする。効率性と有用性の原理は、資本主義社会の価値観と結びついて、現代においても大きな影響力を保持している。

　しかし、社会全体の幸福を個人の幸福へと無媒介に還元している点にこそ功利主義的平等の欠点が見出されるとロールズは考える。功利主義は公平な観察者（the impartial spectator）という想像上の人物の合理的選択を無媒介に社会一般へと拡大しているがゆえに、その正義観は「ひとりの人間が自分の満足を時間の流れに沿ってどう分配するかは（間接的な場合を除いて）重要ではないのと同様に、諸個人の間で満足の総和がどのように分配されるかも（間接的な場合を除いて）重要問題にはならない」とされ、結果的に「諸個人の間の差異を真剣に受け止めていない」こととなる［Rawls 1999：23, 24／川本他訳：37, 39］。善の最大化が正であるとする功利主義の考えからは人間の個体差や経済的格差を考慮に入れた意思決定は導き出されないのである。「一部の人びとの自由が失うことと引き換えに、他の人びとが共有する利益がより大きくなるからという理由でもってその事態を正当とすること、これは正義が否定するところである。別個の人びとをあたかも単一の人格であるかのように見なし、人びとの間で利害得失の差引勘定をするような論法は成り立つ余地がない」［Ibid.：25／川本他訳：40］と述べるロールズは、功利主

第1章 『リベラルな平等論』(1980年)に見られる政治参加論と教育　39

義的な欠陥を是正する平等主義的理論を構築しようとする。

　理論構築の際、ロールズはリベラリズムの伝統的な社会契約説に依拠する。ロールズはまず、合理的な諸個人が社会契約を結ぶ初期状態、すなわち原初状態（the original position）において、諸個人は共同で公正なルールを導き、受容するものだと想定する。その上で、公正なルールが、諸個人の上に無知のヴェール（the veil of ignorance）が下ろされることによって導き出されるとする。無知のヴェールが下ろされることで、すべての者が自らの社会的地位や身分、その他の個人的情報を把握できない状態となり、社会契約の初期の段階ですべての諸個人が同一なる状態、つまり公正なる状態が確保されるというのである。

　ロールズの想定する平等なる原初状態から公正としての正義を導く論理として、次のように説明している。

　　この状況（原初状態：引用者）の本質的な特徴のひとつに、誰も社会における自分の境遇、階級上の地位や社会的身分について知らないばかりでなく、もって生まれた資産や能力、知性、体力その他の分配・分布においてどれほどの運・不運をこうむっているかについても知っていないというものがある。さらに、契約当事者たち（parties）は各人の善の構想やおのおのの特有の心理的な性向も知らない、という前提も加えよう。正義の諸原理は〈無知のヴェール〉（veil of ignorance）に覆われた状態のままで選択される。諸原理を選択するにあたって、自然本性的な偶然性や社会情況による偶発性の違いが結果的にある人を有利にしたり不利にしたりすることがなくなる、という条件がこれによって確保される。全員が同じような状況におかれており、特定個人の状態を優遇する諸原理を誰も策定できないがゆえに、正義の諸原理が公正な合意もしくは交渉の結果もたらされる [Rawls 1999：11 / 川本他訳：18]。

　個人的情報の認識に制約が加えられていると仮定した上で、道徳的人格である諸個人によってもたらされる基本合意は公正なものとなる、と考えられるのである。このような原初状態を設定した上で、ロールズは正義の二原理

の論理的に導き出していく。その二原理は、次のように言い表されている[3]。

　　第一原理　各人は、平等な基本的諸自由の最も広範な全システムに対す
　　る対等な権利を保持すべきである。ただし最も広範なシステムといっ
　　ても〔無制限なものではなく〕すべての人の自由の同様〔に広範〕な
　　体系と両立可能なものでなければならない。
　　第二原理　社会的・経済的不平等は、次の二条件を充たすよう編成され
　　なければならない。
　　（a）そうした不平等が、正義にかなった貯蓄原理と首尾一貫しつつ、
　　　　最も不遇な人びとの最大の便益に資するように。
　　（b）公正な機会均等の諸条件もとで、全員に開かれている職務と地位
　　　　に付帯する〔ものだけに不平等がとどまる〕ように〔Rawls op.cit. :
　　　　266／川本他訳 : 402-3〕。

　この正義の二原理は三つの要素からできている。一つは、基本的諸自由の
権利の平等なる保障である。ただし、ここでいう基本的諸自由の権利とは、
選挙権、被選挙権保障などの政治的自由、言論・集会の自由、思想・信条の
自由、不当な逮捕、監禁からの自由等、基本的人権を意味している。二つ目
は〈格差原理〉で、社会的に生み出された能力差を分配的正義に基づいて補
償（redress）するというものであり、三つ目は〈公正な機会均等原理〉とい
われる、あらゆる人々が社会参加の権利を平等に保障されるというものであ
る。
　さて、この三つの要素からなる正義の二原理は、健全なる競争のための前
提条件の保障というリベラルな特徴と、社会的格差の是正という平等主義的
な特徴とを合わせ持っている。ロールズは〈格差原理〉によって、諸個人の
差異を軽視した功利主義理論を越えようとしたのであり、ここにこそ平等主
義的性格が現れていると言える。このような三つの要素からなる正義の二原
理を、ロールズは、制約を加えながらも、諸個人の意思決定を媒介に導き出
し、平等を確保しようとしたのである。
　こうして、ロールズは、合理的で道徳的な存在としての性向から出発して、

第1章 『リベラルな平等論』（1980年）に見られる政治参加論と教育 41

諸個人の能力差から生じる結果の不平等を是正する公正としての正義論を導き出した。それは次の点で平等主義的な新しい試みであった。すなわち、1.原初状態という特殊仮説的な想定を行うことで、功利主義の功利計算に代わって、公正としての正義の原理を導き出した点、2. 諸個人の社会的格差に応じた財の分配によって平等の条件をあらゆる人々に保障しようとした点である。ロールズの『正義論』は、功利主義的な社会理論に社会的平等を達成するための理論を組み入れ、再分配論の必要性を提示した点で平等主義的理論として、社会的意義を有していたのである。

3. ガットマンによるロールズ批判とJ. S. ミルの参加擁護論

　このようなロールズの平等に関する理論とガットマンの平等主義的理論とは、次の点で共通している。すなわち、人々の多様性が尊重される社会の構築のために、基本的諸自由と基本権の平等なる保障を重視している点である。つまり、両者とも諸個人が善き生を生きるための前提条件として、基本的諸自由と基本的権利が保障されることを重視している点で共通しているのである。ロールズは、正義の二原理の第一原理として基本的自由権の平等なる保障を考えており、社会的・経済的不平等の解消を企図する第二原理よりも優先させている。ガットマンもまた、諸個人それぞれが善き生のあり方を探求できるよう、最低限、基本的諸自由が保障されているべきだとしている。両者は、あらゆる諸個人の基本的自由権が保障されることが平等の条件として考えている点で共通の平等観を持っているといえるのである。

　しかしながら、ガットマンは、ロールズ以上に基本的諸自由の権利の保障、特に政治的諸権利の保障の重要性を強く主張する。それは、ロールズが社会的に不遇の者（disadvantaged）を考慮した財の分配を行うことで諸個人の善き生の探求のための前提条件が満たされることを平等とし、それ以上に自由を重視していったのに対して、ガットマンは、前提条件をそろえるだけでは平等な状態はもたらされないと考えるからである[4]。平等は、分配的正義の原理を諸個人が受動的（passive）に受け入れるだけではなく、その前提が満たされた後の諸個人の社会活動を通して達成されるものだと考えるのである。それゆえ、ガットマンは市民の政治的参加を重視する。ガットマンは、諸個

人が満足する道徳的に受容可能な理論は、諸個人の政治参加から導き出されると考えており、参加の機会を諸個人に平等に与えることが、平等主義的理論の条件であると考えている。それゆえ、ロールズの理論に、J. S. ミルの参加の概念を組み込むことで独自の理論を展開しようとしていく。

　一般的に、J. S. ミルは、ベンサム流功利主義が快楽の質について十分に考慮していないことを問題として、功利原理の適応範囲を精神的領域へと拡大し、諸個人の自由の追求に幸福を見出した功利主義者として理解されている。ミルは自由の追求を保障するためには、他者の干渉を排除する必要があるとし、干渉が正当化されるのは唯一自己防衛（self-protection）の手段とされたときのみであるという考えを提示している［Mill 1859（1999）: 78-9］。これまで、リベラリズムとしてのミルの評価は、このいわゆる危害原理（harm principle）を中心になされてきた。しかし、ガットマンは、ミルが政治参加に自己防衛以上の意味を見出していることに注目する。

　ミルは『代議制統治論』（*Considerations on Representative Government*）の中で、最良の統治を、進歩に最も役に立つ統治とし、それは国民自身の徳と知性を向上させるように機能するものであると規定する。「理想的な最良の統治形態とは、統治主権、すなわち最後の手段としての最高統制権が、コミュニティのすべての集合体へと付与されているもの」であり、「各市民が、究極的主権の行使において発言権（voice）を有するだけでなく、少なくとも時々は、ローカルであれ全国的であれ、公的職務を自ら遂行することによって、統治へ実際に参加することを要求されているというもの」［Mill 1861（1999）: 223］である、と。また、政治的参加において市民が求められることについて、「自らのものではない諸利害を重みづけること、対立している主張がある場合に自らの私的な利益の優先ではない別の規則により導かれること、さらには共通善の存在を理由とする諸原理や諸原則をつねに適用すること」であるとする［Ibid.: 233］。ミルは最良の統治として代議制を考えるが、そのためには参加する市民一人ひとりが公共の利益のために、自己の利益と他者の利害とを考えながら行動しなければならないと考える。それゆえ、参加を通して、参加者の自己発達が喚起されることを期待するのである。

　ガットマンは、「ミルのいう政治的参加は、人間の自己発達の包括的な手

段であると同時に、それ自体として進歩的な人間の社会活動の価値ある側面である」[Gutmann op.cit. : 55] と述べ、市民の公共的精神の発達を喚起する参加を評価する。ガットマンが政治参加を価値づけるのは、それが単に諸個人各々が受容可能な意思決定を導く手続きであるからではない。参加が、諸個人が市民として自己発達を遂げる契機を含んでおり、そのために諸個人の善き生の探求を保障するような決定を導く可能性を含んでいるからなのである。ガットマンは、政治参加の実践を通じて諸個人の公共的な思考を発達させることで、社会的に平等なる状態へと到達すると考えているのである。ただ、諸個人の善き生を保障するような決定が下されるためには、あらゆる市民に参加の機会が提供されていることが前提となっていなければならないと考えてもいる。それゆえ、ロールズの分配的正義による社会的な格差是正の重要性も改めて強調することとなる。

4.『リベラルな平等論』におけるガットマンの平等主義的思想

ガットマンは、ロールズと同様、あらゆる諸個人の自由が最大限尊重されている状態を平等だと考える。そして、その前提として、あらゆる諸個人に基本権と基本的諸自由が提供されることが重要であると考える。しかし、ガットマンとロールズは、何を分配の対象とするかという点で考えが異なる。ロールズが社会的基本財の平等なる分配に力点を置きながら社会的・経済的不平等を是正しようとした一方で、ガットマンは、市民的基本権の平等なる分配に力点を置く。そして、市民が政治参加の中で公共的な精神の発達をとげ、公共的な決定を成し遂げることにこそ平等が達成される契機をみる。これは、ガットマンが人間の積極的な活動の中に平等達成の契機を見出そうとしていることを意味している。また、それは、平等主義的リベラリズムの伝統に見られる二つの人間観のうち、理性的な能力を有する存在としての側面をより重視し平等の理論を展開しているということを意味する。

ガットマンにとって、平等とは、社会的基本財が諸個人に公正に分配されていることだけを意味するものではない。そうした公正な分配であっても諸個人の自尊感情（self-respect）を傷つける場合があるからである。ガットマンはロールズが分配の対象としての基本財に関する議論の中で自尊感情を重

要視していたことを評価した上で、次のように述べる。「最も貧しい者により多くの基本財を提供することだけでは不十分である。もし、その者たちの自分自身に対する価値付け（self-worth）や自らの善の構想を追求していこうというその人たち自身の望みが、自己不信（self-doubt）によって弱められるのであれば」[Ibid. : 136] と。自尊感情を考慮しない分配は不完全なものであるとする見解から、ガットマンは諸個人の精神を満足させる政治参加の必要性を説き、その基礎となる基本権と基本的諸自由の分配を重視していく。そして、政治的自由を平等に分配することこそが平等主義的理論に必要だと考えていく。それは、政治的自由の保障が、公共的生活（public life）への参加の機会を人々に提供し、そこでの積極的な活動が諸個人の精神的充足の契機となると考えていることから引き出された帰結である。それは同時に、公共的な決定が、諸個人すべてにとって道徳的に受容可能な結果となると考えていることから引き出された帰結なのである。

　ガットマンの理論形成は、リベラルな平等論の1970年代の到達点としてのロールズ理論を、理性の平等という想定から導き出されたものとして受容していくことから始まっている。しかし、〈正義の分配的側面〉（the distributive face of justice）が強調されるロールズ理解に対して、より理性的能力を重視する平等の構想を築こうとする課題意識を有していた。それは、ガットマンが、「ロールズによる公正な社会の特徴づけは最も包括的な『複数の社会連合による社会連合』を規制すべき分配的正義の原理の概要に集中している一方で、参加的理念については暗示されているにとどまっている」という評価からも考察される [Ibid. : 174]。諸個人が理性的に熟議する潜在能力を平等に有しているという想定から導き出される〈正義の参加に関する側面〉（the participatory face of justice）をロールズの平等論に組み入れることで、あらたな平等主義的理論の構築をめざしたのである[5]。

第3節　政治的参加と教育

1．平等なる参加の四つの価値

ガットマンは分配論を基礎としたロールズの正義の理論では必ずしも強調

されていない政治参加の側面を、J. S. ミルが展開した議論を援用することで
補おうとした。確かにロールズも正義の二原理の第一原理において政治的自
由の確保について言及してはいる。しかし、ガットマンからは、政治参加を
専制からの防衛の手段として認識しているとされ、その価値付けは消極的な
ものであると評価される。一方、ミルは参加の擁護論において、政治参加が
諸個人の公共的精神の発達を促すとして、参加に積極的な価値を見出してい
る。ガットマンは、公正な分配方法の探求に傾倒するあまり政治的参加に消
極的な価値付けを行っているロールズ理論を補完するため、ミルのように政
治的参加に積極的な価値を見出すのである。

　さらに、ガットマンはミルが付与したもの以上の価値を政治的参加におい
て強調している。このことは、ガットマンの政治的参加の平等化議論の分析
から見出すことができる。ガットマンは、リベラリズムに依拠する論者が、
政治的参加の諸機会を平等化することに関して行ってきた議論を整理しなが
ら、政治的参加に含まれる諸価値を四つの側面から明らかにしている。

　その第一は、「自己防衛」(self-protection) という側面である。これは「平
等な参加の権利が、他者の専制に対する、特に国家による専制に対する防衛
の手段である」[Gutmann op. cit. : 178] という見方であり、ベンサムとジェ
ームス・ミルの諸論文で強調されている見方である。ロールズによる参加的
平等の認識もこの自己防衛であった。

　第二は「消費者主権」(consumer-sovereignty) という側面であり、それは
「平等なる参加が、仮に少数の者たちによってなされるであろう意思決定より
も、よい政策を生み出す傾向にある」[Ibid. : 179] という認識を基礎にし
ている。この見方は、参加者が「(1) 適切な情報へと接近することができ、
(2) 決定事項によって直接影響を受ける」という二つの条件が満たされた意
思決定空間においてうまく機能するとされる [Ibid. : 179]。

　第三は、「自己発達」(self-development) という側面であり、J. S. ミルが
これを強調しているとされる。ガットマンはミルが「コミュニティに関する
事象への参加によって、諸個人は十分な個人的目的および公共的目的に到達
するために必要な精神的なスキルを発達させることとなる」[Ibid. : 179] と
論じていることを確認した上で、次のような説明を加えている。すなわち、

「さらに、新しい公共領域への参加にまで参加の諸権利を拡張することにより、これらの諸スキルはより平等に分配されることとなる。このことにより、最終的に、より大きな公共的利益の一部として自らの諸利益を考慮することができ、そうすることを自ら望んで行うような進歩的な諸個人からなる市民を創造することとなろう」[Ibid.: 179]。

　第四の側面としては、政治的参加には「平等なる尊厳」(equal-dignity)という価値が含まれるという見方である。すなわち「参加への平等なる権利は、それが平等なる尊厳と市民の間の相互尊重を（支持すると同時に）暗示する限りにおいて、それ自体として目的なのであり、また、本質的な価値なのである」[Ibid.: 180]。ガットマンによると、政治的・社会的な生へとあらゆる市民が参加する諸機会を国家が認めるということは、あらゆる市民を平等に尊重することを意味する。政治的空間においては、あらゆる人々は同等な権利が認められ、それゆえ平等に尊重されるというのである。

　このような政治的参加の諸機会の平等に関する四つの原理的な説明を検討しながら、ガットマンは第四の「平等なる尊厳」という側面を重視する。ガットマンは次のように言う。

　　　あらゆる市民が、自らの生に影響を与える多様な領域に参加する諸機会を平等に認められ、その機会を増大されることによってのみ、市民は平等なる尊厳を有していると実感するし、そうみなされるであろう。そして、平等なる尊厳という原理的説明を真剣に受け止めることによってのみ、参加的理念は必要不可欠な基本的財として確立される [Ibid.: 181]。

　自らの生に影響する政治的領域へ参加する機会をあらゆる人々に平等に保障するということは、あらゆる人々の人間としての尊厳を保障することを意味する。それは同時に、人々の間の相互尊重を成立させるための条件が担保されるということを意味する。政治的参加と市民間の相互尊重を社会的平等の契機とすることにこそ、旧来の政治参加論に対するガットマンの独自の価値を見出すことができるのである。

　ただし、ここで留意しなければならないのは、あらゆる人々に政治参加の

諸機会を与えることが、実質的な平等までをも保障するかどうかである。つまり、政治参加の諸機会の平等なる認可が、社会における恵まれた者と不遇な者との間での社会的平等を保障するかということである。政治参加の諸機会の平等化が社会的平等の保障につながるためには、社会で不遇な状況にある者が効果的に政治参加できる条件を整える必要があろう。その条件とは、その者たちが生存のための必要から自由になること、さらに、政治的空間で自らの意思を表明できる能力を有することである。このためにも、ロールズの考える分配的正義に基づく経済的補償、および補償的な教育が必要となる。ロールズの分配的な平等は、参加的平等を保障するための前提条件なのであり、それゆえ、分配的平等と参加的平等は相互規定的に考えなければならないのである。

2．学校教育のコミュニティ・コントロールと参加的価値

　ガットマンは参加的諸機会の平等の一般的な原理的説明を検討した後に、実際の教育にその原理を適応させて考える。そこで検討されるのが学校教育のコミュニティ・コントロールに関する諸議論である。

　ガットマンの分析によると、1960年代のコミュニティ・コントロール運動の価値は、政治的参加の諸機会の平等化に関する四つの原理的説明によって、説明することができる。コミュニティ・コントロールの提唱者は次のような議論をしていた［Ibid. : 192-3］。第一に、「コミュニティ・コントロールは、主として黒人とその他の不遇なマイノリティのコミュニティの教育上の諸利害を、コミュニティの外に存在している支配的な白人の諸利害から守ることができ、またコミュニティの子どもたちに対してなされている現在の官僚化された教育から守ることができる」という考え方である。これは「自己防衛」という見方といえるであろう。第二に「黒人の親は白人の教師や行政官、より広い民主主義的多数者よりも自分たちの子どもの教育上の諸利益をよく知ることができる」というものであり、「消費者主権」の考えと合致する。第三の考え方は、「コミュニティ・コントロールを通じれば、黒人の親は、教育を監督（superintendence）するためのスキルと民主主義的政治のためのスキルを得ることができるだろうし、その拡大により、諸個人はより高

い能力を得ることができるだろうし、市民はより有能になるであろう」という
ものであり、参加による自己発達の側面が強調されている。第四に、「増
大されたローカルな参加を通じることにのみ、黒人とその他の不遇なマイノ
リティは自己尊重（self-respecting）をすることができる市民となることが
でき、最終的にはより広い民主主義的党派のなかで、相互に尊重されあう市
民となることができる」という考え方があり、「平等なる尊厳」という原理
的説明がこれにあたる。

　この分析で注目すべきは、学校教育のコミュニティ・コントロールに関す
る議論が、論点の差こそあれ、共通してマイノリティ集団の教育を保障する
ことをめざしているということである。民主主義政体においては、多数派の
決定が全体の決定となる。学校教育に関する決定に関しても、多数派の意見
が反映され、少数派の意見が反映されないという状況は往々にして起こりう
る。マイノリティ集団の実情を学校教育に関する決定事項に反映させるため
にも、理想的な政治参加を実現する必要があると考えられているのである。
ガットマンは次のように述べている。

　　　参加的諸機会は、ひとたび市民が効果的な参加の機会を得られれば、
　　また市民が参加的フォーラムに入ったときに相対的に平等なる基盤の下
　　でお互いが相対峙することができれば、公正に分配されるであろう。あ
　　る特定のコミュニティにおける民主主義的な多数派に、コミュニティの
　　中の子どもたちに施す教育全体の本性を決定する権利を認めるようなこ
　　とが仮にあれば、それは、他者から、そしておそらくその他の世代全体
　　から、公正なる機会の平等という基盤を奪う行為を諸個人に認めている
　　ことになる［Ibid.: 197］。

　学校教育のコミュニティ・コントロールは、これまで教育に関する決定に
反映されることがなかったマイノリティ集団の声をすくい取ることこそが平
等なる教育のあり方である、という考えのもと展開されたのである。そして、
それによって導き出される教育により、マイノリティ集団もマジョリティ同
様の成果を上げることができると考えられていたのである。

3．教育における政治的参加の意義

　コミュニティ・コントロール運動は、中央集権化された教育行政をローカルへと分権化することによって、多様な社会的・文化的背景をもった生徒の状況にあった教育が提供できるとする運動であった。ガットマンはこうした捉え方を「自己防衛」と「消費者主権」という形で言い表した。

　ただここで留意すべきなのは、教育の内容を決定する権利は、あくまでもコミュニティにあるのであって、特定の親にあるわけではないということである。コミュニティでの決定は、最終的には親の意思に基づく決定とみなされることになろう。しかし、多数派の親が自分たちの子どもの利益のみを追求し、少数派の子どもたちのことを考慮しないようなことがあれば、それは不平等を助長することとなる。コミュニティとしての共同意識が希薄となった現代の社会状況にあっては、親はなおさら自らの子どもの利益を重視して決定を下そうとするであろう。親の偏った決定を回避するために、ガットマンは、コミュニティ・コントロールに関してさらに二つの側面、すなわち「自己発達」と「平等なる尊厳」という側面を重視する必要があったと考えられるのである。

　ガットマンがロールズの理論に基づいた教育における補償という考えを重視しているように、コミュニティの中であらゆる親に意思決定に参加する条件を確立するということは確かに重要である。それはガットマンが、「学校のコミュニティ・コントロールという理想を擁護する前に、教育の機会の平等をもたらす手続きを探求しなければならない」と考え、「非理想的な状況においては、教育上の意思決定に関する重大な範囲の集権的コントロールと、教育機会の平等に関する裏付けとしての司法判断が必要不可欠である」と述べていることからもわかる［Ibid.：196］。

　しかしながら、ガットマンはこのような手続き論的な議論によって、教育における社会的平等の達成がなされるとは考えていない。あくまでも補償は諸個人の政治的参加の必要条件なのであって、それを行うだけでは必ずしも社会的な平等状態が生み出されるわけではない。社会的平等の達成にとって重要なのは諸個人の政治的参加を通じた意思決定なのである。

ただ、参加の条件を経済的な補償によってそろえ、あらゆる諸個人の政治的参加を保障したとしても、まだ社会的な平等状態が導き出されるとは限らない。例えば、民主主義的社会における多数派が、数の論理をもって少数派の利益を考慮に入れないような決定を下せば、社会的平等状態を導き得ないこととなる。また、マイノリティが自らの意見を意思決定に反映させるための能力を有していない状態であれば、同じ結果となろう。条件を整備するだけでは実質的な社会的平等は導き出されない。それゆえ、政治参加のあり方を規定しなければならないのである。

ガットマンが政治参加に「自己防衛」と「消費者主権」以外の特別な意味を見出しているのは、諸個人が公共的に物事を判断し、健全なる意思決定が行われることを期待するからである。

　　ラディカルに平等主義的な社会において、諸個人の利害はコミュニティの道徳的秩序によって超越されるのである。社会的平等状態における諸個人の諸々の関心は、その社会の政治的生に生き、また参加していることによってのみ実現される、縮減不可能な道徳的な関心なのである［Ibid. : 220］。

平等なる参加が参加者の「自己成長」を促すということ、および「平等なる尊厳」を促進するということは、あらゆる諸個人が対等な立場に立ち、自らの意思を全体の決定に反映させることができるということ、そして結果として共同でコミュニティのあり方を規定する意識とスキルを養うということを意味している。政治的参加は諸個人が民主主義的市民となるための教育機能を有しているとガットマンは主張していくのである。

とはいえ、子どもたちが政治参加するためのスキルと心性を前もって養う必要はないか。政治的参加において自らの利害を中心に考えるのではなく、コミュニティ全体の利害を考慮に入れた決定を子どもたちが下せるようになるためには、市民としての意識を芽生えさせ、さらに市民同士のつながりをもたせることが必要ではないか。こうした教育論は『リベラルな平等論』では展開されず、著書2『民主主義的教育』において打ち出されることとなる。

第4節　教育論としての『リベラルな平等論』

　これまで検討してきたように、ガットマンはリベラリズムの平等理論の理論的伝統を追いながら、ロールズ理論の受容を経由して、人々が政治的参加を通じて公共的な心性とスキルとを身につけることに社会的平等を導くあり方を見出す独自の理論を構築していった。それは、ロールズの手続き論的な分配的正義の理論によっては、現実社会における人々の差異に応じた財の分配を十分に行うことができないという課題意識から導かれたものである。社会的平等は、あらゆる人々が他者性を考慮できる心性を持った状態で政治参加を行うことによって、初めて達成できるとガットマンは考えるのである。

　ガットマンが考える健全なる意思決定を可能にする要素は、他者を考慮しながら自らの意思を形成する諸個人の能力である。この能力は政治的参加によって自発的に育成されると考えられているが（「自己成長」の側面）、政治に参加する前の段階の子どもたちに対してそれらのスキルと心性を養う必要があるかどうかについては論じられていない。『リベラルな平等論』においては、参加民主主義の社会的平等に対する可能性を強調することに主眼が置かれていたのであり、後に展開する教育論については限定的に論じられるにとどまっているのである。

第2章

『民主主義的教育』（1987年）における
政治的教育の特質
———— 意識的社会再生産概念の確立と参加概念の関係性

第1節　『リベラルな平等論』から『民主主義的教育』へ

　第1章での考察により、ガットマンが『リベラルな平等論』において、リベラリズムの分配論に基づく平等概念を批判する形で、人々の多様性を擁護する平等理論を構築していったことが明らかになった。それは、1. ロールズの分配的正義の理論に欠けている政治参加の側面を強調し、政治参加に市民の公共的精神の発達の契機を見出したこと、2. そのような政治参加によって、社会的基本財の分配を軸とする平等論からは引き出されない、個人の多様性に応じた実質的な平等理論を展開したことを意味する。ガットマンはこの第一著書の中で、個人の多様性に応じた形での平等を達成する可能性を、リベラリズムの理論、特にロールズとJ. S. ミルの理論の中に見出し、分配的正義の理論に参加の観念を統合する形で独自の理論を展開していった。この平等主義的理論はガットマンの第二の著書『民主主義的教育』においても踏襲され、さらに教育論を含めながら発展させられる。

　本章では、『民主主義的教育』において、正義の〈分配的側面〉と〈参加的側面〉がいかに論じられているかを、ガットマンが検討している国家論、および意識的社会再生産概念を中心的に読み解きながら明らかにし、『リベラルな平等論』で表明された平等主義的理論の発展を見出していく。

第2節 『民主主義的教育』の主題

　『民主主義的教育』(*Democratic Education*, 1987) における主題は二つある。一つは、「民主主義的な市民を教育する方法に関して誰が権限を有するのか」[Gutmann 1987a：3] という問いに象徴されるように、教育権限に関する正当化の理論をいかに構築するかということである。もう一つは、人々の多様性に応じた形での平等を達成するために、教育が果たす役割について明らかにすることである。この二つの主題を検討する際に中心課題となるのが、イデオロギー性の避けられない教育の目的を誰がいかに設定すべきかについて正当化論を築くことである。もちろん、その教育目的の設定は、人々の価値観の多様化という現代の社会状況に矛盾しない形でなされなければならない。つまり、正当化なしに一つの絶対的な価値を設定し、それに個々人を当てはめるようなことがあってはならないのである。ガットマンが『リベラルな平等論』で分析の対象とし、自らの理論構築のために依拠したリベラリズムの理論は、ここにおいて自己反省的に批判される。

　リベラリズムは自律性という価値を絶対的な価値基準として論を展開している。ガットマンは個人の自律の完成をめざすリベラリズムの目的設定に対して、その価値基準の正当化にこれまで成功していないと批判を加えるのである。これまでリベラリズムの伝統的な平等主義的理論に依拠しながら独自の理論を構築したガットマンがリベラリズムと明確な立場の違いを表明する。つまり、『民主主義的教育』でのガットマンの問題意識は、リベラリズムが陥っている正当化問題の克服であり、それこそが『リベラルな平等論』以降の新たなテーマなのである。その解答として、ガットマンは民主主義に正当化の手がかりを求め、前著で表明した平等主義的理論を「民主主義的教育」理論として新たに発展させるのである。

　『民主主義的教育』は、序章、終章を含め、全11章で構成されている。その章タイトルを列挙すれば次のようになる。すなわち、序章：基礎・基本に立ち戻れ (Back to Basics)、第1章：国家論と教育 (State and Education)、第2章：初等教育の目的とは何か (The Purposes of Primary Education)、第3章：民主主義的参加の諸次元 (Dimensions of Democratic Participation)、第

4 章：民主主義的権限の限界（The Limits of Democratic Authority）、第 5
章：初等学校教育の分配の問題（Distributing Primary Schooling）、第 6 章：
高等教育の目的とは何か（The Purposes of Higher Education）、第 7 章：高等
教育の分配の問題（Distributing Higher Education）、第 8 章：学校外の社会教
育（Extramural Education）、第 9 章：成人教育（Educating Adults）、終章：
政治教育の優先性（The Primacy of Political Education）、である。

　この著作は、教育理念に対する国家論の次元からの分析、初等教育におけ
る教育目的論、理念としての民主主義的な権限の分有の必要性の主張、初等
教育における教育財の分配問題、さらには高等教育、学校外での教育、成人
教育にいたるまで、その考察対象が多岐に及んでいる。そして、こうした考
察対象は、本書第 3 章で検討していく1980年代のガットマンの刊行論文にお
ける考察対象と重複する部分が多い。本節では以下、『民主主義的教育』の
中心的主張と考えられる民主主義的国家論に基づく教育、その理念としての
意識的社会再生産、さらに民主主義的教育の制限原理に関する議論を選択的
に取り上げ、それらと前著で強調された参加概念との関係性について中心的
に論じていく。

第 3 節　三つの国家論と「民主主義的教育」国家論

　ガットマンは、理論の正当化のためには、ある特定の権威に依拠する理論
構築を極力避けねばならないと考える。ガットマンが政治理論の一部として
教育理論を論じる際に、これまで伝統的に論じられてきた特定の国家観に基
づいた三つの教育理論を比較検討するのは、特定の権威に依拠した各理論が
問題性を含むことを明らかにするためである。それら三つはそれぞれ、プラ
トン、ジョン・ロック、J. S. ミルの国家観から引き出される理論であり、ガ
ットマンは順に、1.「家族国家」論（the theory of the family state）、2.「諸家
族の国家」論（the theory of the state of families）、3.「諸個人の国家」論（the
theory of the state of individuals）と呼ぶ［Gutmann 1987a : 22］。

　「家族国家」は、絶対的な権力を持つ統治者が国を統治するのではなく、
市民が共通善を認識しながら心性の一致と友愛を築き、互いに社会を形成し

ていくような国家を理想とする国家論である。

　　家族国家の本質的な特徴は、その国家が知に基づく個人的善と社会的
　善の間の調和──それは本質的関係と言ってもよい──を確立する手段
　として排他的な教育権限を要求することである。家族国家の擁護論者は、
　市民の間に一定のレベルの心性の一致と友愛が築かれることを期待して
　いる。そうした心性の一致と友愛は、私たちのほとんどが家族の中での
　み見出すことが期待される（ともすれば、いまやそこにさえもない）もの
　である［Ibid.: 23］。

　この国家論で重要なことは、個々人が国家形成のために個人の善と社会の
善を調和させて考えることができる「市民」へと教育されていくということ
である。個人の自由は市民的諸徳（civic virtues）に内包され、個人の行動は
国家に順応するよう規定される。つまり、市民的諸徳を市民全体が身につけ
ていることが重要なのである。教育の役割は子どもたちに市民的諸徳を認識
させるとともに、社会貢献なしには善き生はあり得ないことを認識させるこ
とである。教育の権限は国家共同体そのものにあるが、哲人王（philosopher
king）に教育上の権限が委譲されているとされる［Ibid.: 23］。
　「諸家族の国家」では、教育の権限は親にあり、子どもの利益の最大化が
目的として考えられている。家族による道徳的教育の必要性が強調され、未
来の社会の構成員である児童を中心に据えた教育がなされる。この国家論で
は、個人の諸自由の権利、特に親の教育の権利が重視される。親は自分の生
き方に応じて自分の子どもを教育する権利があるとされる［Ibid.: 28-30］。
　「諸個人の国家」は、個人の選択のための制度的枠組みを支えることで、
個人の自由と社会の徳との間の緊張関係を克服しようとする。この制度的枠
組みは、私的な善に関する異なった諸観念を追求するために、個人の自由を
最大化することを目的として確立される。ただし、自由を保障するといって
も、子どもたちの選択は制限されなければならない。それは、合理的選択の
能力を発達させるためであり、文化的調和の能力を発達させるためである。
教育は子どもたちが未来に合理的な選択を行えるよう育成することに主眼が

置かれるため、道徳性を高めることを重視しない。教育上の権限は教育の専門家に任される［Ibid.: 33-4］。

ガットマンはこのように三つの国家論とそれに伴う教育の役割について類型化し、そのどれもが「単独では受け入れることができない」と述べる［Ibid.: 42］（傍点：引用者）。「家族国家」論に対しては、「善き生に関する知識を政治権力と結びつけようとする誤った試み」［Ibid..: 42］であるとし、この国家論が専制政治を前提としていることを批判する。つまり「家族国家」論が、善き生のあり方に関する客観的な規準を設定しえているとする主張の妥当性を批判の対象とする。善き生のあり方は個人によって多様であるがゆえに、この論が想定している一つの規準がそうした多様性を保障しない、とガットマンは考えるのである。

「諸家族の国家」論に対しては、「親が子どもを教育するという自然権を持っているということ、また親はその自然権を有するがゆえに子どもの福祉を最大化するであろうということ、これらのことは不確定な想定である」［Ibid.: 42］と批判を加え、価値志向的で帰結主義的な教育のあり方には合わないと批判する。さらに、ガットマンは、親の個人の権利の範疇として子どもが教育される際に、非民主主義的な教育がなされることも危惧している[1]。

「諸個人の国家」論に対しては、それが主張する中立的な教育について批判を加える。すなわち、この国家論が、「子どもの選択が何らかの生き方をめざして、またその他の生き方に抗して、方向付けられるものだという確証を得ない」［Ibid.: 42］まま、教師に中立的な教育を要求する点を批判している。その国家論が教育によって子どもたちの合理的選択能力を養うという方向性を必然的に有しており、必ずしも中立性の主張を満たしていないことを明らかにする。

このようにガットマンは三つの国家論に批判を加えた上で、ガットマン自身が依拠する国家論を提示する。それが「民主主義的教育国家」（a democratic state of education）論である。ガットマンが批判する三つの国家論は総括すれば、市民的諸徳の育成か個人の自由の尊重・拡大かのどちらに力点を置くかによって違いを持つ。「家族国家」論は市民的諸徳に重きが置かれ、「諸家族の国家」論、および「諸個人の国家」論は（程度の差こそあれ）個人

の自由に重きが置かれる。これらはすべて二元論的に教育の目的を考えている。ガットマンはこの二元論的な見方に対して、つまり、市民的諸徳か、個人の自由のどちらが優先されるのかというような見方に対して批判を加える。市民的諸徳と個人の自由は相対立するものではなく、統合できるものであるとガットマンは考え、民主主義的国家は、教育の目的を、市民的諸徳の中に個人的自由を組み込むこととすべきである、と考えるのである。

　その上でガットマンは、教育の権限が国家、親、教師ではなく、民主主義的市民の間で共有されるべきであると指摘し、民主主義的理論が三つの理論を統合すると考える。ガットマンによれば、民主主義国家においては、「構成員が民主主義的政治に参加し、（制限された範囲での）善き生の中から選択し、諸家族のような数々のサブコミュニティを共有するに十分な教育を提供する」[Ibid. : 42]といった具合に教育の権限が共有されるというのである。（ただし、ここでのガットマンの議論は、統合を指摘するのみで、実質的な成熟した議論とはなってはいない。）

第4節　意識的社会再生産の包括性——未来の子どもの権利保障と二つの制限原理

　国家、親、教師を含めた市民が教育の権限を共有する際、共通の価値として「意識的社会再生産」（conscious social reproduction）が設定されるとガットマンは言う。この意識的社会再生産論は単なる文化的再生産論ではない。文化的再生産論の場合、現存の社会を「複製」（replication）することに主眼が置かれ、保守主義的傾向が強い。それゆえ、教育に関しては、子どもたちに現存の社会的価値と規範を伝達する役割が重視される[2]。これに対して、意識的社会再生産論の場合、現存の社会状況が、子どもたちが成人したときの状況とは合致することがないということが前提となっている。つまり、現存社会は現在の成人が作り上げたものであり、それを複製した社会では、（現在は子どもである）次世代の成人が自由な選択を行いながら社会形成していく機会を制限すると考えるのである。意識的社会再生産が価値とされるのは、社会が一つの規準によって方向付けられるのではなく、市民の意思決定

第2章　『民主主義的教育』（1987年）における政治的教育の特質　59

を通じて絶えずその規準が修正され、各市民の意思が反映する形で変容させられるからである。意識的社会再生産とは、まさに、個々人の意識に訴えかけながら、社会を絶えず作りかえることにほかならない[3]。

　ガットマンは、この意識的社会再生産を支えるものとして、「民主主義的諸徳」（*democratic* virtues）を重視する。そしてその諸徳は熟議する能力と意思決定に参加する能力を含むとする［Gutmann op. cit. : 46］。つまり、民主主義社会が不確定ながら市民の意思決定によって方向づけられ、その決定が絶えず修正されながら発展していくために、教育が民主主義的な市民を育成する役割を担っている、とガットマンは考えているのである。

　ところで、意識的社会再生産という価値に基づいた民主主義的教育を行う際に、二つの制限が課される、とガットマンは述べる。すなわち「非抑圧」（nonrepression）と「非差別」（nondiscrimination）の原理である［Ibid. : 44-5］。それらは、民主主義的意思決定過程が健全に機能するための制限原理である。

　第一の非抑圧の原理とは、端的に言えば、市民の思想・信条の自由の保護である。民主主義の理想は、あらゆる市民が意思決定過程で様々な考えを表明し、それを市民が互いに熟慮しながら意思決定に反映するというものである。その理想には、少数者であろうとも、自由に自分の考えを述べることができる条件が確保される必要がある。

　第二の原理、すなわち非差別の原理は、特定の集団を差別することがあってはならないという原理である。これは、市民形成の役割を担う教育は、あらゆる子どもたちに対し、差別なく提供されなければならないという原理であり、さらに、学校教育は学校内・外での差別を減らすような価値を教えるべきだとする原理である。そしてこの原理によって意思決定過程で偏った決定を避けることができるとされるのである。

　ガットマンはこれら二つの制限を民主主義的意思決定過程に付与することで、多数者による支配を回避し、少数者が全体の意思決定に関与できるように考えた。そしてそれにより、市民各人が正当化可能な決定を保障しようとしたのである[4]。

第5節　意識的社会再生産概念の確立と参加概念の関係性

　ガットマンは子どもに対する教育の権限を、国家でも、家族でも、教師でもなく、多様な政治主体である市民に認めることで正当化しようと試みた（ただし、その市民は民主主義的教育によって形成されなければならない理念的存在である）。その正当化は、教育の理念、内容を民主主義的な過程を通じて決定、もしくは修正していくという権限の分有に根拠をもっている。民主主義的意思決定過程を正当化の拠り所としつつ、個々人の合意の上で教育の権限が決定されるように考えることにこそ、ガットマンは教育権限の正当化問題の解決の鍵を見出すのである。さらにガットマンは、民主主義的意思決定が正当なものになるよう、それを支える市民を育成するための教育の重要性を説いている。そこでは、教育が「非抑圧」と「非差別」の制限原理のもと、実施されることを期待している。そうした期待は、民主主義的な意思決定の準備をする場として、学校という空間を考えていることから派生したものだと考えられる。

　ガットマンは、自由を中心に社会的平等理論を構築することの限界を意識している。ロールズは、社会的に不遇な者の補償という格差原理を正義の原理に含めているが、これはあくまでも第二の原理として設定されている。平等主義的原理は最大限の自由を認める第一原理の後に置かれている。これに対してガットマンは参加概念を自由概念に対置していく。ガットマンは個人に社会に参加する権利を平等に保障し、そこでの意思表明の自由を認める一方で、市民が社会参加することである種の社会的規範を身につけることを期待している。それは必ずしも、リベラリズムの伝統的な制限原理としての他者への「危害原理」にとどまる意識ではない。共同して社会を作り上げるという公共的な徳性である。

　こうした社会構築理論として教育理論を展開した理由は、『民主主義的教育』の序章における「なぜ教育に焦点を当てるべきなのか」という節での言及の中に示唆されているように、社会を変革する原動力となる側面を教育がもっているとガットマンが考えているからである。ガットマンは、自らが提唱する民主主義的教育理論の理念が「意識的社会再生産」に焦点づけられる

とした上で、多くの政治学者が、政治的社会化（political socialization）は社会の中で市民が政治的価値、態度、行動様式を無意図的に伝達される過程を包含しているとみなしていることを批判している。政治的社会化の理論は社会の存続過程を説明する限りにおいて意味があるが、教育によって社会が変革されることには目を向けていないというのである。

　　もし政治学者の目的が、民主主義社会の構成員が自らの未来の意識的な形成にいかに参加すべきかを理解しようとすることであれば、教育と政治的社会化とを同一視しないことが重要である。教育が政治的社会化と同一視されると、社会それ自体が再生産する方法に市民が影響を与えられるよう教育が作用するという民主主義社会の独自の徳が簡単に見失われてしまうからである［Gutmann 1987a : 15］。

また、80年代までの教育の再生産理論に代表される、教育神話を解体しようとする理論に対しても批判を向け、次のように述べている。

　　学校教育を通じて市民を教育しようとする私たちの最善の努力でさえ幻滅感を免れ得ないとするその予言は自己実現的予言である。なぜなら学校が市民の政治的・個人的生活を平等化するかどうかという問題に全面的に注意をむけ、そのような生活を改善するかどうかという問題を無視するからである［Ibid. : 16］。

これらの言及から明らかなように、ガットマンは教育を社会的平等の達成の鍵としてみているのである。

ところで、このような民主主義的教育理論は、前著『リベラルな平等論』における平等主義的理論をどのように発展させたといえるのだろうか。ガットマンが前著において表明した、正義の〈分配〉的側面と〈参加〉の側面を統合する形の平等化理念が、『民主主義的教育』でいかに発展させられたのか。『民主主義的教育』において、ガットマンは、市民が民主主義的意思決定過程に参加し、決定に関与することを重視している。これが正義の〈参

加〉の側面と対応するといえよう。参加に関して前著で強調された公共的精神の発達は、「意識的社会再生産」という形で発展されている。一方、〈分配〉の側面は、教育に非抑圧と非差別という原理的な制限を加えることによって、社会を支える市民として市民的参加の機会を保障することで満たそうとした。あらゆる個々人に民主主義的な教育を施すことで、少数者の考えが反映された意思決定が保障されると考えたのである。つまり、機会の均等および少数者の利害を考慮した結果に関する平等は、二つの原理のもとで行われる教育が保証すると考えるのである。少数者の利害を考慮し結果のレベルでその利益を保証する仕組みと条件整備を行ったという点で、民主主義的教育理論は、前著での平等主義的理論をさらに発展させていると言える。

　しかし、ガットマンの民主主義的教育理論は、非抑圧と非差別の原理に基づいて教育された市民であれば、民主主義的な意思決定場面においても少数者の利害を勘案するだろうという見込みのもと展開されている点で、楽観的とも判断される側面を有している。『民主主義的教育』の中では、健全な民主主義的意思決定がなされるための条件整備としての教育の重要性は述べられているが、その教育が実際の意思決定場面でどのような役割を果たすかについては述べられていない。つまり、実際の熟議のあり方を規定する教育の役割については詳細に検討されていないのである。民主主義的な意思決定場面で少数者の利害を考慮した決定が確実になされるようにすることは、『民主主義的教育』では先送りにされる。この課題は、ガットマンのその後の「熟議民主主義」の理論形成の中で検討されることになる。

第3章

ガットマンの民主主義的教育理論における
「教育権限」問題
——1980年代の中心課題

第1節　「教育権限」問題と権利を主体とした教育理論

　『リベラルな平等論』から『民主主義的教育』にいたるまでに発表された諸論文は、主に教育における親の権利と国家の教育権限との間の緊張関係をいかに調整すべきかが検討課題となっている。それは、『民主主義的教育』の主要テーマの一つである「教育の権限を誰が有するのか」という教育哲学的問題に関わる。第1章でも確認したように、『リベラルな平等論』において、分配的正義とともに参加的正義の重要性を説くガットマンは、ロールズに代表される現代の平等主義的リベラリズムが考察の外に置いてきた「参加」に伴う「自己発達」的側面を強調していた。『リベラルな平等論』刊行時の1980年代初頭から、すでにガットマンは参加に内在する教育的機能に注目していたのである。これ以後1980年代全般を通じて、ガットマンは本格的に教育について論じていくようになる。

　本章では、80年代に発表された諸論文の検討を通して、ガットマンが『リベラルな平等論』刊行以降、自らの理論に依拠しながらいかに教育課題に対峙しているかを明らかにしていく。

1．教育における親の自由とパターナリズム——「教育権限」問題

　論文1「子ども、パターナリズム、教育——リベラルな議論」（"Children, Paternalism and Education : A Liberal Argument" 1980）において、ガットマンは、教育権限の所在の問題を検討課題とする。リベラルな民主主義社会にお

いて、子どもがいかに教育されるべきかを決定する権限を誰が有するべきか
を明らかにしようとするのである。

　リベラルな社会では、成人としての個人の自由が最大限尊重されることが
価値として求められる。しかし、子どもにはこうした自由は一定期間、つま
り自由を充分に享受し責任もってそれを行使できるようになるまで制限され
る。その期間は成人期に責任能力を行使できるように準備する期間であると
みなされ、制限は正当なこととして一般的に容認されている。子どもは将来
に自由な権利行使ができるよう、誰かによって教育されなければならない。

　ただこのとき、教育主体の特定、およびその正当化が問題として現れる。
つまり、パターナリズムの正当化の問題が、自由と制限をめぐる子どもの教
育の議論に立ち現れるのである。こうした問題意識のもと、ガットマンはパ
ターナリズムが正当化される条件を探ろうとする。ガットマンの基本的な想
定を先取りして述べれば、パターナリズムの正当化は「潜在的に合理的な存
在としての子ども——善き生に関する幅広く競合的な諸観念のなかから自由
に選択でき、民主主義社会において自分自身を知的に統制できる能力を持つ
存在としての子ども——の利害を、平等に考慮することによらなければなら
ない」[Gutmann 1980b : 338]。

　ガットマンは、パターナリズム、つまり「子どもの現在、もしくは未来の
利害を理由に、その子どもの自由な行為に対して介入する」[1]ことがいかな
る条件のもとで正当化されるかを探っていく。正当化は当事者間での共通了
解を必要とする。しかし、ガットマンによれば、リベラルな現代社会ではす
でに存在する自明な了解や暗黙の了解を基礎に共通了解がなされると想定す
ることは難しい。共通了解は、ジョン・ロールズが唱える原初状態での決定
の論理のように、成人が、自分が子どもであれば何を欲するかを仮説的に思
考することを基盤として、導かれるべきだという [Ibid. : 340]。

　それでは成人がパターナリスティックな介入を行いながら子どもに提供し
たいと望むものは何か。一般的には、「充分な栄養、ヘルスケア、住居、家
族の愛情、選択可能な経済的・社会的機会を選ぶのに充分な、また、よく情
報が与えられた民主主義的な市民になるために充分な教育」という基本財で
あろう、とガットマンは言う [Ibid. : 340]。ただ、これらの基本財を子ども

には必要ではないと考える宗派的な親も存在する。例えば、エホバの証人の信者やクリスチャン・サイエンスの信者は、子どもの命の危険が明白の場合でも、信仰上、その子どもに医学的な治療を要さないと考える。また、例えばオールド・オーダー・アーミッシュの信者はフォーマルな中等教育が子どもには必要ではないと考える。

　こうした基本財の提供と親の信仰の維持が対立する問題状況をふまえてガットマンは次のように論じる。

　　　親の基準に従うとすれば子どもが害されるであろう、ということをわれわれが非宗教的な根拠に基づいて知っている場合に、われわれは（医療や十分な教育といった：引用者）基本財の基準に基づいて行動するか、あるいは、基本財の基準とは対立する親の基準の方を尊重するか、どちらか選ばないといけないとしよう。この二つのどちらを選んだとしても、その選択はパターナリスティックなものである［Ibid. : 341］。

　ガットマンは、どちらの基準を選択してもパターナリスティックなものにならざるを得ないけれども、「善き生に関する対立する諸構想のなかでより中立的な基準」［Ibid. : 341］を選択する方がよいと主張していく。そして、子どもが成人した際に最も広範な合理的選択を保障する、基本財の提供という基準の方が中立的であるとするのである。

　ここで注目すべきは、ガットマンが、子どもたちの未来の選択の自由が最大限尊重されるべきであるということを、パターナリズムの正当化理由として設定している点である。ガットマンは、「より広範な選択肢を成人メンバーに提供している社会の中の市民として、親は自分の子どもが家族外の社会（extra-familial society）の中で選択可能な選択肢にさらされることを認める義務を有している」とまで述べている［Ibid. : 342］。このような、子どもの未来の自由を親の自由よりも優先するガットマンの立場は、アーミッシュ裁判の最終判断に対する彼女の批判の中に表れる。この裁判に関するガットマンの見解は、個人の自由を最大限尊重するリベラルな民主主義社会が、個人の自由に制限を加えなければならない場合の根拠を明らかにする意味で意義深

い。

　教育の保守的な側面を確保しながら、いかに革新的な側面を強調するかという問題を解決する教育の理論を構築していくためには、まず、教育の権限を誰に割り当てるべきかを検討する必要がある。親や児童中心主義者のように、子どもの自律性に重きを置く考えに立つ場合、教育の社会的役割が軽視される傾向にある。逆に、保守主義者のように社会性の育成を強調する場合、諸個人の自律性の育成は教育目標から切り捨てられる傾向にある。教育目的に関して何に力点を置くかによって、育成されるべき個人像も異なってくる。それゆえ、上述の理論を構築するためには、親か国家かというような二項対立的な見方をされてきた教育権限の問題を解決しなければならない。教育の権限に関する問題を考える上でしばしば引き合いに出されるのが、ウィスコンシン州対ヨーダー事件として知られるアーミッシュ裁判の事例である。

　アーミッシュ裁判は、1972年、自分たちの共同体生活にとっては第8学年以降の学校教育は必要ないという認識から、子どもたちを学校に通わせないという行為をとったプロテスタント系キリスト教のアーミッシュ宗派の親と、その行為が就学義務違反にあたるとして訴えた州教育局との間で争われた。この裁判での争点は、子どもに対する親の権利と、リベラルな国家が同じ子どもに対して行う教育の権限のどちらが優先するかということであった。連邦最高裁における最終的な判断においては、6対1（2名不参加）で親の訴えが認められる判決が下されることとなる。

　アーミッシュ側の主張が認められた判決について、一般には、多数派のバーガー判事（Justice Burger）が述べた次のような判決理由がリベラル派の論者の支持を集めている。すなわち、「アーミッシュには、子どもたちを高等学校に入学させる以前でも子どもたちを学校に行かせない正当なる理由がある。それは、より上級の学校を特徴づけている教育の質（例えば、自己規律、競争、科学的知識の習熟など）が、アーミッシュの持つ諸価値と対立するという理由である」[2]と。信仰上の特殊性から、アーミッシュの親には子どもを教育する権利が保障されたとするのである。

　この判決に対し、ガットマンは独自の解釈を加えている。すなわち、「アーミッシュの親の挑戦が成功したのは、リベラルな国家が子どもたちに対し

第3章　ガットマンの民主主義的教育理論における「教育権限」問題　67

て、善き生に関する十分な選択肢と選択の機会とを与え損なったことに由来する」と［Gutmann 1980b：342］。ガットマンの解釈によると、この判決は、アーミッシュの親が主張する善き生のあり方に対して、それを覆すだけの代替案を国家が子どもたちに提供できなかったことを意味しているのであって、親に対し自らの生き方を子どもたちに押しつける権利を認めたということを意味してはいない。つまり、政府の失敗に原因があったのである。

　このような解釈に基づくとすれば、教育の権限に関してどのような理解が必要となるであろうか。ここでガットマンは子どもの自由な選択という新たな視点を提示する。ガットマンは、「子どもたちに対して今よりも多くの選択肢を認めなければならない」［Ibid.：343］と述べ、子どもたちの自由な選択の権利を尊重すべきであるとするのである。この主張は、裁判における少数派のダグラス判事（Justice Douglas）の陳述から引用した次のような言葉に端的に表れている。

　　　もし親が自分の子どもに対し上級の学校教育を受けさせないのであれば、子どもは永遠に、新しく魅力あふれる多様な世界に入る機会を失うことになるだろう。子どもは上級の学校が望ましい道だという決定を下すかもしれないし、その逆に下さないかもしれない。本質的なことは、まさに生徒の判断なのであって、親の判断ではない［Ibid.：354］（傍点：引用者）。

「教育を受ける子どもの権利は、合理的な人間になるための、そしてリベラルな民主主義社会の十全なる市民になるための前提」であると考えるガットマンは、親の自由な権利行使が「善き生の諸観念の中からよく情報の与えられた選択を行うという基本的財と、意義深い民主主義的な自己統制に参加するという基本的財の二つを、子どもたちから奪う」という意味で制限されなければならないと考える［Ibid.：349］。つまり、現在は合理的選択能力を備えていないが、未来には合理的な判断ができるようになる可能性を有する子どもの権利は、現在の親の自由の行使によって侵害されてはならないのである。それゆえ、ガットマンは、未来の子どもの選択の自由を保障するため

に、親の自由を制限するというパターナリズムとしての役割を国家に対して認めるのである。

　教育に関して言えば、子どもの未来の権利の保障を理由に、親の教育権は国家によって制限される。とはいえ、国家の教育権が無批判に認められるわけではない。ガットマンによれば、「親の信教の自由の権利に対する子どもの教育権の優先性によって、私的教育、および公的教育に対する国家統制が正当化されるのは、この統制があらゆる子どもに対して十全で平等なシティズンシップのための教育を最もよく保障する限りにおいてのみのことである」[Ibid. : 351]。国家は、子どもが市民として成長するために必要な教育を保障する以上の権限を持たない。国家のパターナリズムとしての役割は子どもの未来の権利を制限するような教育内容を押しつける権限を持つまでは拡大されないのである。

　このように、ガットマンは、親か国家かという二項対立的な捉え方がなされてきた教育の権限をめぐる議論に対し、子どもの未来の合理的選択能力の保障、および未来の自由権の保障という視点を盛り込むべきことを主張している。この主張には、合理的な判断能力を兼ね備えた成人を前提として自由のあり方を考えるリベラリズムの理論に欠けている視点が盛り込まれている。つまり、子どもの未来の選択の自由と現在の親の自由を比較し、自由が認められる基準を設定しようとする視点である[3]。子どもの未来の自由を尊重している点では、ガットマンはリベラルな思想に依拠しているということができる。しかし、子どもの未来の権利の保障を理由に、親の自由権を制限するパターナリズムとしての役割を国家に認めている点で、リベラリズムとは一線を画しているといえよう。

　ところで、論文1において、パターナリズムの正当化の根拠は基本財の保障ではあっても、特定の何かであるとは断定されていない。このことを教育の分脈で解釈すれば、正当化される教育は確固とした絶対的な目的があらかじめ設定され、それに向けて行われるべきだというもの・で・は・な・い・ということになる。このことは、ガットマンが個人の自由を尊重し、教育の分脈においても極力強制を避けようとしていることを意味している。子どもの未来の利害は現在の親によってすべては設定されえないという主張がここで展開され

ているのである。

２．権利論を主体とした教育理論——子どもの未来の権利と教育

「権利論者」（rights theorists）を「市民的・政治的自由を実現するための平等なる権利を数ある権利の中で優先させる論者」[Gutmann 1982a : 261] とするガットマンの規定に従うとすれば、子どもの未来の権利の保障を教育目的とするガットマン自身の教育理論は、権利論者の教育理論ということができる。それにしても、なぜガットマンは子どもの未来の権利という不確定な要因の保障を、教育目的の設定の際に強調するのであろうか。その理由を知る手がかりは、ほぼ同じ頃に執筆された論文３「学校へ行くことの効用とは何か——功利主義と権利論における教育の問題」（"What's the Use of Going to School? The Problem of Education in Utilitarianism and Rights Theories" 1982）に見出すことができる。

　教育の目的を設定する方法について、どのような思想的立場から設定すべきかを考える際に、ガットマンは古典的リベラリズムに属する功利主義（utilitarianism）による教育、および保守主義（conservatism）の教育と対比させて、権利論者の教育を検討している。そして、権利論者による教育理論が、「すべてとまではいかないまでも、多くの生のあり方に対して中立的である」ことができ、さらに「ある特定の社会的価値を永続させ、必要不可欠な社会的諸機能のために子どもたちを準備させるという保守的な主張に対して、適切に応答することができる」[Ibid. : 261] と論じる。この言及に見られるように、論文３では、権利論を主体とした教育理論が、リベラル・保守の二つの教育理論を統合する鍵を提供するとの考えが表明される。

　まず、ガットマンは、功利主義の教育目的と権利論者の教育目的を、それぞれ〈幸福〉（happiness）と〈自由〉（freedom）という基準のもとで設定されると規定し、各々の理論が中立性を保持できるかという問題について議論する。当然のことながら、教育に関しては、両者ともに中立性が保てない。それは、両者が帰結主義であるからである。つまり、両者はある特定の善き生のあり方を見越した上で教育を行うため、リベラリズムとしての両者が前提としている中立性を保つことはできないとする。

功利主義の場合、教育目的の基準とされる幸福は主観的な基準である。そのため、教育の目的として幸福を設定した場合、次のような難しい問題が生じる。ひとつは「幸福はあまりに無規定な目的であるため、そこから教育計画を導きえない」［Ibid.：264］という問題である。さらに、功利主義が教育の成果を判断する際には、「教育されていないままの状態と比較して、教育された方がどれだけ幸福かを決めなければならない」［Ibid.：268］という、現実に即応しない仮想的な基準を設定しなければならないという問題も生じる。

ガットマンによれば、権利論者の教育理論において、教育のあり方は、その教育が「子どもの未来の合理的選択の諸機会を拡大するか、縮小するか」を判断の基準として決定される。つまり、権利論者の教育は自由のための教育（education for freedom）と呼ぶことができる。そして、それは合理的選択の機会を拡大させるよう行われる。功利主義の教育理論が諸個人の幸福をどれだけ増すかという主観的な基準によって教育のあり方を決定するのとは異なり、合理的選択の機会をどれだけ拡大させるかという客観的な基準が設定される点に権利論者の教育理論の利点がある。功利主義よりも権利論者の方が、より中立的な教育が可能であるという見解が示されるのである。このような未来の権利の保障を志向しながら現在の教育を規定していくという考えは、論文1において展開された議論を踏襲している。

ただ、権利論者が唱える教育が、最も合理的なものとなる可能性を有した選択肢を子どもたちが選択できるようにするという意味でより中立的な教育であるとしても、「選択可能なカリキュラムの中から、それぞれの子どもの未来の市民的・政治的自由を最大限拡大するような選択を行わなければならない」［Ibid.：268］。「どのカリキュラムがそれぞれの子どもの未来の自由を最大化するか」は、社会的文脈を考慮しなければ決定できない問いなのである。また、最も合理的とみなされる選択肢は必然的に「子どもが未来において選択を行うはずの社会的文脈によって部分的に規定されている」［Ibid.：269］。権利論者の教育目的が「他者の平等なる自由と矛盾しない生き方を選択するために必要な知的手段をあらゆる子どもに備えさせること」［Ibid.：269］であるとしても、そこには保守主義が重視する社会的紐帯が前提とさ

れていることになる。権利論者がどれだけリベラルな価値を強調しようとも、自由のための教育のあり方を決定するには、社会的文脈をふまえて考えざるを得ない。自由のための教育には、必然的に保守的なバイアスがかかっている。権利論者と保守主義者とは、「個人の自由が最も守られるコンテクストを国家が提供する限りにおいて、意見を一致させる」[Ibid.: 271]。

　ただ、権利論者と保守主義者の意見の一致は自由のための教育が保守的な機能を重視すべきであるということを必ずしも意味していない。ガットマンは、両者の決定的な違いを、権利論者が教育を「子どもたちに対して、自分たちの生き方、自らに適した政治システム、および自らがいる現存の社会システム以外のものを考え出し、価値づける能力を提供すべき」[Ibid.: 272]ものであると考えている点に見出している。未来の自由な選択の保障を教育の基準とする権利論者は、トラッキングを限定的に容認する保守主義者たるデュルケムの教育論のように、ただ単に既存の選択肢を子どもたちに提供し、そこから選択させるべきだということを主張しない。さらに拡張的に「子どもたちを、法を遵守する市民になるように、また幸福を追求したり、職業を選択したりするよう準備させることを越えた、正当化可能で必要不可欠な教育の機能が存在する」[Ibid.] というのである。権利論者は子どもが提供された選択肢を自らの合理的判断能力を用いて次第に改変していき、自分たちの必要に応じた選択肢を得られるようになることまで保障するということも視野に入れているのである。

　自由のための教育は「準備されて手に入れることができる生き方の中からの選択を最大化すること」以上の役割を担っている。それは、子どもたちに対し、「彼らに適した生き方、政治システム、および現行システム以外のシステムを考え出し、それらを価値づける能力を育成」するという役割である[Ibid.: 272]。自由のための教育とは、「私的または政治的生活に関して、確立された型にはまらず考える自由」[Ibid.: 272] を保障する教育なのである。保守主義が教育の機能に関して強調する社会的価値の伝達と社会的機能のための準備としての知識の伝達は、このような自由を保障する前提条件として考えられている。リベラルな教育と保守の教育は相対立するものではなく、調和されうるものとして認識することができるのである。

こうした検討の上で、ガットマンは次のように述べる。

　私たちが行いうる最良の教育でさえ、善き生に関する諸観念すべてに対して中立的ではないということを私は認めてきた。とはいえ、この中立性という理想は、以下の事実を認めることを求める。その事実とはすなわち、現在追究されているものよりもさらに多くの生き方が選択可能であるという事実、そして、現在は実現されていないものの、現実に可能な生き方のいくつかは、その生き方を具体的に実現するために、しばしば（必要な立法などの：引用者）集団としての行動（collective action）が必要であるという事実である［Ibid. : 275］。

　ここには、教育が諸個人の選択の自由を最大化する役割を担っていると規定されると同時に、諸個人の選択が集団との関係の中で規定されるということが示唆されている。諸個人が自由な選択を行うことができるのは、諸個人が自律的な人間となっていることに加え、生のあり方に関して提供される選択肢が多様であることが重要である。この選択肢が多様であるということは、ただ単に用意されている選択肢の数が多いということを意味しているのではなく、集団での活動を通じて新たな生のあり方を導き出すことを意味している。それゆえ、自由を保障するためには、教育は子どもたちに対して、他者と集団で行為するという集合的・協働的活動の中から自らの生き方を模索する能力を育成する必要がある。教育は、子どもたちを他者性を考慮できる自律的な存在に育てる役割を担っているのである。
　このように、権利論に基づく教育理論を展開する際に、ガットマンはリベラリズムの理論に欠けている視点、すなわち社会的文脈の中で個人を規定するという視点を、個人の合理的選択と関連させて強調していることがわかる。また、保守主義の教育理論に欠けている視点、すなわち諸個人の選択の幅が集団的な活動を通じて広がるという視点も重視している。こうした見解は、『リベラルな平等論』における参加に含まれる価値としての「自己発達」という考えを、社会を維持、発展させ、かつ選択の自由を拡大する統合的な理論へと展開していたことを意味している。そしてこの見解は、『民主主義的

教育』で提出される意識的社会再生産の議論へと収斂していくのである。

　ガットマンは教育の目的を子どもたちの合理的な判断能力を発達させることとし、その発達によって、未来の市民が現存の社会を自らに適した形へと改変していくことに平等の契機を見る。こうした教育論は、その後、「民主主義教育」理論へと展開する。ガットマンは論文6「民主主義はどれほどリベラルか」（"How Liberal Is Democracy?" 1983）で、リベラルと民主主義の共通項として立法における意思決定過程を考え、のちに『民主主義的教育』で定式化される非抑圧と非差別の原理を重視する論を提示している。また論文7「立法に関する倫理の理論」（"The Theory of Legislative Ethics" 1985）において立法のあり方が検討され、市民の間での意思決定の重要性を主張していくガットマンの教育理論の基盤を形成している。この後のガットマンは、民主主義理論に依拠しながら、意識的社会再生産という観念の確立をめざして、議論を深めていく。

3. ガットマンの思想的独自性——コミュニタリアニズムによるリベラリズム批判の受容

　権利論を主体とした教育理論によって、保守とリベラルの教育目的を統合しようとするガットマンの思想的立場は、論文11「コミュニタリアニズムによるリベラリズム批判」（"Communitarian Critics of Liberalism" 1985）においても、示されている。

　この論文において、ガットマンはリベラリズム－コミュニタリアニズム論争を概観し、その思想的意味について考察している。ここで中心的に扱われるのがコミュニタリアニズムの代表的な二人の論者マイケル・サンデル（M. J. Sandel）とアラスディア・マッキンタイア（A. MacIntyre）が行ったリベラリズム批判である。両者はともにリベラリズムの原子論的自我像および形而上学的見解に対して批判を加え、自らは共同体の伝統的な諸徳を中心に据えた社会理論を主張する。ガットマンは両者のリベラリズム批判に対し、「批判者たちは、リベラリズムの形而上学を誤って解釈しているため、リベラルな政治が善き生に関する対立的な諸観念を調和させようとしているその訴えも把握し切れないのである」と批判を加え、リベラリズムの包括的な理論を

支持する立場を示す［Gutmann 1985d : 318］。

とはいえ、ガットマンはリベラリズムを全面的に支持するわけではない。むしろ、「リベラリズムが十分な形而上学的基盤を有し、大変多くの道徳的訴えを有しているとしても、なおコミュニタリアンの政治の方がよかろう」とさえ述べている［Ibid. : 318］。「コミュニタリアニズムには、私たちがコミュニティとリベラルな基本的な諸価値への積極的関与（commitment）とを結びつける政治を発見できるよう助長する潜在能力が備わっている」ことを認識すべきだと考えるのである［Ibid. : 320］。

この論文の中でのガットマンの主眼は、単にコミュニタリアニズムによるリベラリズム批判の妥当性を検証することに置かれているのではない。それは、リベラリズムの価値とコミュニタリアニズムの価値との間の二元論の克服、すなわち、「私たちが全面的に人生計画を自由に選択できるという理由で、自己のアイデンティティが生の目的から独立しているか、もしくは、私たちが全面的に社会的に付与された諸目的によって妨げられているという理由で、自己のアイデンティティが共同体によって構成されているか」という見方の問い直しにこそ置かれているのである［Ibid. : 316-7］。つまり、ガットマンは、共同体的な背景を有した諸個人が行う意思決定によって、（リベラリズムが議論してきたような）善き生に関する対立的な諸観念を調和させるべきだとする考えを表明するのであり、ここにこそガットマンの思想的な独自性が見出される。

ガットマンは、このような思想的立場を一貫して保ちながら、保守とリベラルの教育目的の統合を課題とし、理論を構築していった。そして、権利論に基づく教育理論に依拠しながらその課題に応えようとしたのである。権利論に基づいて教育を捉えると、その目的は子どもに合理的判断能力を育成することとなる。それは、ガットマンによれば、他者との関わりの中で合理的に判断することを求めることとなる。こうした理論構築の上で、道徳教育について論じられていく。

論文9「公立学校は徳を教えるべきか」（"Should Public Schools Teach Virtue?" 1985）、および論文10「民主主義的学校と道徳教育」（"Democratic Schools and Moral Education" 1985）は、学校における道徳教育と民主主義社会の関係

第3章 ガットマンの民主主義的教育理論における「教育権限」問題 75

について考察したものである。二つの論文は内容が重複しており[4]、またその内容は翌年刊行される『民主主義的教育』に組み込まれている。このことから考えると、この時期にガットマンの民主主義的教育理論の枠組みが固まったと考えられる。

論文10において、ガットマンは「性格特性と推論能力の開発という二つの意味での道徳教育は民主主義的市民形成のための必要条件である」[Gutmann 1985c：462]と述べる。こうした前提の上で、公立学校においてどのような立場から道徳教育がなされるべきかが考えられていく。それまでの論文では主題とされなかった、教育の市民形成的側面が強調されているのである。

ガットマンは、現代の道徳をめぐる問題は、「何が道徳的かということについて私たちの中で不一致が生じていることと、集団としては一致しているときでさえも、個人としては難しい道徳的選択に直面すること」であるという［Ibid.：461-2］。こうした道徳の問題を解決するためには、個々人が道徳的な性格特性を有しているだけでも、道徳的推論能力（moral reasoning）を有しているだけでも不十分である。感性的な道徳的性格形成と理性的な道徳的推論能力の開発がバランスづけられた道徳教育が民主主義的な市民形成のための必要条件だという。少なくとも、このような道徳教育は親の私的な教育によって満足させられるものではない。集団的関心から道徳教育が行われなければならない。

それでは、どのような立場の道徳教育が必要とされるのか。ガットマンは民主主義的な立場を主張するのだが、この主張を際立たせるために、四つの代替選択肢を比較対照として検討する。その四つとは、1. リベラルな中立性（Liberal Neutrality）、2. リベラルな道徳主義（Liberal Moralism）、3. 保守的な道徳主義（Conservative Moralism）、4. 市場による統制（Market Control）という選択肢である。この四つの選択肢に対してガットマンは批判を加える。

1のリベラルな中立性の立場は、「公立学校は、善き生に関するある特定の観念やある特定の道徳特性を子どもたちに押しつけることなしに、道徳的推論と道徳的選択能力を教えるべき」であるという立場で、「価値明確化」（values clarification）の教育方法を取る［Ibid.：467］。

このリベラルな中立性の立場に立った道徳教育に対してガットマンは「価値中立という点で真実ではなく、また、合理性、正義、創造性、自由と平等という諸価値の尊重を教えるという目的が達成され得ない」点を批判する[Ibid.: 467-9]。ガットマンは、道徳教育は価値相対主義的であってはならないと考えているのである。

とはいえ、次の道徳主義の立場からの道徳教育に対する批判からもうかがえるように、ガットマンはある一つの道徳的価値を押しつけるような方法も採用せず、身につけさせるべき道徳的価値を選択的に決定しようとする。2および3の道徳主義の立場は、どのような社会にとっても理想的な道徳特性が存在し、学校はその特性を発達させるべきとする立場である[Ibid.: 469]。2のリベラルな道徳主義者の立場は、道徳的自律性（moral autonomy）を、3の保守的な道徳主義の立場は権威への尊重（respect for authority）を道徳教育の目標とする。

リベラルな道徳主義の立場に対するガットマンの批判は、コールバーグ（L. Kohlberg）、ロールズを代表とするリベラルな道徳主義者たちが主張するような「道徳的自律性を子どもたちに開発することに、学校が成功した証拠はない」[Ibid.: 472]というものである。デューイ・スクール（Dewey school）も、ブルックリンの「学校の中にある学校」（school within school）も、中立的な道徳原理をもとに道徳的な選択をするといった自律性を、子どもたちに発達させることができたという十分な証拠を示し得ないとする。

また、保守的な道徳主義の立場に対しては、次のような批判が加えられる。すなわち、「道徳教育の諸計画は、最良の道徳教育を何が構成しているかについてのある特定の実質的見方や、社会が合意するための最良の方法を何が構成しているかについての手続き的見方に基づいて選択されるべきである」[Ibid.: 475]と。ここには、価値中立的な道徳教育はあり得ないが、何らかの道徳的見方によるとしても、それは手続きによって決定されるべきであるというガットマンの見解が示されている。

さて、道徳教育に代わる第四の立場は、市場による統制であり、具体的には親の選択を支持する立場である。この立場においては、道徳教育は本来、家庭の領域で行われるべきものであり、道徳教育に関する学校の統制は最小

第3章　ガットマンの民主主義的教育理論における「教育権限」問題　77

限に制限されるべきだとされる。市場による統制に対するガットマンの批判
は、ヴァウチャー・プランに対して一般的に向けられる批判とは異なってい
る[5]。

　ヴァウチャー・プランに対する一般的な批判は、次のような批判である。
すなわち、親は「消費」に関与しておらず、「商品」について判断すること
が困難であり、そのため、親の学校統制をヴァウチャーは保障できないであ
ろうというものである。これに対して、ガットマンの批判は、ヴァウチャ
ー・プランがいわゆる近隣効果（neighborhood effects）を保証せず、それゆ
え民主主義的な熟議の余地を残さないというものである［Ibid. : 478］。「多様
性の利を獲得するためには、子どもたちは自分の親とは異なる様々な生き方
を理解するよう、また自分の親ならば協同するという選択を行わないであろ
う人々に対しても、尊重するよう教えられねばならない」［Ibid. : 479］。ヴァ
ウチャー・プランは一つの学校の中の生徒を均質化する。それゆえ、教室内
で多様な社会的背景を有した生徒同士がともに学ぶということができなくな
り、市民的精神の育成が難しいということで批判の対象となる。

　このように、四つの代替選択肢の欠点を指摘しながら、ガットマンは民主
主義的な立場に立った道徳教育を主張する。数々の道徳教育の中から選択す
ることの重要性を、また、その選択には公正な手続きが必要であることを主
張し、非抑圧と非差別という制限原理をガットマンは支持するのである。

　さて、これまでの議論は、ガットマンの教育理論にとってどのような意味
を持つのか。この論文からわかるのは、次のことである。学校教育は民主主
義的な市民形成のために道徳教育に従事するが、そのためには高次の原理に
基づく教育が必要とされる。しかし、その原理は、多様な選択肢の中から市
民が公正な意思決定過程を通じて、創出されなければならない。この過程が
公正に機能するためには、非抑圧と非差別の原理によらなければならない、
ということである。論文3「学校へ行くことの効用とは何か」では、教育の
目的を、子どもたちの未来の選択の自由を保障するという抽象的な概念とし
たが、論文10「民主主義的学校と道徳教育」では、教育の目的を市民的徳
と設定し、その目的設定の正当化を民主主義的な意思決定に求めようとして
いる。このことは、ガットマンが公共的な枠組みを絶対的な価値によって設

定していこうとするのではなく、市民社会の中から生み出していこうとしていることの現れである。この時点で、ガットマンは、リベラリズムに依拠した平等主義的理論を「民主主義的教育」理論へと完全に発展させたと言える。教育という価値志向的な営為において、一つの絶対的な価値に依拠することを否定し、多様性の中から準拠する価値を導き出していこうとする平等主義的教育理論は、論文17「道徳的対立と政治的合意」("Moral Conflict and Political Consensus" 1990）から本格的に展開される、熟議民主主義理論の根幹ともなっているのである。

第2節　意識的社会再生産論の特質とその革新性──教育権限問題と民主主義的教育理論

　教育の保守的な側面と革新的な側面をいかにすれば統合できるかという問題を、ガットマンは権利論を主体とした教育理論によって解決しようとした。権利論を主体とした教育理論の中で強調されているのは、子どもたちが、他者との関係の中で合理的に判断していく能力を養うということである。それは子どもたちの政治参加能力の育成という教育の役割と関連している。この権利論主体の教育理論は、民主主義社会の健全なる市民の育成に力点を置く民主主義的教育理論として発展していく。

　ここで改めて著書2『民主主義的教育』に立ち戻っていこう。ガットマンが唱える民主主義的教育理論とはどのような理論なのであろうか。その特徴について、ガットマンは次のように述べている。

　　教育に関する民主主義的な理論の最も顕著な特徴は、それが教育の諸問題に関する避けられない意見の不一致から一つの民主主義的な徳をつくり出すということである。この民主主義的徳とは、簡潔に述べれば、仮に、カントが示唆するように「最も啓発された専門家の判断に全面的に依拠しながら」学校の運営を行った場合に比べ、私たちが教育に関する理解と相互理解とを深められるような方法で、教育上の問題を公的に熟議できるということである。民主主義的な議論の結果生み出された諸

政策は常に正しいとは限らないが、無責任な教育専門家によって導かれたものよりもよいのである ［Gutmann 1987a : 11］。

　ガットマンによれば、最良の教育のあり方とは、知識人によって権威主義的に設定されるものではなく、むしろあらゆる市民による熟議を通じて導き出されたものである[6]。このような捉え方は、ある特定の誰かに教育の権限を認める場合と比べ、二つの利点がある。一つは、市民の意思決定を通じて導かれた教育目的が、当該社会での市民の合意を得ているという理由で、正当化可能なものとなるということである。つまり、正当化の論理を内に含み込んでいるという利点がある。もう一つは、熟議を通じて実践知を獲得できるということである。市民は、教育上の問題を熟議し続けることによって、教育に関する理解を深めることができ、それゆえあらゆる市民は教育のあり方の決定に参加するための必要最低限の能力を備えることができるのである。

　このような市民の熟議を通じた目的設定が最良の設定方法であるという考えは、まさに民主主義的な理想を反映している。すなわち、多様な価値観や多様な社会的・文化的背景を持った人々が政治参加によって、共同で社会の共通価値を導いていくことが善き社会のあり方だとする理想を反映している。権利論を主体とした教育理論で強調されていた、他者との関わりの中で合理的に判断する能力を育成することは、市民が意思決定を通じて社会での教育のあり方を決定していくための前提条件を確立するものであったのである。

　こうして民主主義的教育理論における中核的な価値が、「意識的社会再生産」という概念によって表現されていく。意識的社会再生産は、「未来の市民に必要な政治的諸価値、態度、行動様式を、継続的に形づくる教育に対し、影響力を行使する権限を市民が付与されるべきあり方」［Ibid. : 14］と規定されており、それは二つの特徴を有しているとされる。

　第一に、意識的社会再生産は、市民が教育に関して共通して認識している「自らが共有している社会を集団的に再創造（re-creating）する」［Ibid. : 14］という特徴を有する。つまり、当該社会を維持するという保守的な特徴を有している。ただ、市民は当該社会の中で、「自由と徳の相対的価値、善き生の本性、道徳特性の諸要素などについて、意見が一致していない」ため、

「ある特定の型の教育諸目的へと、集団としてコミットしていない」[Ibid：39]。この不一致をなくすことが意識的社会再生産の二つ目の特徴と関わっている。

　不一致をなくそうと、ある特定の知識人が設定した教育目的を絶対的な基準として無批判に採択するようなことがあれば、それに依拠した教育は、人々の多様性を考慮していない、非民主主義的な教育へとつながりかねない。市民は「教育上の諸目的に対する集団的な合意へと達することにコミット」し、「その合意点によって、多様な型の教育上の諸目的と諸権限の正当化」を行う必要がある [Ibid.：39]。このような、人々の多様な意見を協働的な意思決定によって集約しながら教育目的を設定していくという点が、「意識的社会再生産」の二つ目の特徴となる。そしてこの点にこそ、意識的社会再生産が教育社会学分野で主張される「再生産論」と異なる理由がある[7]。

　ガットマンは、自らの「意識的社会再生産」の概念を、政治的社会化（political socialization）と明確に区別して次のように説明している。政治的社会化とは、「民主主義的社会が市民のための政治的諸価値、態度、行動様式を伝達する過程を含むもの」として理解されており、「これらの諸過程の多くは無意図なものである」とされる [Ibid.：15]。この限りにおいて政治的社会化は「無意識的社会再生産」（unconscious social reproduction）ということができ、教育社会学において展開される再生産論とほぼ同義であるといえるであろう。この政治的社会化には「社会が自らを永続させる諸過程を説明する」以上の意味は含まれていない [Ibid.：15]。それゆえ、教育の本質が政治的社会化であると同定することは、民主主義的社会に特有の徳、すなわち、「民主主義的社会が市民に権限を付与することで、社会が自らを再生産する方法に影響を与えること」[Ibid.：15] を見失わせる結果を招く。ガットマンは、教育には社会を変えながらつくり上げていく役割があるとして、教育の革新的な側面を強調するのである。

　「意識的社会再生産」という概念の中には、社会を共同でつくり上げるという保守的な側面と、社会を改善するための契機を子どもの未来の政治的能力に見出すという革新的な側面とが含み込まれていることになる。この二つの側面を包含しているがため、民主主義的教育は、子どもに対して、市民に

なるために必要な諸価値、態度、行動様式を伝達すると同時に、未来に自由な思想を展開できる能力を制限しないよう機能しなければならないのである。

そこで、教育は二つの原理に則って行われる必要が出てくる。その二原理とは、(本書第2章第4節ですでに確認したように) 非抑圧 (nonrepression) の原理と非差別 (nondiscrimination) の原理である。前者は、教育は個人の思想・信条の自由を制限しないように行われなければならないという消極原理であり、後者はあらゆる子どもたちに差別なく教育を受けさせる必要があるという積極原理である。これら二原理は、教育が子どもたちの市民的・政治的能力を制限しないために設定されている制限原理であり、これによって、あらゆる子どもたちは、未来の意思決定場面で自らの意思を表明する能力を獲得することができるのである。

第3節　民主主義的教育理論における公教育の分配

『民主主義的教育』刊行から1990年までに発表された諸論文は、『民主主義的教育』で展開された議論を引きながら、教育の諸問題を考えるという傾向にある。その中で、論文13「民主的社会における公教育の分配」("Distributing Public Education in a Democracy" 1988) は、教育における平等の達成に関して、「民主主義的教育」理論がどのような役割を果たすかについて論じている。

論文13は、公立学校教育での教育財の分配の基準を、教育の機会の平等について検討することで明らかにすることを意図している。ガットマンによれば、リベラルな社会における教育機会の平等に関する議論は、次の三つの解釈の方向性がある。すなわち、1. 最大化 (maximization)、2. 平等化 (equalization)、3. 能力主義 (meritocracy) である。ガットマンはこれら三つの解釈をそれぞれ批判していく。

最大化は、未来の市民すべての生の機会を最大にするよう、必要とされる限りの資源を初等教育に割り当て、その上で教育資源を分配すべきだという解釈である。この最大化の解釈は、資源の有限性という観点から分配の基準として受け入れられない。つまり、子どもの未来の生の機会を増大させると

いう理由によっても、教育以外の公共財よりも教育を最優先すべきだとすることの正当性が担保できないという問題を抱えているというのである。ガットマンは、正当性を担保するために、未来の市民の生の機会をどのように拡張するべきかを決定するための民主主義的な意思決定過程が必要であることを強調する。こうした議論の上で、引き続き検討されるのが、教育資源の有限性を前提とした上でそれをどのように分配すべきかを問題とする平等化解釈と能力主義解釈である。

　平等化解釈は、社会で最も恵まれない子どもの生の機会を最も恵まれた子どもの生の機会まで（できる限り）引き上げるよう、国家は教育資源を分配すべきだ、とする解釈である。この解釈の難点は、純粋な平等化を志向すれば、子どもの教育結果に影響を与えているその子どもの自然的特性もしくは環境決定的な特性をも均等にしようとすることになり、それが家庭の自律性を脅かすことになる、ということにある。また、この解釈では能力の高い者に教育資源が行き届かない可能性があり、動機づけの強化という観点での難点も抱えている。

　ガットマンは、教育成果の平準化という形となる過度な平等化を支持せず、教育成果に差異があることを多様性として価値づけ受容するような民主主義社会の形成に向けた政治的能力の育成に特化した平等化を主唱する。つまり、「平等化についての民主主義的真実とは、最低限の文化生活を送ることができるようになるということに留まらず、個人の選択を社会的に構築する手段としての民主主義的意思決定過程へと効果的に参加できるようになるほどの十分な学習をあらゆる子どもが保証されるべきだ、ということである」[Gutmann 1988a : 112] と述べ、個人の能動的な活動を平等達成の契機と捉えようとする平等論を明示するのである。ここには、『リベラルな平等論』において展開された、参加を通じての諸個人の平等という理論が改めて明示され、ロールズの平等主義的理論との差異を強調している。

　教育機会の平等についての、第三の能力主義解釈は、顕在化した自然の能力の高低、および学びへの積極性の度合いに応じて教育資源を分配すべきだ、とする解釈である。この解釈は、恵まれない環境にあり能力の低い子どもが、民主主義社会の政治に効果的に参加するために充分妥当な教育を保障されな

い点に問題があると批判される。ただし、ガットマンは、「ひとたび、政治過程へ参加できるほど充分で妥当な教育があらゆる子どもに保障されれば、より高い知的な能力とより大きな動機づけを示した者が、それよりも少なく示した者より多くの教育を提供される」という「制限された形の能力主義」であれば、否定され得ないとする [Ibid. : 113]。

こうした批判的検討を経て、ガットマンが導き出したのが、平等主義的理論に基づく初等教育の分配を規定する二原理であった。その二原理とは、(1) 基準点以上の教育財をいかに分配するかは民主主義制度が権限をもつという民主主義的権限原理（the democratic authorization principle）と、(2) あらゆる子どもが政治過程に効果的に参加するために必要な能力を奪わない限りにおいてのみ教育財の分配の不平等が正当化されるという民主主義的基準原理（the democratic threshold principle）であった [Ibid. : 115]。二原理の定式化により、子どもたちが未来において共同して社会に参画し、その過程で公共的な徳を身につける機会が保障される理論が構築されたのである

第4節　1980年代の民主主義的教育理論における民主主義の意味

以上の考察によって明らかになった1980年代のガットマン理論の特徴は次の通りである。すなわち、1. ガットマンが1980年代において、教育権限の所在をめぐる正当化の理論を中心課題としていたこと、2. その正当化の中で有効な理論とされた権利論に基づく民主主義的教育が保守とリベラルの教育を統合するものとみなされていたこと、3. 民主主義的教育理論の中核となる意識的社会再生産概念が分配論に基づく平等論とは異なる参加民主主義を基礎とする平等論の構築に寄与していること、4. 政治参加によって市民が共同的な徳を身につけることができると考えていること、である。

1980年代のガットマンにおいて、民主主義は教育権限の分有を正当化する概念であると同時に、社会を革新していくことを正当化するための概念であった。こうした理論の形成がなされたのち、1990年代は熟議民主主義の理論構築をめざすようになり、それに伴い市民教育に関わる議論を活発に行うことになっていく。論文16「非民主主義的教育」（"Undemocratic Education" 1989) は、「民主主義的教育」理論の中に、今後展開される相互尊重を基盤とする熟議の概念を持ち込んだ最初の論文である。

　論文16「非民主主義的教育」では、『民主主義的教育』において議論された〈自由を与えること〉と〈徳を備えること〉の両立の問題が議論される。ガットマンはこの論文において、寛容と相互尊重を核とした熟議の概念を重視し、『民主主義的教育』では明言されなかった熟議を自らの教育理論に組み込もうとしている。

　ガットマンは、寛容と相互尊重について次のように述べる。「政治領域において、寛容は平和的な競争とプラグマティックな妥協のための前提条件であり、相互尊重は、民主主義的熟議と道徳的妥協の前提条件である。双方の徳の教育は、リベラルな民主主義における合理的な自由（rational liberty）を支持する」［Gutmann 1989b：75］と。そして、これら二つを教育された市民が「意識的社会再生産」に従事すべきだとする。ガットマンは、寛容と相互尊重に基づいた意識的社会再生産を自由と徳を結びつける方法と考えている。

　ただ、もう一つの方法はリベラルな社会で価値づけられてきた多くの徳が個人の善き生き方（individual flourishing）に関わる唯一の包括的観念によって秩序づけられえるかを問うことだとし［Ibid：75］、その代表的論者としてのウィリアム・ゴールストン（W. Galston）の議論を取り上げる。ゴールストンによると、「最良のリベラルな政治形態とは、個人の卓越性に関する包括的だが確固とした諸観念すべてを奨励し、部分的には他者との競争を含む闘技場のようなものを提供するコミュニティ」であり、その最も適切な闘技場が「民主主義的な政治と教育」である［Ibid.：75］。ゴールストンの市民教育論は、「自分の生き方とは異なる生き方と平和的に共存していこうとする積極性」［Galston 1989：99］の核となる既存の自由主義的徳を尊重するよう子どもたちに教えることから始めるべきだとする点で、ガットマンの「意識的社会再生産」とは異なる。しかし、両者ともに、熟議によって、市民の自由と徳についての価値の相対的な不一致を解消していこうとする点で共通しているのである。

　「意識的社会再生産」は、未来の市民の選択の自由を保障するために、社会を絶えず改変していこうとするもので、それを達成するには子どもたちす

べてが合理的な熟議の能力を備えてなければならない。このような考えのもと、ガットマンは、熟議方法の教授を妨げる宗教的原理主義の問題について考える。それは、モザート対ホーキンス地方教育委員会の裁判を事例に検討される。この裁判は、テネシー州ホーキンスの公立学校の読みの授業が、自分たちの宗教的見方を否定するものであるとして、キリスト教原理主義者の親が子どもの読みの授業の免除を学校に対して求めた裁判であった。最終判決は、原告である親の訴えを退けるものとなった[8]。

この裁判についてのガットマンの見解は、論文1「子ども、パターナリズム、教育——リベラルな議論」において、アーミッシュ裁判を解釈したものと変わってはいない。ガットマンは「公立学校の引いた一線が抑圧的でなく、また差別的でもないとしたら、その線に対する拒否権を親は有さない」[Gutmann op. cit. : 84] と民主主義者の立場に立って見解を述べる。そして、未来の市民としての子どもたちに批判的反省の能力を育成することの重要性を説くのである。

以上の考察からわかるように、1980年代のガットマンは、一貫して、子どもに潜在的に備わっている合理的選択能力を重視しながら、「民主主義的教育」理論を構築していったことがわかる。このようなガットマンの教育理論は、ガットマン自身が子どもを可能態として捉え、その能力の発達を妨げないことが肝要であると考えていたことを示しているのである。それは、社会的平等の達成を志向し、現状の社会を革新する必要性を説くガットマンのその後の論にも通じる考え方であり、熟議能力の育成と市民的徳の育成の主張へとつながっていくのである。

第Ⅱ部
ガットマンの民主主義的教育理論の展開
────1990 年代前半の熟議民主主義論との関連を中心に

　1980 年代の参加民主主義から 1990 年代以降の熟議民主主義への概念の発展はどのようになされていったのか。また、各概念に関わる教育の役割にはいかなる相異があるのか。

　第Ⅰ部、第 1 章から第 3 章では、1980 年代に出版された著作二点、および公表された諸論文から、分配論に基礎を置く平等主義的リベラリズムへの批判と教育理論の初期の形成過程を追いながら次の点を明らかにした。(1)『リベラルな平等論』において、ガットマンが、ロールズの分配的正義の理論に J. S. ミルの参加の観念を組み入れ、市民の意思決定に財の分配方法の決定を委ねるという平等主義的理論を構築したこと、(2) その理論が、『民主主義的教育』において、多様な意思を包括しながら社会を変革していく「意識的社会再生産」概念を中心にした理論へと展開されたこと、(3) 民主主義概念が教育権限の所在をめぐる国家と親の対立を包括する概念として強調されたことである。第Ⅰ部で明らかになったように、『リベラルな平等論』において表明された参加を基盤とする平等主義的理論は、『民主主義的教育』において民主主義的意思決定を中心に据える平等主義的理論へと展開された。しかし、ガットマンは、1990 年代に民主主義的意思決定のあり方、つまり、市民の多様性に対応した全体の決定を導き出すための実際の熟議のあり方についてさらに検討を加えていく。

　第Ⅱ部では、第 4 章において、1990 年代初頭から 1996 年の『民主主義と意見の不一致』刊行までに発表されたガットマンの論文、特に教育に関する

諸論文、および『民主主義と意見の不一致』を中心的に扱いながら、民主主義的教育理論の展開の事実をより詳細に実証していく。また、ガットマンが熟議民主主義の前提として強調する市民的徳の育成と関連して、第5章では、1990年代の市民教育をめぐるリベラル派の議論、具体的には多文化社会における市民形成とアイデンティティの確立をめぐる論争を取り上げ、民主主義を支えるための市民教育の包括性について検討する。さらに、第6章では、ガットマンの権利論を主体とした教育論との関わりにおいて、子どもに対する教育権限の対立問題と市民教育の正当化の課題に関して検討していく。現代アメリカ合衆国のリベラル派の市民教育論者が、教育に対する国家関与と親の教育権限との関係の調整という課題に対して、いかなる理論を展開しているかを明らかにするとともに、その課題に対する熟議民主主義理論の有効性を示していく。

第4章

1990年代前半のガットマンの
民主主義的教育理論の展開

　1990年代にはいると、ガットマンは、価値多元化社会という事態を正面から受け止め、多様な社会的背景を有した者の間での合意形成を議論の中核に据えた理論を展開する。それゆえ、政治哲学的な議論が増え、教育に関しては80年代ほど多くの議論がなされてはいない。この傾向は民主主義的教育理論が80年代に完成していたということを示しているわけではない。ガットマンは80年代では注目されていなかった政治における各人の信念の多様性の尊重と道徳的な不一致に関わる問題群を射程に入れ、熟議のあり方およびその方法を民主主義的意思決定の文脈で検討することで民主主義的教育理論を補完していく。90年代の議論は、主に熟議民主主義理論の構築をめざしたものであるといえるが、その過程で市民教育、特に市民的徳の育成が強調されていく。

　この章では、熟議民主主義理論の構築において、市民的徳の育成がなぜ強調されるようになったのかを、1990年代の教育に関する諸論文の分析をふまえて明らかにしていく。また、ガットマンが熟議民主主義の理論をいかに構築しているかを確認しながら、熟議民主主義が包含する教育的な側面の強調が見られることを明らかにしていく。

第1節　熟議民主主義にみられる市民形成的側面

1．宗教的寛容と相互尊重の差異

論文17「道徳的対立と政治的合意」("Moral Conflict and Political Consensus" 1990）は、デニス・トンプソンとの共著論文である。公共政策に関わる議論において人々の意見が一致しないという状況に対応する熟議のあり方を中心的に論じる1990年以降のガットマンの理論的基礎となるという点で、非常に重要な意味を持つ論文である。この論文17では、論題が示唆するように、政治領域における道徳的対立にいかに対処すべきかが議論される。

　道徳的な意見の不一致の対処に関しては、諸個人の自由を尊重するリベラリズムが、これまで伝統的に考察を加えてきた課題である。その考察の一定の帰結として、リベラリズムは宗教的寛容（religious toleration）を原理として道徳的な意見の不一致を回避しようとしてきた。宗教的寛容の議論とは、絶対的に真なる宗教を何人も決定できないのであるから、国家はあらゆる宗教に対して中立であるべきだ、という議論である。同時にそれは、国家は宗教の問題を政治の議論の場から排除すべきであるということをも意味している。ガットマンらは、寛容の原理を適用し合意が不可能な事柄に関しては議論を避けようとするリベラリズムの立場はとらない。代わって、寛容の原理を越える何らかの原理を用いて、道徳的な意見の不一致に対応していこうとする。

　ガットマンらは、道徳的な意見の不一致への対応に関する従来のリベラリズムの理論が依拠してきたのは、「予防的除外の諸原理」（principles of pre-clusion）であると指摘する。この原理には、リベラリズムの理論が政策決定過程においては道徳的立場に一定の理由づけの余地を与えず、「基本的な道徳的対立を前もって予防的に除外する」という消極的な姿勢を表している、という評価が与えられている。こうした指摘・評価の上で、ガットマンらは、政治的協議（agenda）の場面では、あらかじめ除外するのではなく、「受け入れ・調整の諸原理」（principles of accommodation）に基づいて議論を進める必要があるとする［Gutmann & Thompson 1990 : 64-5］。各人の信念に関わることがらを公的な意思決定場面で扱っていくべきだとするガットマンらの基本的な立場が表明されるのである。そして、この道徳的対立への対応の方法こそが、受け入れ・調整の諸原理に依拠した熟議という方法であり、その熟議は、寛容だけでなく、相互尊重を核として展開されるべきだ、と主張される。

第4章　1990年代前半のガットマンの民主主義的教育理論の展開　91

　もちろん、ガットマンらは道徳的対立が容易に解消するものであるとは考えていない。価値多元的社会においては、道徳的対立に関する熟議場面で合意が得られない場合さえあると想定している。そこで、ガットマンらは、熟議参加者が相互尊重、および互恵性という価値に依拠しながら、継続的に合意点を探っていこうと熟議に臨む姿勢が重要であるとする。最終的には、合意のために互いが譲歩すべきであるという考えにいたることを期待していると考えられるが[1]、試行錯誤の中で合意点を探っていくということにこそ、熟議の本質を見出そうとしている。このような考えは寛容の原理からは導き出されないものであり、リベラリズムの立場との差異がこの点に見られる。

　論文17においては、公的領域での道徳的な意見の不一致への対処についてのガットマンの基本的な考えが示されている。その考えとは、道徳的な意見の不一致の問題は、なんらかの絶対的な原理を適用することによって解消できるものではないが、解消できないからといって議論が回避されるべきものではない、という考えである。また、道徳的な意見の不一致を招いている問題は、対立を引き起こしている当事者間での継続的な熟議を通して何とか調整をつけようとすべき対象である、とする考えである。そこでは、寛容に加え、相互尊重という原理が必要不可欠であるとされている。この政治的な議論には、道徳的な意見の不一致を扱っていくには、市民すべてが相互尊重を行えるような資質を身につけるべきである、という主張が前提として横たわっている。そして、この議論には、あらゆる子どもに対して、未来の市民としての資質を身につけさせるという役割を教育が担っているとの考えが暗に示されている。この後のガットマンの教育理論は、相互尊重を核とした熟議のあり方の検討を中心に展開されていき、相互尊重が市民の身につけるべき徳として強調されていく。

２．熟議民主主義と市民的資質──熟議能力の育成と初等・中等教育の現実

　論文18「困難な時代の民主主義的教育」（"Democratic Education in Difficult Times" 1990）は、論文17「道徳的対立と政治的合意」（1990）を受けて、教育において長く議論され続けてきた問題を解決する、原理づけられた方法が

考察される。その問題とは、個人的自由の拡大と市民的徳の育成との間の緊張という問題である。この問題について、ガットマンはすでに『民主主義的教育』、および1980年代の諸論文の中で、個人的自由と市民的徳の結合という観点で議論しており、それは諸個人の自由な選択の保障と「意識的社会再生産」概念の導入によってこの問題を解消しようとする議論へと展開された[2]。論文18においても、議論は大筋で同一のものであり、非差別と非抑圧の原理に基づいて論が展開されている。ただ、論文18の新しさは「意識的社会再生産」を行う市民の資質が議論されている点にある。

　ここで述べられる市民的資質とは、あらゆる市民が正当化可能な結果を志向しながら熟議を行っていくための資質である。論文18では、これまで民主主義の擁護理由として論じられた〈コモンセンスに関する専制の抑止〉と〈親のものも含めるすべての教育権限に対する原理づけられた批判の提供〉という理由に加え、「教育問題に関して避けられない不一致から民主主義的徳を導き出すような、民主主義的熟議に関係する教育上の制度を支える」という擁護理由が新たに掲げられている［Gutmann 1990a : 12］。

　熟議に関しては、これまでの諸論文の中で、特に1980年代後半での諸論文の中で、不一致の解消の方法としての重要性が強調されてきた。しかし論文18では、熟議が市民的徳を導き出す方法であるとして、その意義が拡張されて規定されている。もちろん、熟議から市民的な徳が導き出されるためには、熟議場面であらゆる市民の意見が取り入れられ、その結果があらゆる市民の意見を反映するものとなる必要がある。そして、熟議参加者が、そのような結果を志向する性向を共通に有していることが前提されなければならない。教育はそうした性向を市民に備えさせる手段として必要とされるのである。ただし、論文18では、熟議に必要な市民的資質の内実までは明言されておらず、熟議のあり方を規定する原理のみがここでは議論されている。それがこれまで幾度となく議論された、非抑圧と非差別の原理である。

　ガットマンは、民主主義的な教育を行うためには、学校が差別的であったり、信条、思想を抑圧するような教育を行うことがあってはならないとして、「黒人の学校を区別したり、学校から性教育をなくすとか、創造論（creationism）を科学として教えたり[3]、政治的に一般的ではない図書を図書館から排

除したり」[4]することを否定する [Ibid.: 16]。非抑圧と非差別の原理は、民主主義的教育を行う上での制限原理として考えられているが[5]、それはあらゆる人々が単に民主主義的な意思決定に参加できることを保障するためだけの原理ではない。意思決定場面における熟議が、あらゆる人々の意見を汲み上げるような形で行われ、あらゆる人々が相互に正当化可能な結果が導かれることを保証するための原理でもある。ガットマンは、民主主義的教育が「社会を形成する際に、喜んで互いに分け合い、またそうできるような、自由で平等な市民へと権限を委譲することをめざす」ものであるとしている [Ibid.: 19]。仮に市民的教養（civility）を身につけた市民へと権限が委譲されなければ、専制が起こったり、正当化され得ない結果が押し出されたりするであろうという考えを全面に表す。教育によって市民的資質をあらゆる子どもたちに育成するべきだという考えをガットマンが堅持するのは、こうした危惧によるものなのである。

　このように論文18では、非抑圧と非差別の原理が熟議のあり方を規定するということが明示されると同時に、市民が合理的な熟議を行うために身につけるべき資質について言及されている。ただし、市民的資質の内実は後の議論を待たなければならない。

　つづく論文19「『多面的な』選択のために教育すること」（"Educating for [Multiple] Choice" 1990）においてガットマンが明示しているように、「民主主義的な熟議には、論理的な推論（logical reasoning）、批判的思考（critical thinking）、実践的判断（practical judgment）の教授が必要とされる」[Gutmann 1990b: 51]。これら高度な思考能力は、「典型的には、いわゆるエリート大学で学生の修得が期待されること」である [Ibid.]。ただ、ガットマンは、熟議能力は一部のエリートに独占的に獲得させるべきものではないと考えている。「初等・中等教育段階における民主主義的熟議の教授は、より多くの児童・生徒がよりよい生活を送る機会を増大させる」[Ibid.] と述べているように、理念として、熟議能力はあらゆる人々に獲得させるべきだと考えている。

　とはいえ、現実的には、アメリカ合衆国の多くの高校生は「効果的な政治参加に必要な必須基礎を欠いている」状態にある [Ibid: 52]。ガットマンの

認識によれば、現在多くの高校生が「求人広告は理解できるが、新聞記事を理解することができなかったり、小切手は切れるが、国の経済については理解できなかったり、また、手紙を送る方法は学んでいるが、郵政の公営化／民営化の間での社会的選択に関して思考する方法は学んでない」[Ibid.: 51-2]。高校生が有しているスキルは、社会で生活していくためには必要であろうが、政治に効果的に参加するためには充分ではない。ガットマンは、このような状態にある高校生を「機能的無教養者」(functional illiterate) と言い表す [Ibid : 52]。そして高校生が、「民主主義的な政治について考えられるように、また政治的な経験を通じて熟議のスキルと知識を発達させられるように、知性的なスキルと情報とを両方獲得する」よう期待する [Ibid : 52]。また、そのためには、子どもが政治的問題を熟議するのに必要な能力を、初等教育・中等教育において開発するよう、政策の方向転換が行われるべきだと提言するのである [Ibid.]。

　合理的な熟議に必要な市民的資質の内実については、論文23「民主主義と民主主義的教育」(“Democracy and Democratic Education” 1993) においてさらに議論される。論文23でも、これまでの議論と同様に、個人的自由と市民的徳の間の不一致を解消するために、意識的社会再生産という民主主義的教育の理想を擁護する議論が展開されるが、ここでは新たにその理想が三つの要素からなることが明示される。すなわち、「非抑圧、非差別、そして民主主義的熟議」である [Gutmann 1993a : 1]。ここにおいて、「熟議」が明確に民主主義の原理として追加されている。

　これら三つの原理は互いに関連を持っているとされる。非抑圧については、「自身を『意識的に』再生産する社会にとって、社会は『非抑圧的』でなければ」ならないとされる [Ibid : 4]。そして、この非抑圧の原理は「国家とその中の集団が、善き生と社会に関する多様な諸構想に関してなされる合理的な熟議を、教育を通じて不必要に制限することを防ぐことを求め、また合理的な熟議の能力を国家が育成することを求める」原理であるとされる [Ibid.]。非抑圧の原理が民主主義的熟議の前提条件である一方、非差別の原理は「非抑圧の原理の拡大」であり、「国家とその中のすべての集団が、各人の教育上の善を、正当な社会目的に適さないという理由で否定するという

ことがないようにする」原理である［Ibid.］。つまり、この原理は、民主主義的熟議の過程で、各人の思想・信条が等しく扱われるための原理であり、これも非抑圧の原理と同じく、民主主義的熟議の前提条件であるといえる。

このような三つの原理が互いに連関しながら意識的社会再生産がなされるべきだとされるが、非抑圧の原理と教育の関係については次のように述べられる。すなわち、「非抑圧は、正直さ、非暴力、寛容、相互尊重のような市民的諸徳を教えるのに教育を用いることと矛盾せず、これらの徳は例示や議論によって教えられるべきである」と［Ibid.］。ここには、非抑圧の原理が、市民的徳と共通するものであるとされ、非抑圧の原理を民主主義的市民が尊重するためには、市民的徳を教育によって備えさせるべきであるという考えが示されている。そしてガットマンは、市民的徳の中でも特に相互尊重を重視した論を展開していく。これまで明示されてこなかった熟議に必要な市民的資質については、市民的徳と組み合わされながら育成されるべきというものであるという形で、明示されたのである。

3. 教育実践における熟議の価値

熟議能力の育成に関しては、論文40「生徒にとって自由な言論の価値とは何か」（"What Is the Value of Free Speech for Students?" 1997）で議論されている。ここでは、教育実践の中での生徒の自由な言論が、生徒が成人した際に行う熟議にどのような影響を与えるかが検討される。

自由な言論の価値は年齢と学校種によって異なるという主張のもとで、ガットマンは初等・中等教育段階での自由な言論について次のように述べる。すなわち、初等・中等学校の自由な言論は、「基本的にはそれ自体として目的であるわけではな」く、「教育の諸目的を達成するための手段」であると［Gutmnan 1997：525］。こうした言及の中には、初等・中等教育レベルでは、自由な言論は目的達成の手段であるが、個人が成熟するにつれて自由な言論それ自体が目的的な営為となるということが含意されている。初等・中等教育段階では、熟議のあり方を教えるというより、むしろ3'Rsの徹底の方が重要であると考えられている。それは、生徒が成熟した後に行われる自由な熟議の前提条件を確立することに教育の主眼が置かれるためである。

熟議の方法の教授よりも3R's の徹底を優先するとはいえ、ガットマンは言論の段階発達的な考え、すなわち「生徒が言論の自由を賢明に行使できるようになったときに初めて言論の自由を認めよ」という考えに対して否定的である。それは、ガットマンが、生徒たちは「対話によって責任を知っていく」ものであると考えているからである［Ibid. : 526］。生徒は自由に言論を扱いながら対話しようとすることを通じて、初めて集団での責任を認知する。その繰り返しにより、言論の自由を「賢明に」行使できるようになっていく。ガットマンはこう考えるのである。これまで熟議民主主義の理論化の段階で強調されてきた、熟議を通じて「お互いから学ぶ」という教育効果が、ここにも表現されている。

　さて、論文40のタイトルともなっている生徒たちの自由な言論の価値とは何なのであろうか。ガットマンは言う。

　　もし子どもたちが、立憲民主主義における未来の市民であるという理由で自由の価値を学ぶ必要があるのならば、教師は生徒たちが自分の言論と行為に責任を持てるようにするべきであり、またそれを期待すべきであろう。民主主義的な教師は、子どもが成熟するにつれ、彼らが自分の生の中で、個人として、もしくは集団の一員として、責任を持って発言し、行為する条件として、より多くの割合の自由を与えるのである［Ibid. : 528］。

　自由な言論が集団における自己の責任感を養うということが価値づけられている。すなわち、自由な言論は対話という行為を通して自己成長が促進されるということにこそ価値があるとされる。自由な言論が価値とされるのは、「それ自体として目的である」とか、「子どもたちが正しいことをするのを保証するための手段である」という理由からではない。それは「責任ある集団の自己統制の条件である」という理由で価値とされるのである［Ibid. : 530］。

　このように、自由な言論を媒介にした熟議それ自体は、子どもたちが集団の中で責任を持つように成長させる、機能的な意味を持っている。それは熟議が、他者の視点を自己の内面に取り込むという行為によって促進されるか

第4章 1990年代前半のガットマンの民主主義的教育理論の展開 97

らである。この意味において、熟議は相互尊重を育成すると考えられる。ガットマンがブルックリンの高等学校の対話形式の歴史の授業を評価するのも[6]、相互尊重の意識を生徒たちに身につけさせるためには、対話による授業の方が、知識の教え込みよりも有効であると考えるからである。ガットマンの「民主主義的教育」理論にとって熟議は不可欠な要素であるが、子どもたちに市民性を養うためにも熟議を含み込んだ教育が必要なのである。

　このことからもわかる通り、ガットマンは、学校という場が実践を通して熟議の能力を養う場となることを期待している。ここでの熟議の能力とは、成人したときに行う民主主義的意思決定場面において、自己の利害と同様に、他者の利害を考慮しながら、社会的決定を下すことのできる能力である[7]。学校は現存社会の縮図であるべきだという考えをガットマンは有している。この意味で、ガットマンの「民主主義的教育」理論では統合教育の理念が支持されることになる。

　以上の考察のように、1990年代初頭のガットマンの諸論文は、熟議とその機能的価値、および熟議に必要な市民的資質について中心的に論じるものである。こうした諸論文の公刊を通じて80年代の「民主主義的教育」理論は熟議を含み込む形で完成していったのである。

第2節 『民主主義と意見の不一致』（1996年）における熟議民主主義理論の構築

1. 道徳的な意見の不一致と手続き的民主主義・立憲民主主義・熟議民主主義

　熟議を含み込む民主主義的教育理論の展開の中で、著作3『民主主義と意見の不一致』[8]が刊行される。市民の多様性に適応する結果を導き出すために熟議はいかにあるべきか。この問いが著作3において議論されていく。著作3での主題である、各人が道徳的対立を越えて正当化可能な結果を志向するような熟議のあり方の検討について、熟議の前提として必要とされる徳性も含め、その内容を確認していこう。

　ガットマンらは熟議民主主義（deliberative democracy）理論を展開するに

先だち、一つの前提条件を確認する。それは「公的政策について、市民が道徳的に不一致を生じた場合、何をすべきか」［Gutmann and Thompson 1996a：346］という問いに端的に表れている、道徳に関する多元性（moral plural-ism）という事実である。『正義論』において形而上学的な包括的理論を展開したロールズが、「理に適った多元性の事実」（the fact of reasonable plural-ism）［Rawls 1993：36］を現代民主主義の特徴として認め、その帰結として政治的リベラリズムへと理論的転向をとげたのも、80年代から90年代にかけてのことである[9]。90年代は市民の間で価値の多元化が進み、一つの共通価値のもとでの合意形成が困難となった状況が発生した時期である。80年代には問題とされなかった市民の間での道徳的な意見の不一致が、90年代では問題として顕在化していった。それゆえ、ガットマンはその道徳的な不一致の事実を理論の前提として平等論を構築していかなければならなくなったのである。

　80年代のガットマンの平等主義的理論は、市民が民主主義的な意思決定に参加することに善き生のあり方を求めるものであった。それは、1. 多様な価値観を持った人々が意思決定過程に参加し、自らの意見を決定事項に反映させることができるという点に、2. 意思決定に参加し他者の意見を自らの意見と照らし合わせ、それを決定に反映させようとすることが、参加者の自己成長を促すという点に、多様性に応じた善き生のあり方を見出すものであった。80年代のガットマンの特徴は、参加に内在する自己成長機能に頼った平等主義的理論を展開したことにあった。

　この平等主義的理論は、熟議への参加者が「市民」であることを前提としている。つまり、共通の価値的基盤を有する者同士の意思決定が前提とされている。そして、この前提があるからこそ、民主主義的意思決定の条件を整備しさえすれば、市民の多様性に応じた結果が導き出されるだろうとガットマンは考えていたのである。しかし、価値多元化という事実は意思決定を困難にする。特にそれが道徳的な問題、信念に関わる問題であれば、なおさら困難が伴う。価値多元化社会を目の当たりにし、合意の不確定性を考慮しつつ、個々人すべてが正当化できる結果を導き出すような、意思決定のあり方を検討する必要が生じたのである。

第4章　1990年代前半のガットマンの民主主義的教育理論の展開　99

　それでは、ガットマンらは道徳的な意見の不一致をどのように乗り越えようとするのであろうか。ガットマンらは、道徳的な意見の不一致の解消の鍵をこれまでの議論と同じく民主主義理論に求める。しかし民主主義理論も多様な形態が存在するのである。それゆえ、多様な形態の民主主義の中でどれが最も有効かの検討が、著作の前半部で加えられる。

　　道徳的な問題についての意見の不一致とともに生きるやり方には、よりよいものとより悪いものがある。その中でも良い方に含まれるのが、政治的民主主義である。民主主義は自然で理に適ったやり方であるように思われる。なぜならば、民主主義とは、各市民の道徳的主張に対して平等な尊重を与え、それゆえに市民各々の視点からして道徳的に正当化され得るような統治の構想であるからである。もし私たちが公共政策についてどうしてもその道徳的な面について意見を異にせざるを得ないのであれば、われわれ各人の道徳的地位をできる限り尊重するような民主的社会の中で意見を異にする方がよいだろう。
　　しかしながら、民主主義のどのような構想が最も擁護できるものだろうか [Gutmann and Thompson op. cit. : 26]。

　ここで検討される代表的な形態の民主主義が、手続き的民主主義（procedural democracy）と立憲民主主義（constitutional democracy）である。ただガットマンらは両者を比較検討した上で、両理論の不十分さを指摘し、熟議民主主義（deliberative democracy）が両者を統合するという理論を展開していく。
　手続き的民主主義は「論争となっている道徳的問題について決定を下すために、公正で適切な過程を確立することの重要性を強調」しようとする [Ibid. : 26]。また、「公正な民主主義過程をつくり出すのに必要となるような個人の諸権利を擁護」しようとする [Ibid. : 27]。この権利の中には、民主主義的手続きそのものの一部をなす（integral）、平等な投票権のような権利と、手続きの外にある（external）が、民主主義的過程が公正に機能するために必要な生存権のような権利が含まれる [Ibid. : 33]。

一方、立憲民主主義は、多数決原理を認めつつ、第三の種類の権利に優先性を与えている。それは「民主主義的過程の外にあり、（少なくとも議論の必要があるが）民主主義的過程が公正に機能するためには必要とされない、拷問や残酷で異常な刑罰からの保護のような権利」である［Ibid. : 33］。立憲民主主義は、「個々人の重大な利益を保護することによって正当化された結果を生み出すという第一の目的をもつ権利に優先性を与える」特徴を有している［Ibid. : 34］。また、その主要目的が「非手続き的な熟慮の結果に基づく道徳的制約によって多数決主義を制限すること」であるとされる［Ibid.］。

この両民主主義概念に対してガットマンは批判を加える。その批判は論文38「民主主義とそれへの不満の理由」（"Democracy and Its Discontents" 1996）において端的に言い表されている。

> 市民の間で道徳的に意見の不一致が生じた場合、手続き的民主主義は多数派が決定を下すべきであるということを私たちに教える。しかし、どのように決定すべきか、また何を決定すべきかは教えない。反対に、立憲民主主義は何を決定すべきかは教えるものの、誰によって決定が下されるかや、どのように決定すべきかなどは教えない［Gutmann 1996e : 262］。

つまり、手続き的民主主義は、公正な民主主義的過程を確立すれば、公正な結果が導き出されるとしており、それゆえに、結果の妥当性には関心を払っていないと批判が加えられる。一方、立憲民主主義は、実質的な民主主義的意思決定過程を規定しない点に批判が加えられる。両者は民主主義的意思決定過程が公正な結果に優先するか、逆に公正な結果が民主主義的意思決定過程に優先するかによって不一致を生じている。ただ過程と結果とはどちらか一方が優先されるものではない。ガットマンらは両者のこの二元論的な見方を批判し、必ずしも民主主義的過程と公正な結果のどちらかが優先するということはないとする。そして、熟議民主主義がこの二つの見方を統合するというのである。ガットマンらは次のように説明する。

第4章　1990年代前半のガットマンの民主主義的教育理論の展開　101

　　熟議民主主義は二元論を排除する。そしてそれは熟議を結果を志向す
　る過程（outcome-oriented process）とみなす。市民はできる限り互いに
　集団的決定を正当化することを目指して熟議するのである。熟議民主主
　義においては、熟議の過程を規定する諸原理も、その内容を構成する諸
　原理も、どちらか一方が優先されるということはない。双方が二元論を
　克服する方法で動的に相互依存する［Gutmann and Thompson op.cit. : 27］。

　ガットマンらが規定している熟議は、個々人各々が正当化できるような結
果を導くための過程なのであり、手続きにのみ依存したり、公正な結果のみ
に依存したりすることはない。公正な手続きと公正な結果は相互に規定しな
がら、熟議を形づくるというのである。
　この過程と結果の相互規定性については、『民主主義的教育』までの議論
では、大枠として暗示されていたが、明言されなかったものである。前著ま
での議論では、民主主義的教育理論を構築しながら、民主主義的意思決定の
条件を整えることが考察の対象であった。この意味で手続き的な議論が中心
を占めていたと言えよう。しかし、『民主主義と意見の不一致』にいたると、
熟議は結果を志向する過程と規定され、結果の妥当性も見据えた議論が展開
される。公正な手続きと公正な結果双方を満足する熟議が、多様な人々の善
き生のあり方にとって重要な構成要素とみなされるようになるのである。
　このようにガットマンらは、熟議民主主義を、手続き的民主主義と立憲民
主主義が陥っている二元論的見方を統合するものとして価値づけるのである。

2．ガットマンの熟議民主主義論の特質——相互尊重と寛容との差異

　ところで、熟議民主主義は手続き的民主主義と立憲民主主義をいかに統合
するのか。ガットマンらは熟議民主主義を構成する諸原理を検討することで、
理論的な説明を試みる。ガットマンらの説明によると、熟議民主主義は六つ
の原理からなり、それは二つの範疇に分けられる［Ibid. : 347-8］。最初の三
つは、互恵性（reciprocity）、公開性（publicity）、説明責任（accountability）
であり、これらは熟議の条件（the conditions of deliberation）としてくくられ
る。後の三つは、基本的自由（basic liberty）、基本的機会（basic opportunity）、

公正な機会（fair opportunity）であり、熟議の内容（the content of deliberation）としてくくられる。

　熟議の条件としての三つの原理は、熟議を統制する（regulate）ものであり、特に第一の原理である互恵性が後の二つを規定するとされる。内容としての三つの原理は、結果を規定する要素として考えられている。この熟議の条件と内容との区別は、手続き的民主主義と立憲民主主義の区別に対応していると考えられる。

　ガットマンらは、道徳的な意見の不一致に関する熟議のあり方を理論化する際に、特に互恵性を強調し、またその核となる相互尊重（mutual respect）という価値を強調する。この相互尊重は寛容という価値と明確に区別される。そしてこの区別は、ガットマンらの民主主義理論とリベラリズムの理論との差異を際立たせるものとなる。

　寛容（toleration）は、自律性（autonomy）と関連するリベラリズムの中心的概念として、そのあり方が論者によって度々議論されている。例えばジョゼフ・ラズ（J. Raz）は論文「自律・寛容・加害原理」の中で次のような議論を展開する。すなわち、個人の自律性に高い価値を置く道徳は競合的多元主義（competitive pluralism）を前提にしている。つまり、「そのような道徳は、人々が両立不可能な諸徳を具現化する多くの生の形やスタイルを選択可能であるべきだと前提しているが、一人の人生において実現することことができないばかりか、相互の不寛容を生み出す傾向にある」［Raz 1988 : 174］。それゆえ自律性に価値をおく多元主義的道徳は、「人々が異なった生の形を追求するための様々な選択肢となる生き方が存在し続けることを保障する」ような自律の原理を要求する［Ibid.］。つまり自律の原理それ自体が寛容の原理を生むというのである。ラズは、寛容を人々の自律性を尊重するがゆえに導出される制限原理として捉えている。人々の自律性、ひいては人々の多様性を擁護するリベラリズムの理論は、道徳的な意見の不一致に直面する事実を寛容の原理を持ち出すことによって解消しようとするのである。

　しかし、自律に基礎をおく寛容論は、その正当性という点に関して批判されている。スーザン・メンダス（S. Mendus）は『寛容と自由主義の限界』において、ジョン・ロックとJ. S.ミルの寛容論を検討しつつ、自律性に価値

第4章　1990年代前半のガットマンの民主主義的教育理論の展開　103

をおくリベラリズムの寛容論を批判する。メンダスは、「中立性が必要であるということは多様性という事実から生じるが、他方で中立性の適用は、多様性が単一性（少なくとも中立性原理そのものが適切であるという点についての一致）によって支えられていると想定したときのみ可能である」とする。そして、「結局のところ自由主義も実は人間本性と人間にとっての善とについての一つの見方に賛同している」とする［メンダス 1997：124-5]（傍点：引用者)。つまり、多様性を擁護しようとするリベラリズムは、結果として中立性という一つの原理に依拠せざるを得ないのであり、その理論的な欠陥が指摘されうる。

　メンダスの批判と同様に、中立性という観点からの寛容の批判をガットマンらも行っている［Gutmann & Thompson op. cit.：62]。その批判は寛容の原理に基づく政治的帰結という観点を含んだ批判へと展開していく。ガットマンらは「寛容は、マイノリティが公の場において道徳的見解を表明し、私的な場でそれを実践できるようにさせるよう、マジョリティに対して要求する」ものであるとし、寛容という価値の重要性を認識している。しかし、それが「市民が未来に道徳的な意見の不一致を解消するよう期待することのできる、明確な基盤は提供しない」と考える。寛容の原理に依拠すると、「市民は心の中では自分たちの道徳的理由（moral reasons）を保持しながら、道徳的問題への関与（moral engagement）を避けるという、分離された方法（separate ways）をとる」とされ、これが社会において道徳的分離（the moral separation）の拡大を招き、集団的な道徳の進歩（collective moral progress）をさらに困難にするとガットマンらは指摘するのである［Ibid.：62]。

　ここでは、各人が自らの道徳的理由を保持しながら道徳的な問題を解消しようとする寛容な態度が、結局は社会の道徳的分離を助長しているとする考えが明らかにされている。ガットマンらは道徳的な意見の不一致は解消しがたいものであるという認識のもと、それでもその不一致を解消しようとする市民の心性を重要なものであると説いているのである。ガットマンらは、「寛容と同様、相互尊重は不一致に対する同意の一形態である」としながらも、「相互尊重が寛容以上のものを要求する」とし、それを「不一致を生じる人に対する望ましい態度と、建設的な相互作用」であるとする［Ibid.：79]。

それは、不一致を抱えている者がともに不一致を解消していこうとする態度
をこそ、道徳的な意見の不一致への対処の基盤としているからである。この
絶え間なく熟議を繰り返しながら、あらゆる人々が正当化可能な決定に近づ
いていこうとする態度は、ガットマンがこれまでの理論構築の中で繰り返し
強調してきたものであり、それがガットマンの平等主義的思想の根幹となっ
ていると言える。

　熟議を通じて市民の政治的平等を達成しようとしたガットマンの理論では、
あらゆる市民が正当化可能な結論を互恵性によって確実に生み出そうとして
いることとともに、仮にそのような結論が導き出せないとしても、それを追
究すること自体に価値が置かれている。つまり民主主義的な意思決定の結果
のみならず、民主的な手続きも平等の達成にとって重要な意味を持っている
とされている。こうしたガットマンの政治的平等を目的とする熟議民主主義
理論と同じく、ユルゲン・ハーバーマス（J. Habermas）は熟議を通じて公共
性を生み出していこうとする理論を構築している。

　ガットマンの理論とハーバーマスの理論は共通点が多いものの、決定的な
違いがある。ハーバーマスは『公共性の構造転換』第二版の「1990年新版
への序言」の中で、バーナード・マーニン（B. Manin）の「正当性の源泉は、
個人のあらかじめ決定されている意思ではなく、その意思が形成される過程
それ自体、いいかえれば協議（deliberation）である」という言葉を援用しつ
つ［ハーバーマス 1994 : xxix］、次のように述べている。「立証すべき課題は、
〈市民の道徳とはなんであるか〉という点から、〈道理にかなった成果を可能
にするという推定を根拠づけるべき民主的な意思形成や意思形成の手続きと
はいかなるものか〉という問題へ移すことになる」［同上書 : xxix］。ここに
示されているように、ハーバーマスもまた、現在の価値多元化社会において
は真理に頼らない正当化が必要であると認識しており、その正当化を民主的
な意思決定に委ねようとしている。ハーバーマスにとっても社会理論を形成
するためには、市民間での熟議のあり方を理論化することが必要であったの
である。

　ガットマンとハーバーマスの理論的出発点が同じであるとはいえ、ハーバ
ーマスが討議倫理学を主張する中で「普遍化原則」を理論的前提としてうち

第4章　1990年代前半のガットマンの民主主義的教育理論の展開　105

立てている点は、ガットマンとは異なる熟議のあり方を提唱している。「普遍化原則」とは、「（熟議で：引用者）決定される規範は、そこから出てくる影響がどの当事者の利益をも侵害せず、誰にとっても受け入れ可能なものでなければならない」というものである［中岡成文 1996：288-9参照］。つまり、このことは、ハーバーマスが熟議によって普遍的な規範をうみ出そうとしていることを意味している。

　これに対して、ガットマンは、熟議によって多様な社会的・文化的背景を有した人々の不一致を解消しようとはするものの、必ず不一致が解消するとは考えていない。むしろ解消が困難な不一致の方が多いと考えており、それゆえ、不一致を所与のものとしながら社会を形づくるという視点が理論の中に組み込まれるべきだと考えるのである。ガットマンにとって熟議とは、解消困難な不一致を共通の問題として認識する場であり、可能であれば合意を生み出すという場なのである。

　ガットマンの平等主義的理論は、政治場面における個々人の自由を最優先に尊重するが、その自由を制限するものとして他者性が設定されている。つねに他者の思想・信条を考慮し、自らのそれと照らし合わせながら、自己の思想・信条を規定していく。あらゆる個々人が、他者の視点を組み入れながら自己の思想・信条を正当化できるような社会的決定をめざして、ガットマンは平等主義的理論を構築しているのである。ガットマンは、熟議を通して不一致を解消するという強い理論をあえて展開しようとはしないのであり、その意味で普遍的な結果を志向してはいない。ガットマンの平等主義的理論は、市民が社会的決定場面での意見の不一致を問題として認識し、絶えず問題の解決法を探求することにこそ、価値多元化社会の社会統合の契機を見出すのであり、この点にハーバーマスとは異なる独自性があると言えよう。

第3節　教育における多文化主義の問題と民主主義的教育

　本章第1節でも確認したように、1990年代初頭から『民主主義と意見の不一致』刊行までの諸議論で、「民主主義的教育」は熟議を含み込む形で理論的な完成を迎える。こうした理論構築に引き続いて、ガットマンは民主主

義的教育理論の現代の教育問題への応用を試みる。論文34「民主主義的教育における多文化主義の挑戦」("Challenges of Multiculturalism in Democratic Education" 1996) においては文化的多様性や宗教的多様性をはじめとする、アメリカ合衆国で問題となっている多文化主義に関する教育問題が議論される。市民教育をめぐる議論が展開されていくのである。

　論文34では、これまで論じられてきた教育における自由の拡大と徳の涵養との対立が、「共通の価値を守ることと文化的差異を尊重すること」という二つの教育目的の対立と読み替えられて論じられている［Gutmann 1996a：156］。それでは、文化的多様性に対して、教育はどのように関わるべきなのであろうか。このことが検討されるにあたって、まず、伝統的に市民教育で行われてきた対処について論じられる。

　ガットマンは、これまでアメリカで行われてきた市民教育が、愛国主義的なカリキュラムであるとし、そのカリキュラムが生徒たちの多様な生き方に対する理解を妨げていたとする。ガットマンは「市民教育は、社会の共通文化に対するマイノリティの積極的な貢献（commitment）を正しく認識するよう生徒に教えることに失敗したとき、抑圧的である」と述べ、多文化主義に対する反応として愛国主義的なカリキュラムを押し進めることに反対する。とはいえ、自民族中心主義（ethnocentrism）が行うような分離主義的な教育を促進しようともしない。例えば、「アフリカ中心主義」(afrocentrism) に基づくような教育である。この教育は、「アフリカが人類発祥の地で、最初の偉大な文明の中心地であり、他の文明もそこから発生するものにすぎないということを教える」もので、「アフリカを中心におく」教育であるが、ガットマンは、このような教育に対して、「それが不的確であるというよりも、むしろ、差別的である」という理由で問題を含むと述べる［Ibid.：158］。つまり、多文化化した社会における教育は、マジョリティである国の歴史のみを教えたり、反対にマイノリティである文化圏の歴史に偏って教えたりするものであってはならないのである。

　こうしてガットマンは相互尊重の教授を重視していく。相互尊重とは、「すべての人々の平等な立場（standing）を、一個人の市民として表現する」とともに、そのような「民主主義的市民が、建設的な方法で政治的差異を議

論できるようにする」条件である。また、この建設的な方法とは「第一にお互いの観点を理解し、次に自分たちの不一致を解決する公正な方法を探求しようとすること」である［Ibid.：160］。不一致を解消する方法として熟議の重要性が述べられ、熟議の参加者が、互いを平等なる存在として尊重しながら、熟議を行っていくことができるよう期待されている。

とはいえ、「相互尊重という市民的徳を生徒に教えるだけでは不十分」である［Ibid.］。学校は「生徒に、自分たちが文化的差異に部分的に依拠する政治的不一致を何とか理解し、評価し、可能ならば解決するような尊重にあふれた議論へとともに従事するには、どのようにするとよいかを教える」ことが必要なのである［Ibid］。つまり、相互尊重は互恵性を核として教えられなければならない。ガットマンはこう述べている。「文化的多様性にのみ頼る相互尊重は、民主主義的諸徳としては不完全である。その認識には、政治的に適切な不一致について熟議しようとする積極性（willingness）と能力が付随される必要がある」と［Ibid.］。多文化化した社会における熟議を健全に機能させるためには、あらゆる人々が平等な市民として尊重され、互いに政治的に異なる視点を持ち得るような条件が整備されなければならない。また、そのためには互恵性を核として相互尊重の態度が育成されなければならないのである。異なる文化的背景を持った人々の間で、不一致を解消するためには、その人々が当該社会の構成員すべての利益を勘案できる資質を身につけさせていることが肝要である。ガットマンは、異なる文化的背景を持った人々の共通の価値としてあえて互恵性を設定し、健全な熟議を方向づけようとしたのである[10]。

第4節　1990年代前半の民主主義的教育理論における民主主義の意味

ここまで、1990年代前半の諸論文、および1996年刊行の『民主主義と意見の不一致』を中心に、ガットマンの民主主義的教育理論の展開過程を追ってきた。考察によると、ガットマンは民主主義教育理論に関する議論において、80年代では市民的参加の議論を、90年代では熟議とその前提について

の議論を行っている。80年代は階級間の能力差や経済格差を縮小すること、つまり補償的な分配論を通じて社会的統合を図ろうとした。それに対して、90年代では社会的な集団間での相容れないアイデンティティ対立の調停までをも、公的な意思決定の対象に含み込み、社会的統合を図ろうとしていた。

　1980年代のガットマンの教育理論の中で特徴的であったのは、子どもの未来の選択を制限してはならないとして、子どもの権利が親の権利を制限する要素として認められると議論されていたことである。それは、子どもが成人した後に行う政治参加の制限が、熟議を通じた社会的平等の達成を妨げるものであるとの考えにつながっていた。ただ、この80年代の議論では、社会的基本財をいかに分配するかが公的な熟議の対象として限定されているため、合意の不可能性という点はそれほど強く意識される必要はなかった。

　しかし、90年代の議論では、道徳的な意見の不一致のような諸個人の信念に関わる問題までも熟議の対象としようとしているため、合意の不可能性にいかに対応すべきかが問われることとなった。価値多元的社会においては、ガットマンが80年代に考えていた参加論、および多様性擁護の理論では、あらゆる人々に対して正当化可能な決定を生み出すということは期待できなくなった。そこでガットマンは、教育によって互恵性と相互尊重という市民的諸徳を子どもたちに備えさせ、調停不可能な問題でも常に議論しつづけ、解決の方向性を模索させることをめざすことになったのである。

　90年代のガットマンの教育に関する諸論文の中で、相互尊重の育成に主眼がおかれているのも、80年代の参加論が前提としていた社会という共通の枠組みが個人の中で前提として考えられなくなってきたからである。価値多元的社会の中で熟議民主主義をうまく機能させ、人々の合意形成を導くためには、その前提づくりとして市民的徳を育成せざるをえなくなったと考えられる。

　このようなガットマンの教育理論は、多様な価値観を持った人々の平等を達成するために、諸個人の政治的な自由を最大限認めようとしているものの、個人の市民性を前提に社会形成を考える、きわめて社会構成主義的な理論である。それは著書1『リベラルな平等論』で依拠していた初期ロールズの哲学的リベラリズムの立場からガットマンが距離を取ったことを意味している。

しかしながら、その理論は、これまでの政治哲学に見られる、自由か徳かという二元論を、意識的社会再生産を手がかりに克服しようとしたものであり、多様性を最大限考慮に入れた社会的な平等を達成しようとする理論であるところに特徴がある。

第5章

アメリカ市民教育理論における
シティズンシップと民主主義

第1節　1990年代のアメリカ市民教育をめぐる問題状況

　第4章において、1990年代初頭からガットマンは熟議民主主義理論の構築と並行して、相互尊重という市民的徳の涵養の必要性を強調していたことが明らかになった。市民教育をめぐっては、ガットマンを含め、1990年代の政治哲学の領域で、多様な立場から論が展開されている。ここでガットマンの教育理論をひとたび相対化すべく、1990年代以降アメリカ合衆国の教育理論において一つの潮流をつくっている市民教育（civic education）諸理論の思想的含蓄と、市民教育が確立をめざすシティズンシップ（citizenship）、つまり「市民であること」の内容について検討していこう[1]。

　シティズンシップの確立をめざす市民教育のあり方は、アメリカにおいては、1930年代の社会科成立以降これまで、社会科教育のあり方との関わりの中で論じられてきた。例えば、歓喜隆司の史的研究によると、市民教育の性格は社会科の中で次のように変化していったとされる。すなわち、40年代までは市民性（シティズンシップ）の教育を直接の目的に、民主主義の原則を提示する方法がとられていた。それが50年代に入り進歩主義教育思想を反映した新社会科の提起を受け、結果として、60年代後半から70年代中葉に、自己決定、社会的参加や行動、文化間学習等、児童・生徒を主体に据えた市民教育がなされ、80年代もそれが踏襲された［歓喜 1988：第9章］。また、森分孝治の研究では、社会認識形成に重点を置く教科主義的立場の社会科と、市民的資質の育成を直接の目標とする生活主義の立場からの社会科と

が、社会科成立期には折衷されていたものの、その後分化していき、60年代を境に前者が支配的になったと指摘されている［森分 1994：879］。これらの研究によって、市民教育は、社会科の展開に伴い、市民性に関する知識の教授を強調する教育から、社会諸科学についての児童・生徒の主体的学習過程を市民性教授の契機とする教育へと変化していったことが明らかにされている。

　このように市民教育のあり方はアメリカにおいて社会科と関連させながら長く論じられてきている。しかし、80年代中葉から90年代にかけ、市民教育論者はそれとは異なる論点により議論を展開している。社会の多文化化（multiculturalization）、さらには価値の多元化（pluralization）という状況下での社会的統合のあり方とともに盛んに議論されているのである。現代社会では、個人の多様な意思を一つにまとめ、社会的統合を導くということが困難な状況にある。多様性からいかに統一を生み出すかということが、市民教育論の主題となる。

　検討課題となるのは、個人の自由と社会的統合のバランスをいかにとるかということである。この課題への応答として、例えば、個人の自由を極限まで尊重するリバタリアニズムの立場をとると、社会の個人主義化を助長し、公共性の解体を招く可能性が生じる。また一方で、コミュニタリアニズムのように、コミュニティに支配的な伝統的徳を、個人を結びつけるために強調すれば、個人の自由が制限される可能性や、排他主義のような自派の内に向かう動きを導く可能性が生じる。どちらの立場に立ったとしても社会的統合は困難である。このような困難が存在しているからこそ、多文化社会においてあるべきシティズンシップの内容を明確にすることが、市民教育実践を形作る際に重要となる[2]。

　ところで、シティズンシップのあり方は、1990年代の市民教育理論において、社会科で身につけさせるアイデンティティの問題との関連で、様々に論じられてきた。それを象徴する事例として、1987年のニューヨーク州社会科カリキュラム改訂をめぐり91年まで続いた多文化主義に関する論争をあげることができる。この論争は、多文化主義という文脈のもとで、アメリカの歴史をどのように教えるべきか、アメリカ市民のアイデンティティ形成

第5章　アメリカ市民教育理論におけるシティズンシップと民主主義　113

にとって最良の教育内容とは何かについて、アフリカ中心主義論者（Afrocentrism）とリベラル派の論者がそれぞれ、互いの立場を強調したものと一般的に捉えられている［椎山 1997：230；森茂 1996 参照］。しかしながら、この論争に関わる論者は、個人の自由が尊重される形での社会的統合のあり方を探究しようとする点では共通している。異なるのは、そのためにどのようなアイデンティティ形成が必要かという点である。両者の主張は必ずしも対立しているとはいえない。それゆえ本章では、各論者に共通する主張とはいかなるものかを示しながら、多文化社会における教育のあり方を論究していく。

　現代の多文化教育理論には、教育内容の中でのマイノリティ文化に光をあてることが、マジョリティ文化を反映した教育自体を相対化する、ということにその意義を見出しているものもある[3]。しかし、ここには、〈マイノリティの教育〉と〈マジョリティの教育〉といった、教育を文化によって規定しようとする二項対立的な認識図式が存在している。このような対立図式を固定化する教育によっては、あらゆる個人が尊重される形での社会的統合は導かれない。諸文化それぞれに対応する教育理論ではなく、諸文化を包括した形の教育理論の導出が課題となるのである。この課題に対して、90年代の市民教育をめぐる諸議論を確認しながら、ガットマンの民主主義的教育理論の中に、こうした二項対立的な図式を克服する鍵を見出していく。それとともに、多文化社会におけるシティズンシップとそのための教育のあり方を検討していくこととする。

第2節　アイデンティティをめぐる対立と市民教育理論

1．ニューヨーク州社会科カリキュラム改訂をめぐる論争の概要

　多文化社会のシティズンシップについて、1987年ニューヨーク州で行われた社会科カリキュラム改訂をめぐる論争をテクストとしながら検討していこう。この論争は、内容に関してこれまで以上に多文化的視点が反映された改訂カリキュラムに対して、マイノリティの利益団体が、マイノリティの歴史と文化が十分反映されていないとの理由で異議を唱えたことに端を発する。

このマイノリティ団体の異議に応える形で、教育長ソーボル（T. Sobol）は
カリキュラムをマイノリティの視点からさらに検討する作業部会の設置を認
可することとなる。作業部会の報告書は、アフリカ中心主義（Afrocentrism）
の立場を取るレオナルド・ジェフリーズ（L. Jeffries）が中心にまとめ上げた
ため、アフリカ中心主義者の思想が色濃く反映されたものであった。この報
告書に対して、今度はリベラル派の論者から多くの批判が提出される。その
中心論者の一人アーサー・シュレジンガー Jr.（A. M. Schlesinger, Jr.）は、90
年に設置された「社会科シラバス改訂・開発委員会」の顧問としてカリキュ
ラム改訂に携わることとなり、同委員会は次期社会科カリキュラムを作成す
るための具体的指針を91年6月に報告書として提出する。最終的に、教育長
が、この報告書をもとに、多文化主義的な考え方が基本に置かれながらも、
極端なアフリカ中心主義的内容は是正され、全体的にバランスの取れたもの
になったとする最終的勧告を州教育評議会に対して行った［森茂 1996］。

　論争の当事者としてのアフリカ中心主義者とリベラル派の論者は、多文化
社会におけるアイデンティティのあり方をめぐって、互いを批判しながら、
自らの主張を展開しているが、この論争での争点とは何であろうか。リベラ
ル派の論者としてのダイアン・ラヴィッチ（D. Ravitch）の論[4]と、アフリカ
中心主義の代表的論者であるモレフィ・アサンテ（M. Asante）の論の中か
ら論点を探っていこう。

　ラヴィッチは、多文化主義を、多元主義的多文化主義（pluralistic multicul-
turalism）と排他主義的多文化主義（particularistic multiculturalism）に区別し、
諸州のカリキュラムの中に進出してきているのは、「より豊かな共通文化を
探求する」前者ではなく、「創出可能な、もしくは望まれている共通文化な
どない」と主張する後者であると指摘する［Ravitch 1990 : 340］。その上で、
排他主義的多文化主義の主唱者が、「人種的、民族的マイノリティとしての
背景を有した子どもの、自尊心と学業成績を高めるために、自民族中心主義
的カリキュラムを提案している」ことに対して、そのようなカリキュラムが
学校でのマイノリティの成功を保障するという証拠はないと批判する
［Ibid.］。しかしながら、ラヴィッチの批判は、教育効果の主張の妥当性にの
み向けられるのではなく、自民族中心主義的な教育が、多様な社会的背景を

有する個人の間での結びつきを保障しないということに向けられる。ラヴィッチは、「今日のアメリカの子どもは、人種的、文化的に多様な国家の中で自らの生を生きるであろうし、教育は彼らがそうするよう準備すべきである」と主張し、「カリキュラムは、子どもが自分自身をどのように考えるかに影響を与える限りにおいて、あらゆる人種的、民族的集団の子どもが、自分たちは社会の一員であり、自分たちの才能と精神を最大まで発達させるべきであると信じるよう、助力すべきなのである」と社会的統合に対する教育の役割を強調するのである［Ibid. : 341］。

　一方、アサンテは、ラヴィッチの批判に対して、「彼女の戦略は、アフリカ人とその他の非白人主義者を、精神的・心理的に西洋文明に従属させ続けたいと考える人々の戦略である」と再批判する［Asante 1991 : 174］。この批判では、これまで学校教育で教えられてきたアメリカの歴史が西洋中心主義を反映したものであり、「（西洋中心主義にとっての：引用者）他者すべての文化に対して、白人の観点を押し付けることを支持している」という認識に基づいて出されたものであるとされる［Ibid. : 174］。そしてアサンテは、そのようなWASP（アングロサクソン系白人のプロテスタント）中心のカリキュラムを相対化するために、文明発祥としてのアフリカ文明が西洋文明に先行している点をカリキュラムの中に取り入れることを要求する［Ibid. : 178.］。結果として、アサンテはリベラル派の主張と対立するようなラディカルな立場を強調することとなる。

　この論争において、アサンテはマイノリティ文化の独自性をカリキュラムの中で認めることが、多文化社会の市民教育のあり方であると主張する。マイノリティとしてのアイデンティティを子どもに身につけさせる自由を認めるよう求めるのである。一方、ラヴィッチは、個人の自由が認められ、社会での多様性が認められるべきであるとしながらも、子どもに何らかの共通のアイデンティティを形成しなければ、社会的統合が導かれないと主張する。両者は、共通のアイデンティティを身につけさせることと文化的独自性を認めることとをいかに両立させるかをめぐって対立しているが、多文化社会のシティズンシップとそのための市民教育のあり方を考える際には、この対立を調停する必要がある。これは、1980年代以降政治哲学の議論において、

リベラリズムが検討し続けている課題と合致するものである。つまり、カリキュラム論争で焦点となっている多文化社会におけるシティズンシップを見出す鍵は、この政治哲学の議論の中にあると考えられる。

2．市民教育をめぐるリベラル派の諸理論

　私的な利益を追求する個人が共同で結びつく社会のあり方の探求は、リベラリズム（liberalism）が伝統的に議論してきた問題である。その理論的伝統は1971年のJ. ロールズの『正義論』刊行以降、個人の意思決定を、社会の公正を追求する方法として重視する方向へ向かっている。ただ、リベラリズムが原子論的自我像を理論の前提として想定していることに対しては、80年代にコミュニタリアニズム（communitarianism）によって批判され、結果として、リベラリズムは、多様な社会的背景を有した個人を前提とする社会理論の構築を迫られることとなった[5]。そこで、90年代には、シティズンシップを中心とした理論が登場する。ウィル・キムリッカ（W. Kymlicka）が指摘するように、90年代のアメリカで展開されている政治哲学理論においては、70年代の「正義」と80年代の「共同体」とを統合する概念としてシティズンシップが重要視されていく［キムリッカ 2002：iii-v］。

　とはいえ、いかなるシティズンシップを身につけさせるかについては、90年代の市民教育理論において、多様な理論が存在している。例えば、リバタリアニズム（Libertarianism）は、社会的決定を市場原理に任せることで、予定調和的に個人を結びつけようとし、規制を最小限に抑えたシティズンシップを主張する。その代表的論者スティーブン・ジル（S. G. Gilles）は、私的な利益を追求する個人が、場合によっては自らの利益よりも他者の利益を優先しなければならない公的な決定を下すであろうかと疑う。そして、合意が成立するのは、教育が子どもに自らの信仰と社会へのコミットメントの問題として何らかの信念を教え込むという、最低限の市民的役割を有していることのみであると述べる。その上で、合意の不確定性、不一致の解消不可能性が存在する以上、教育内容に関する公的合意の探求は必要がないと主張し、親の選択に教育のあり方を決定させるべきだと主張するのである［Gilles 1996：976］。

第5章　アメリカ市民教育理論におけるシティズンシップと民主主義　117

　これに対し、パトリオティズム（Patriotism）の教育理論を展開する論者もいる。スザンナ・シェリィ（S. Sherry）は「シティズンシップのための教育」として、共和制の市民としての責任感の育成を重視しており、子どもを責任ある市民へと育成するために、「道徳的特性、批判的思考、（自分自身の文化についての知識、および自文化に対する愛着である）文化的リテラシー」が必要であると主張している［Sherry 1995：157］。シェリィは、当該社会についての批判的な思考を支える基盤として、アメリカ人としてのアイデンティティの共有を強く主張するのである。

　リバタリアニズムにとってシティズンシップとは、自らの意思を十分に表明できるということを意味し、パトリオティズムの教育論者にとってのそれとは、国家に対する責任を有することを意味している。つまり、両者は個人の自由か、共通性のどちらかを強調しているのである。しかしながら、それら偏った立場からの理論は、前述のように、社会的統合を脅かす可能性を有している。こうしたシティズンシップに関する二項対立はいかにすれば克服できるのか。この課題を、ガットマンは、民主主義理念を実現することで克服しようとする。彼女は自らが主唱する民主主義的教育理論の中で、リバタリアニズムのシティズンシップでも、パトリオティズムのそれでもない、第三のシティズンシップのあり方を示唆するのである。

第3節　市民教育理論としての民主主義的教育理論

1．民主主義的教育理論の特質と市民的徳——パトリオティズム的教育とコスモポリタン的教育との比較

　ガットマンの民主主義的教育理論は、すでに本書でその特質を確認しているように、多文化社会における意思決定を、あらゆる個人が正当化できるようにするための条件としての熟議（deliberation）と、熟議に必要な資質・能力の育成とを重視する理論である［Gutmann 1987a, Gutmann 1993a］。ガットマンは、多様性が尊重される社会を形成するためには、新しい世代の社会構成員が、古い世代の社会をつくりかえながら維持していく、つまり「意識的社会再生産」（conscious social reproduction）に従事する必要があるとし、そ

のために、子どもが批判的に思考・熟議できるよう教育していかなければならないと主張する。その上で、あらゆる人々の思想・信条の自由を侵害しないという〈非抑圧〉（nonrepression）の原理と、熟議能力を獲得するために、あらゆる人々に最低限の教育を保障しなければならないという〈非差別〉（nondiscrimination）の原理との、二つの制限原理に則った形で教育がなされるべきだと主張する［Gutmann 1987a : chap. 2.］。このような民主主義的教育理論は、80年代末から90年代にかけて市民教育理論としての性格を強めていく。互恵性（reciprocity）に基づく市民間の相互尊重（mutual respect）という心性の育成が強調されるのである。

　それにしても、90年代に、個人に対してリベラルな制限原理を課すのみならず、市民としての心性までも育成する必要があると主張されるのはなぜであろうか。それは、社会の多文化化、価値の多元化という事実に直面したとき、制限原理を課すだけでは、個人間での社会的な結合、および社会的合意が成立しない、とリベラルな論者が認識したからである［Kymlicka and Norman 2000 : 6; Callan 1997, 221 ; Galston 1991 : 220.］。このような認識は、ガットマン自身が行っている市民的徳としての相互尊重の説明の中にも示唆されている。ガットマンは、相互尊重が「一個人として、また一市民としてあらゆる人々が平等なる立場であることを表し」ていること、また、それにより「民主主義的市民が、第一に互いの見解を理解し、続いて自分たちの不一致を解決するための公正なる方法を探究しようとする、といった建設的な方法によって、政治的差異（political differences）を議論できるようになる」条件として規定している［Gutmann 1996a : 160］。つまり、民主主義を支える個人は、他者を自分と同じ権利を有する者として尊重するだけでなく、公的な意思決定場面において、他者の意思を自らの意思と同様に尊重し、相互に受容可能な決定を導こうとする積極性を有した互恵的な市民としてあるべきだとされるのである。

　たしかに、80年代ガットマンの民主主義的教育理論に基づけば、熟議によって、社会構成員すべての意思が社会的な意思決定に反映される条件が保障されるであろう。しかしながら、社会の多文化化、価値の多元化という事実は、個人の私的な考え方が尊重されるがゆえに、公共的な考え方を軽視す

第5章　アメリカ市民教育理論におけるシティズンシップと民主主義　119

る方向へ個人を導く。それゆえ、個人は意識的社会再生産に従事するもので・・・
・・あるという前提自体が揺らぐこととなる。あらゆる個人の意思が社会的な決
定において尊重されるという民主主義理念を実現するためには、前提条件と
して、個人すべてが、私的な利害と同様に、社会的な利害を考える心性を有
している必要が生じてくるのである。

　そのために、民主主義的教育理論において互恵的な心性の育成が強調され
るのであるが、それはガットマンに特有の主張ではない。例えば、自らの立
場をシヴィック・リベラリズム（civic liberalism）と称するスティーブン・
マセード（S. Macedo）は、リベラリズムが尊重する多様性はそれ自体とし
て道徳的に価値があるわけではなく、市民的目的と結びついて初めて価値と
なると主張し［Macedo 2000 : 3］、その方法として「市民としての礼節（civili-
ty）という規範を人々が共同で支持することと、人々が理に適ったやり方で
論争を取り扱うことを一緒に望むことに依拠する」民主主義的熟議を支持し
ている［Ibid. : 279］。また、メイラ・レヴィンソン（M. Levinson）は、「市民
教育は、リベラルな教育という一貫したどんな計画にとっても必要不可欠な
ものである」とした上で、「生徒に、寛容と、他の市民及びその多様性への
尊重とを教える必要がある」と主張する［Levinson 1999 : 100, 103］。自律性
のための能力がシティズンシップのための諸能力の基礎となると主張するレ
ヴィンソンにとって、個人の自律性が増すということは、同時に社会のため
に市民として熟議できるということを意味するのである。

　このように、教育内容において市民的徳の育成が重視される傾向は、リベ
ラルな論者の中で、多文化社会における熟議の成立要件はリベラルな価値の
提示だけでは不十分であると認識されたことを意味する。そこでは、仮に理
性的な判断能力を有する個人がそれぞれ尊重され、多様性が認められるとし
ても、個人が公的な意思決定を導こうとする積極性がなければ、その多様性
は価値とならないと考えられている。それゆえに、意思決定場面での熟議の
前提として、市民に対し社会的・公共的な思考を行える性向を身につけさせ
ることが重視されたのである。

　ガットマンら民主主義的教育論者は、あらゆる個人が正当化可能な意思決
定を導くための市民的資質・能力の育成に力点を置いている。つまり、民主

主義的教育論者にとってのシティズンシップとは、多様な意思を反映した社会的な意思決定を下すために熟議が行えるということ、そのために相互尊重のような市民的徳を身につけているということを意味しているのである。

　ところで、民主主義的教育論者が市民的徳の育成を重視するとすれば、その理論は、国家に対する責任感を子どもたちに身につけさせようとするパトリオティズムの教育理論と同義であるとみなせるであろうか。民主主義的教育論者は、アイデンティティを特定のコミュニティに帰属させる必要はないと考えており、この点でパトリオティズムの教育論者とは一線を画している。つまり、シティズンシップは必ずしも自文化に限定する内容のものではないのである。例えば、ガットマンは、市民的徳としての相互尊重は互恵性に基づくがゆえに、「国境を越えた相互尊重」にまで拡大することができると認識している [Gutmann 1996a : 309]。このことが示唆するように、民主主義的教育としての市民教育は、国際規模での熟議を成立させる可能性を有しており、それゆえに、文化相対的というより、むしろ普遍的な性格を有している。

　しかしながら、民主主義的教育としての市民教育をコスモポリタニズムの教育と同定することはその本質を見誤る。というのも、ガットマン自身、市民教育を、マーサ・ヌスバウム（M. Nussbaum）の主張するコスモポリタニズムの教育と明確に区別しているからである。人間性（humanity）の育成としての教育を主張するヌスバウムは、子どもに対して、「第一の忠誠心を、単なる政治形態や世俗権力へではなく、全人類の人間性によって構成される道徳的コミュニティへと向け」るよう教えなければならないと主張する [Nussbaum 1996 : 7]。これに対し、ガットマンは、もしヌスバウムが、全人類の道徳的コミュニティを、権利と正義という原理に従い、あらゆる個人を平等なる存在として扱うようなものとして想定して・い・な・い・ならば、「もう一つの偏狭なナショナリズム」を支持していることになる、と批判する [Gutmann 1996b : 70]。ガットマンが強調するのは、「第一の忠誠を何らかの実際のコミュニティへと帰属させるべきであるという考えを拒否し、真に民主主義的な政体の自由で平等なる市民として、権限を与えられるという道徳的重要性を認識する」ことである [Ibid. : 68]。

　このように、民主主義的教育論者の認識によれば、公的な空間を創出する

のに、子どものアイデンティティを何らかのコミュニティへと帰属させる必要は必ずしもない。あらゆる個人が社会で平和に共存したいという社会的な心性をよりどころに、公正なる制度を尊重することによって公的空間は導き出されるのである。こうして、ガットマンらは、政治的平等を保障する公正なる制度を尊重しながら、熟議を続けるよう子どもを教育すべきだと主張することとなる[6]。

2．民主主義的教育理論に対するリベラル派による批判とシティズンシップ

　ただ、市民教育の内容として相互尊重のような市民的徳を含めるべきだとする主張に対しては、リベラルな論者によって批判を受けている。ウィリアム・ゴールストン（W. A. Galston）は、市民教育において、ガットマンらが主張するほど市民的徳の涵養を重視しない。

　ゴールストンもガットマンらと同様に、リベラルな民主主義政体の中の個人は、「自分自身の生き方とは大いに異なる多様な生き方と平和に共存しようとする積極性」を有するべきだと主張し、合理的な公的判断能力を子どもに発達させることが最低限必要であると主張している［Galston 1991 : 253］。しかしながら、ガットマンらが子どもに対して、他者の多様な生き方を尊重するよう教育することに対しては強制的であると批判し、教育の役割を、他者の説得に必要な「自分自身の生き方の正しさに対する確固とした信念」の確立であるとする［Ibid.］。さらに、ゴールストンは、熟議においては、「リベラルな政体を存続させるためには絶対に必要な最低限の市民的コミットメントを各市民が受容することのみ」（傍点：引用者）が必要なのであり、それ以上の付加的な教育内容は必要ないと主張する［Ibid.］。ゴールストンは、社会をつくりかえるための批判的熟議に必要な市民的徳の涵養よりも、社会を存続させるために必要な自己のアイデンティティの確立こそが、市民教育に課せられた役割であると主張する。

　また、さらにいっそう個人の自由を強調するジルは、ガットマンの主張する批判的な理性、寛容、平等への深いコミットメントのための教育が、リベラルな民主主義に必要であるということが証明されなければ、そのような教

育は、「親に異議を申し立てることまでも子どもに押しつけているという理由で、リベラルな多元主義を侵害するであろう」と主張している［Gilles op. cit. : 980］。つまり、個人を民主主義的な市民へと教育すること自体が強制的であり、それゆえにガットマンらは多元主義という事実を真剣に受け止めていないと批判するのである。

　個人の選択の自由を最大限尊重するリバタリアニズムのような批判に対して、ガットマンらは、個人間での社会的結合が保障されないではないかと反論するであろう。そもそも、両者は、個人の自由が尊重される社会的統合のあり方に関して異なった見解を有している。ガットマンらは、多様性が価値とされるのは社会という枠組みが確立されることが条件であるとするのに対して、リバタリアン的な論者は、初めに枠組みを設定することが、私的利害を追求する個人にとっては強制であり、そのような強制のない自由な活動の中に何らかの結びつきが見出せるものであるとしている。それゆえ、両者の議論は平行線をたどることになる。ただ、両者に共通性を見出すとすれば、両者とも、個人間での結びつきを導き出す条件として、個人の自由な意思を重視している点においてであろう。

　たしかに、リバタリアニズムの市民教育理論と比べると、民主主義的教育を中心とした市民教育理論は非リベラルである。しかしながら、民主主義的教育が市民的徳の涵養を強調するのは、批判されているような、個人のアイデンティティを一つの型にはめ込むためではなく、個人の独自のアイデンティティを政治的領域において保障するためであり、必ずしも個人の自由を制限するものではない。キムリッカも主張するように、多文化社会におけるシティズンシップのあり方は、民主主義社会の健全化と安定化のための市民としての資質・能力の保障だけでなく、自らのナショナル・アイデンティティを涵養する場としての大枠としての政体に対する忠誠を共有することに見出すことができる［Kymlicka 1995 : 189］。文化的・社会的に多様なアイデンティティを有する個人の自由な意思を媒介としながら、熟議し続けることこそが、アメリカ市民のナショナル・アイデンティティへとつながるのである。政治的領域においては、共通の前提条件としてあらゆる個人が平等なる存在として想定される必要がある。この点に関しては、リバタリアニズムも合意

している。この前提条件を、90年代の市民教育理論では、シティズンシップとして規定しようとした。民主主義的教育理論において、シティズンシップの共有は、個人を政治的な熟議の席に着かせる前提条件として規定されるが、それは個人の自由な意思決定を重視するという点において、リベラルな論者すべての合意を得ることができるのである。

第4節　多文化主義的教育に対する市民教育理論の意義

　ここで改めて、第2節で検討した社会科カリキュラムをめぐる議論に立ち戻り、その意味について考えていこう。西洋文明に対するアフリカ文明の優位性を主唱するアサンテは、自らが主張する多文化主義的教育を次のように認識している。すなわち、「世界の現象についての多様な文化的観点を尊重し、賛美するような非階層的なアプローチ」であり、それゆえに、「アフリカ中心主義の考えは、多文化主義の考えが探求される出発点としての踏み台にならなければならない」と［Asante 1991 : 172］。アサンテは、反西洋文明的な立場に立ちながらも、「アフリカ中心主義は、あらゆるアメリカ人にこの社会と世界の中にいるアフリカの人々の観点を検討する機会を提供する」と主張する点では、さらには、「もし論理としてのアフリカ中心主義が何かに反対しているとしたら、それはカリキュラムの中のレイシズム、無知、および単一民族主義的なヘゲモニーなのである」と主張する点では、西洋文明との親和性を有している［Ibid. : 178-9］。

　多文化主義社会での歴史認識をめぐるアフリカ中心主義者とリベラル派の論争は、子どものアイデンティティ形成と学業的成功のために自文化を反映したカリキュラムを要求する立場と、そのカリキュラム変更要求の教育効果面での不確かさ、およびカリキュラムをめぐって社会的分裂を招く危険性とを主張する立場との対立に見える。しかしながら、両者はともに、多文化社会において、個人それぞれが尊重されるような社会的統合がどのようにすれば導かれるかについて議論しているのであり、この共通の問題意識こそが重要な意味を有している[7]。つまり、この論争が示唆するのは、社会的統合の問題と教育の役割を考える上で、マイノリティのアイデンティティ形成の問

題を、マジョリティのそれと同様に考慮したカリキュラムをつくらねばならないということなのである。マジョリティ、マイノリティそれぞれがもつ独自の文化的アイデンティティを脅かすことなく、新たなる共通のアイデンティティの創出が望まれているのである。

　論争に関与している各論者が、歴史に対する自らの立場の正当性を主張し続けたとしても、結局は、90年代の市民教育理論での、市民的徳を重視するか、個人の自由を尊重するかといった議論のような、相容れない議論が続いていくことになろう。アメリカ市民としてのアイデンティティを形成するためには確固とした一つの歴史認識が必要である、という論を展開することは、多文化社会の教育のあり方を考える際には有効ではないであろう。重要なのは、一つの歴史を確定するということではなく、多様な観点からの歴史を教えていくための方法を導出することなのである[8]。

　その方法として有効なのが、リベラル派の主張の中に見出される熟議である。ラヴィッチが「誰の歴史的説明が教えられるべきか、誰がなにがしかの功績を認められるべきか、どの民族解釈が妥当かということに関する、終わることのない争いへと教室を開いていくのは、『文化的に適切な』研究、つまりあらゆる種類の民族研究を要求することである」と述べるとき［Ravitch 1990：351］、そこには、アメリカ市民としてのアイデンティティに必要な歴史的知識について、様々な観点から絶えず検討を加える姿勢が重要であるとの認識が表されている。教室での授業場面にせよ、政策上でのカリキュラム設定場面にせよ、歴史に関しては多様な解釈が可能であることを認識した上で、適切な情報に基づいて、歴史的知識を多面的に捉えることが重要となる。アフリカ中心主義者の主張も、マジョリティとは異なる視点を提供し、意思決定に何らかの影響を与えるという意味において、一定の役割を担うこととなる。

　ガットマンもまた、学校教育場面において、生徒同士の熟議を通じた授業、すなわち、設定されたある一つのテーマに関して、生徒が多様な意見を出し合い、それを批判、受容することで何らかの答えを導いていくという授業を提案しているが、その例示としてブルックリンの歴史の授業を取り上げている[9]。こうした観点から、ガットマンは、アフリカ中心主義者の主張に対し

第5章　アメリカ市民教育理論におけるシティズンシップと民主主義　125

て、リベラル派の論者と同様の、次のような批判を加えている。

　　アフリカ中心主義的な教育の、民主主義的な観点からの主な問題は、不
　　的確さではなく、差別（*discrimination*）である。……民主主義的政府は、
　　私的個人と集合とが、人種、宗教、ジェンダー、階級に基づく優越感を
　　子どもに伝えることを妨げることはできない。しかし、民主主義的教育
　　が一掃するよう計画されるべき、まさにその軽蔑（disrespect）を伝え
　　るような学校教育を支持する必要はないし、支持すべきではない［Gut-
　　mann 1996a：158］。

　歴史認識とアイデンティティ形成をめぐる諸議論から導き出されるものは、
どのような立場の歴史認識がアイデンティティ形成にとって最良かというこ
とではない。議論の当事者は、多文化社会で多元性が認められる社会的統合
のあり方を導くという目的を共有しており、その上で、どうすれば諸個人の
意見が反映されるかを論じたのである。重要なのは、歴史を教えることに関
して様々な見方があるという認識、および、その見方を互いに受容しながら、
いかにして共通の目的を達成するかという方法論なのである。その方法と
して民主主義的な熟議は有効である。政治的な熟議を成り立たせる前提条件と
してはシティズンシップの共有が重要となり、それは、民主主義を支えてい
くという、アメリカ人にとってのナショナル・アイデンティティへとつなが
るのである。

第5節　市民教育理論の可能性──共通アイデンティティと熟議

　本章においては、1990年代の市民教育をめぐる諸理論を検討しながら、1.
そこでの中心テーマであるシティズンシップが、多文化社会において、個人
の自由な意思が尊重される形での社会的統合を導く必要条件と考えられてい
ること、2. 諸理論では、民主主義的な熟議が最も効果的な方法として設定
できると認識されていることが示された。さらに、3. 民主主義的な熟議は、

社会的統合というマクロなレベルのみならず、社会科のようなカリキュラムレベルでの対立を調停するためにも有効であることも示された。

　90年代の市民教育理論は、70年代に社会思想の領域で考察された、私的利害を追求する個人を前提とした社会的結合ではなく、多様なアイデンティティを有した個人の政治的な合意形成へと論点を移して議論をすすめていったと見なすことができる。思想的な諸議論をふまえれば、多文化社会における市民教育のあり方は、子どもに特定の歴史認識を提示し、特定のアイデンティティを付与するのではなく、むしろ、子どもに自分の利益と同様に他者の利益を考慮できる市民的徳を身につけさせ、同時に、歴史認識の多様性を前提として多様な意見を一つにまとめる熟議過程で、共通のアイデンティティを見出させるということになる。子どもの理性的判断能力・熟議能力の育成を重視していく市民教育理論は、共通アイデンティティとはどのようなものであるべきかを探究しながら、多様性あふれる社会の社会的統合を達成するような市民の育成をめざしていると見なすことができるのである。

第6章

市民教育理論における教育の国家関与と親の教育権限

──────市民教育の目的・内容をめぐって

第1節　市民教育の目的・内容をめぐる問題

　前章では、1990年代の市民教育諸理論の比較検討を通して、社会の多文化化に対していかなる市民形成がめざされているか、を確認した。そこでは、ナショナル・アイデンティティの確立をめざすような強固な市民教育ではなく、多様な意見を集約する形で自分たちのアイデンティティを形成できるような市民の教育が求められていることが確認された。こうした議論の延長線上に市民教育の内容の正当化に関わる議論がある。親が子に対して求める教育の自由に対し、国家がどれだけ教育に関われるか。この問題をめぐってガットマンの議論とその批判者の議論を検討していくこととする。

　1990年代のアメリカ合衆国では、公的セクターへの市場原理の導入が財の効率運用という側面から期待され、市場原理中心の改革は政府の後押しのもとで進められてきた[1]。それは、公教育への学校選択制導入が、政策レベルにおいて積極的に議論されたことにも如実に現れている。そこでの議論では、子どもへの教育権限が親の自由権として主張され、国家の介入は個人の権利保障という観点から制限される傾向があった。

　しかしながら、親の私教育の対象としての子どもは同時に未来の市民でもあり、それゆえ国家による公教育の対象としても認識される必要がある。自己利益を追求する親が公的セクターでの決定に全面的に影響を及ぼすような改革は、公教育が有してきた社会的統合の機能をうまく作用させず、公共性の創出を脅かしかねない。このような問題意識から教育への市場原理導入に

慎重論を唱えたのが、市民教育（civic education）の重要性を強調するリベラル派の政治哲学者であった。

1990年代のリベラル派の政治哲学では、70・80年代の財の公正なる分配と平等なる権利保障の理論構築とは異なり、宗教的マイノリティを含むあらゆる個人のアイデンティティを許容する社会的統合理論の構築がめざされてきた[2]。その流れの中で1990年代から2000年代初頭にかけて市民教育も着目され始めるのだが[3]、そこでは、〈個人の自由の尊重〉と〈社会的統合の実現〉との両立が主要な課題として想定されてきた。こうしたリベラル派の政治哲学の課題探求に焦点を当てることは、教育への市場原理導入の議論では見過ごされてきた教育における国家関与の所在を改めて同定し、個人の選択の自由を重視する一元的な議論を問い直す論点を見出すことにつながっていく。

とはいえ、個人の自由の尊重と社会的統合の実現を同時に達成するという課題、すなわち教育に焦点づけて言えば、親の教育権限と教育への国家関与とのバランスをいかにとるかという課題に対して、リベラル派の市民教育論者[4]の回答は必ずしも一致していない。それは、例えば、宗派的な親と国家の間で教育権限をめぐり争われたヨーダー対ウィスコンシン州裁判（Yoder v. Wisconsin. 以下、「ヨーダー裁判」と記す）やモザート対ホーキンス地方教育委員会裁判（Mozert v. Hawkins Country Board of Education. 以下、「モザート裁判」と記す）に対する議論の多様性にも表れている。リベラル派には、個人の自由のため、教育への国家関与の適用範囲を最小限にとどめるべきだとする消極派と、個人の社会的な結びつきまで教育に求める積極派が存在し、それぞれが論争を繰り広げているのである[5]。

本章では、市民教育消極論者としてゴールストン、積極論者としてガットマン、思想上両者の間に位置づけられるマセードを対比し、各論者の主張の共通性と差異に焦点を当てていく。それにより、リベラル派の議論において、教育に対する国家の役割がどのように捉えられているのかを、また親の教育権限と教育への国家関与の間の緊張関係を調停する理論とはいかなるものなのかを明らかにすることができる。その際、ガットマンの思想的立場とその議論に焦点を当て論じていくこととする[6]。

第6章 市民教育理論における教育の国家関与と親の教育権限 129

　ところで、同様の問題意識を有した先行研究として、本書序章においても言及した松下丈宏の論文を上げることができる［松下丈宏 2004］。松下論文においては、親と国家の二つの教育要求を同時に満たす基本概念を、ヨーダー、モザート両裁判の判決の評価をめぐるアメリカ政治哲学上の論争の中に見出すことを目的とし、最終的にロールズ（J. Rawls）の「政治的リベラリズム」論にそうした基本概念を見出している。しかしながら、松下論文で注目されている「政治的リベラリズム」論、特にその中核である公共的アイデンティティ（public identity）と非公共的アイデンティティ（nonpublic identity）の区別論[7]は、公共的な政治空間での差異の尊重という観点から問題を含んでおり、それゆえ検討の余地が残されている。松下論文は、公共的／非公共的アイデンティティの分離論に依拠し、公共的自我の確立を国家による教育に、非公共的アイデンティティの確立を親による教育に割り当てることで、親と国家の二つの教育要求を同時に満たすと結論づけている［松下 2004：47-8］。

　しかし、このようなアイデンティティの分離論は、非公共的アイデンティティを備える個人に、公共的な政治空間では公共的アイデンティティのみに依って意思決定を下すよう要求する。このような、プライヴェートな思考の入り込む余地が排除された空間では、個人の多様な価値観は平準化され、ともすれば強者の論理の強調によって、マイノリティの意思が決定に反映されないという結果を招く可能性がある。高次の価値に対する合意の不可能性を議論の出発点とし、公共的／非公共的アイデンティティの区別論によって正当化の問題を克服しようとする論理、すなわちロールズの政治的リベラリズム論に基づく論理は、個人のアイデンティティを議論上で平準化していくという新たな問題を含み込んでいるのである。松下論文では議論が避けられている、多様なアイデンティティを前提とした教育内容の正当化のあり方、および社会統合のあり方をガットマンの熟議的民主主義理論の中に見出すことができないだろうか。

　ここからは、まず、リベラル派の市民教育論者が、共通して子どもの未来の権利保障を親の自由権に優先させていることを確認する。続いて、正当化問題との関係で、親の教育権限を制限する市民教育の内容はいかなるものか

という主張に関して、リベラル派論者の間で差異が見出されることを確認する。この差異は、ゴールストン、マセードが国家の関与を民主主義社会の秩序を維持させることに限定している一方で、ガットマンが民主主義社会における社会的平等を保障することまで認めているということに由来すると仮説づけられる。その上で、ガットマンの熟議的民主主義理論が、個人の自由を尊重するゴールストン、制度的な公平性を探求するマセード[8]の理論とは異なり、個人の多様性と市民的な互恵性をめざす理論であることを明らかにし、価値多元的な社会における教育理論として有効であることを示していく。最後に熟議的民主主義理論において、親の教育権限が子どもの未来の自由を制限しない範囲で、かつ社会に有用な市民となる資質を形成していくことを制限しない範囲で、最大限保障されていることを示し、親の教育権限と国家の教育への関与のバランスの問題がいかに克服されているかを明らかにしていく。

第2節　市民教育に関するリベラル派の諸議論──その共通点と差異

1．親の自由の制限要因としての「子どもの権利」

リベラル派の市民教育論者が親と国家の間の教育権限をめぐる緊張関係をいかに調整しているかを明確にするにあたり、各論者を、どちらの教育権限に優先性を認めているかという観点から分類する必要がある。その分類のために、宗派的な親の一団と教育委員会とが教育権限をめぐり争い、国家（州）の教育権限が優先されるとの判断が下されたモザート裁判に対し、各論者がとる立場を検討することが有効であろう[9]。

判決を全面的に支持している論者がガットマンである。ガットマンが判決を支持するのは、その判決の中で、リーディングの授業が子どもに多様な考えを理解させるために重要な役割を担っていると認識されていたと考えるからである。ガットマンによれば、健全なるリベラルな民主主義社会の市民が期待される行為は、「自分のものと対立する政治的観点を、受容しないまでも、理解し、尊重」すること、その上で公共政策について批判的に判断する

ことである［Gutmann 1995a : 572］。宗教的自由を主張する原告の親が子ども
をアメリカ社会で生活させたいと望む限り、その子どもは将来の市民として、
多様な意見の存在を理解し、尊重することを学ぶ必要がある。親は、そのよ
うな学校での教えと「誤った信念の教え込みとを混同」しているというので
ある［Ibid. : 571］。

　この批判的立場は、ヨーダー判決への厳しい批判の中にも見られる。ガッ
トマンの考えによると、農耕中心の、世俗から離れたコミュニティ生活を営
むアーミッシュであろうが、親の宗教的自由は、「子どもから、充分なシテ
ィズンシップを行使するのに必要な教育」や「アーミッシュのコミュニティ
の外の多様な生き方の中から選択するのに必要な教育」を奪うまでは拡張さ
れない［Ibid. : 570］。子どもの生を選択するのは親ではなく、子ども自身で
あるべきで、子どもが選択の自由を行使できるよう、判決では免除が認めら
れた第八学年以降の義務教育の履修も必要だというのである［Ibid. : 568］。

　これら親の異議申し立てへの批判に表れているガットマンの主張の特徴は、
多様な意見の提示を通じて、子どもに自らの考えや生き方を相対化する批判
的思考を身につけさせようとしていること、それにより子どもが自らの未来
の選択肢を拡張できるよう促そうとしていることである[10]。その主張には、
親の自由を制限する子どもの権利が存在するという考えが示唆されており、
またその権利を保障するために（批判的思考の育成を含む）市民教育が必要と
されることが示唆されている。

　ガットマンと同様、マセードも親の私教育に対する市民教育の優先性を主
張している。マセードは、「義務的なリーディングの授業が、子どもに宗派
的な考えを教える親の能力を侵害する」と認めながらも、それが「道徳的に
権利の侵害となるか」が真の問題であるとし［Macedo 1995a : 472］、判決支
持の立場をとる。というのも、マセードは、「少なくとも基本的原理のこと
がらとして、私たちはモザート裁判における親が授業からの退出を求めた要
求を拒絶する正当な理由を有している」［Ibid. : 485］と述べ、社会の主要な
構成員たるファンダメンタリストの親の宗教的自由を、民主主義体制の維持
という理由から全面的には認めることができない、と主張しているからであ
る。

そもそも、マセードはシヴィック・リベラリズム（civic liberalism）の立場を擁護し［Macedo 2000 : 8-12］、次のように市民教育の必要性を強調している。すなわち、「子どもは最低限、自分を取り巻く世界を理解し、自らの信念を形づくり、自分の生き方を全うするのに必要な知的な道具を提供されなければならない。このような制限の中で、親と国家は、子どもに卓越性についてのより広くより高度な考えを奨励するように注意しなければならない」［Ibid. : 238-9］と。同じように、マセードは、モザート裁判に対する議論の中で、宗派的な親の選択の権利は私立学校への退出という形で最大限保障されるべきだが、「私立学校でも市民的基礎が確実に教授されるよう公的権限が統制す」べきであると主張し［Macedo 1995a : 486］、国家の教育権限を重視する立場をとっている。

これらの論者とは反対に、モザート判決に対し明確に批判的な立場をとるのが、ゴールストンである。ゴールストンは、ガットマンを批判する形でモザート判決に異議を唱えている［Galston 2002 : chap. 9］。ゴールストンによれば、子どもの教育はあくまでも親の「表現の自由」（expressive liberty）の範疇にある［Ibid. : 102］。仮に国家が市民教育の名の下でこの自由を制限する場合、市民教育の教育内容の正当化可能性が立証されねばならないが、モザート判決で容認され、ガットマンも強調する批判的思考の育成は、この限りではないというのである。というのも、価値多元的社会の統合の鍵であるという理由で批判的思考の育成が正当性を有する、というガットマンの主張は、政治場面での道徳的対立を話し合いにより調停することが困難である現実を考慮した場合［Ibid. : 119］、妥当とはいえないからである。それゆえ、ゴールストンは、あえて国家が教育によって社会を統合しようとすべきではなく、むしろ市民社会の構成集団から退出する権利を個人に最大限認めながら、社会秩序を保つことが重要であるとする［Ibid. : 123］。市民教育の内容に関しては寛容の教授以上のことは主張しない［Ibid. : 126］。

しかしながら、ゴールストンも、親の教育権限が無制限に認められるとは考えていない。親の自由は「子どもの利益を促進する受託者としての義務を減らしはしない」のであり、それゆえ「親は、受託者として、子ども自身の宗教的自由を維持する義務を負っている」［Ibid. : 103, 104］。ゴールストンの

第6章　市民教育理論における教育の国家関与と親の教育権限　133

主張においても、子どもが成人した際の自由と親の自由とは同等に対置され、リベラリズムの古典的原理、すなわち危害原理の適用によって子どもの権利は侵害されないことになる[11]。

　こうしてみると、リベラル派の三者は、子どもの教育に関する限り、共通して親の教育権限を制限する子どもの未来の権利を想定していることがわかる。ただし、ガットマン、マセードが社会の構成員としての子どもの権利を前提とする一方で、ゴールストンは自由の主体たる個人としての権利を子どもの権利の議論へと拡張している点で差異が見られる。

2．市民教育の内容に関するリベラル派論者の主張の差異

　リベラル派論者は、教育の社会的側面を強調しているか、私事的側面を強調しているかによって二つに分類でき、前者にガットマン、マセードを、後者にゴールストンを位置づけることができる。ただ、ガットマン、マセードも、市民として必要な能力は何か、市民教育において正当化される内容とはいかなるものかについての問いに対する回答と、そこで依拠する原理において異なる見解を有している。このことは教育内容の正当化の議論と密接に関係している。

　ガットマンは、モザート判決に対して、子どもの批判的思考能力の育成という点から高い評価を下している。自己を相対化する能力、すなわち自律性（autonomy）[12]を子どもに養うことで、社会的統合をめざすからである。そのガットマンが依拠している価値は、互恵性（reciprocity）である。

　ガットマンは、モザート裁判の親の批判の文脈の中で、市民教育の内容に関する次のような示唆深い言及を行っている。すなわち、仮にモザート裁判の親の主張が教育に反映された場合、「寛容と相互尊重の教授をめざす学校が、生徒に親の生き方とは異なる多様な生き方を追求している人びとを尊重するよう教えることが妨げられ」、また「生徒に政治について熟議するよう教えることが妨げられるであろう」と［Gutmann 1995a：572］。そもそも、ガットマンは、「あらゆる市民は自らの社会の構造を自分たちで意識的に形成するということを共有する機会を持つよう教育されなければならない」［Gutmann 1987a：46］と考え、民主主義国家は子どもに民主主義的諸徳（democratic virtues）を養う必要がある、と一貫して主張していた。この徳は、具体的には「誠実さ（veracity）、非暴力（nonviolence）、宗教的寛容、理にかなった意見の相違に対する相互尊重（mutual respect）、熟議し、意識的な社会の再生産に参加する能力」[Gutmann 1989b : 79] であるが、ガットマンは、特に熟議能力の育成と、その熟議能力を支える心性としての相互尊重の涵養を重要視する。この相互尊重という心性には「政治場面で反対の立場の人びととの間の互恵的で、積極的な尊敬」[Gutmann 1995a : 578] も含まれる。リーディングの授業は、熟議能力、批判的思考能力といった実践知と相互尊重（互恵性）のような心性の獲得のために必要とされるのである[13]。ただ、ガットマンが市民間の互恵的な結びつきをめざし、自律性を市民教育の教育目的としていることは、ゴールストンのみならず、マセードからも批判を受ける。

　マセードは、公教育の正当化の観点から、人びとの互恵的な結びつきを期待する教育を強制すべきではないとして、制度的な公平性の感覚の発現にのみ公教育の関与を限定する。マセードは、学校では「多様な生き方についての合理的な熟議」を促進してよい、と包括的リベラリズムが考えていることに対して、「多くのことを要求しすぎている」と批判する [Macedo 1995a : 473]。批判的思考によって宗教的差異を包括する真理が導かれるという主張には懐疑的なのである。それゆえ、政治的リベラリズムに依拠して、「政治的諸価値と真実についての信念とを結びつけることは、市民各人に委ね」られるべきであると主張する [Ibid. : 481]。マセードの主張においても、公共的目的設定のために相互尊重の心性の涵養が必要だと認識されているが [Macedo 2000 : 186-7]、その心性はガットマンが主張するように、宗教的信念を包括する結論を導かせるためのものとしては想定されていない。

　このように、市民教育の内容に関するリベラル派の議論の背後には、高次の価値としての自律性を教育目的とするガットマンに対し、マセード、ゴールストンがその目的の正当化不可能性を理由に批判を加える、という構図が存在している。

　ところで、ガットマンが、正当化不可能と批判される高次の価値を重視しているのはいかなる理由によるものであろうか。その理由は、寛容の教授だけで充分だと主張するゴールストンへの批判に示唆されている。すなわち、

第6章　市民教育理論における教育の国家関与と親の教育権限　135

ガットマンは、「寛容であるが相互に尊重しない」市民は、「社会において明らかに存在している不平等な社会的・経済的地位をそのままにし続けるであろう」[Gutmann 1995a : 561] と批判するのである。この批判は、ガットマンが社会全体での平等なる状態を理念とし、その理念を実現する条件として、他者を尊重する心性の育成と、自己を相対化しながら社会的決定を導く能力－自律性－の育成を位置づけていることを表すものである。ここには、ガットマンが諸個人の差異や多様性を尊重する社会的統合理論を追求していること、社会的な平等、特にマイノリティの幸福を視野に入れた平等を考慮していることが示唆されている。

　マセードとゴールストンは、教育内容の正当化を強調するあまり、社会的統合理論に関しては制度維持に限定した論を展開するにとどまっている。これに対して、ガットマンの議論は、政治的空間での諸個人の道徳的多様性をなんとか許容していこうとするものである。この点に注目し、次節ではガットマンの熟議民主主義理論を詳細に検討する。その上で、ガットマンが、自律性育成の正当化の問題をいかに克服しようとしているかを明らかにしていく。

第3節　「子どもの権利」、熟議民主主義、アイデンティティ

1.「子どもの権利」の保障と熟議民主主義

　ガットマンの唱える熟議民主主義理論の中心課題は、政治的空間での道徳的対立にいかに対処すべきかである [Gutmann and Thompson 1990 : 64]。考察の際、ガットマンが批判の対象とするのが、リベラリズムが伝統的に採用してきた、宗教的寛容（religious toleration）の原理による道徳的な意見の不一致の回避である。国家があらゆる宗教に対して中立であるべきだとする宗教的寛容の原理を採用する態度は、合意が不可能な事柄に関しては議論を避けようとする姿勢にほかならないというのである[14]。政治的協議（agenda）の場面では、道徳的な意見の不一致を解消していこうとする積極性が必要であり、「受け入れ・調整の諸原理」（principles of accommodation）に依拠しながら熟議を行うべきだとされる[15] [Ibid. : 64-5]。

ただ、熟議的民主主義が道徳的な意見の不一致の解消をはかろうとしても、ゴールストンらが指摘するように、必ずしも成功するとは限らない。合意が形成されない場合、人々は議論を打ち切る可能性も出てくる。それゆえ、互恵性という価値が強調される。「民主主義的な意見の不一致（democratic disagreement）と呼ばれる状態に直面したときでさえ、互恵性は市民に対して、平等なる者の間での協働に関する公正な協約を探究し続けることを要求する」[Gutmann and Thompson 1996：53]。

　価値観が多元化している社会において、道徳的な意見の不一致の問題は解消しがたい。しかしながら、それでも不一致を解消しようとする市民の心性が政治的空間では重要となる。道徳的な意見の不一致は一つの原理を適用することによって解消できるものではなく、また、解消できないからと議論が避けられるべきものでもない。異なるアイデンティティや考えを有する者が共存し、ともによき社会を形成するため、社会で生じる不一致を解消しようと熟議を繰り返すことが重要である、とガットマンは主張するのである。

　ガットマンによれば、価値多元化した時代の政治と宗教の問題は、合衆国憲法でいう政教分離論では対処できず、宗教的アイデンティティを含み込んだ形での合意形成を新たに探究する必要がある。そこでは、あらゆる個人の宗教的信念や見解が尊重されるべきであると同時に、市民には、相互に拘束される法と公共政策について議論し、相互に正当化可能な決定を導く責任を課すべきだとされる[Gutmann 1999e：908]（傍点：引用者）。熟議を繰り返すということには、相互の正当化の根拠としての意味づけがなされているのである。

　このような議論に基づけば、ガットマンにとっての「子どもの権利」の保障とは、ゴールストンが主張するように、自由の主体として意思決定を行うことができるよう他者からの介入を制限する、ということに限定されるものではない。政治的空間での結果の平等を保障する条件を整えることまで含み込む、つまり、あらゆる人々にとっての正当化可能な決定を熟議を継続しながらめざそうとする態度を、子どもたちに身につけさせることまで含み込むことがらである。この結果の平等の保障のためにも、互恵性の心性の育成や、批判的思考を養う自律性の教育が必要となる。というのも、政治的空間にお

いて、マジョリティの数の論理による支配が横行する可能性があり、マイノリティの意思が社会的決定に反映されない危険性が常に存在するからである。社会的な平等を達成するためには、マジョリティ、マイノリティといった認識枠組みをこえて、個人の多様性が尊重される条件が確立されなければならないのである。この議論は、個人の共通性に正当化の根拠を求めるゴールストン、マセードの議論とは明らかに異なっている。

　さて、このような熟議民主主義の構想を実現するには、必然的に国家による教育への関与が強調されることとなる。宗教的信念に関わりなくあらゆる人々が正当化可能な結論を探究するためには、自己利益に基づくのではなく、互恵性に基づく熟議が必要となるからである。市民に熟議の方法を身につけさせると同時に、互恵性の心性を備えさせるには、自己利益を優先する親ではなく、国家が教育主体とならなければならない。だが、この国家も親に対して絶対的優位性が認められるわけではない。民主主義的国家においては、相互に正当化可能な決定をめざすという一定のルールを共有すれば、個人の良心の自由は最大限認められる。それは民主主義国家に対する問い直しの論理が提出される可能性があってもである。宗教的信念は、一元化されるべき対象でも、議論の俎上に載せられ得ないものでもなく、政治的空間を豊かにする条件と考えられる。国家を主体とした市民的心性の涵養は個人の宗教的信仰と対立するものではなく、むしろそれを保障するためのものと位置づけられ、それゆえ、親が子どもに対して宗教的な考えを教えることは、民主主義的政治においては充分認められることとなる。

2. 子ども・親・国家間の抑制関係——正当化の問題への応答

　リベラル派の各論者の議論では、親と子どもが自由の主体として対等に認識され、国家は子どもの未来の権利を保障する主体として位置づけられていた。このことを、子どもと親と国家の関係の中に反映させると、親と子どもの間に不可避的に内在する権力関係を問い直しているということになる。だが、各論者の議論では、国家と親の関係性に関しては検討が不充分であった。ゴールストンは、個人の自由を切り札として、国家の役割を万人が正当化できる教育（つまり社会維持のための教育）のみに限定する議論を、マセードは、

公的領域に関することがらは国家に、私的領域に関することがらは親に教育権限を認めるという議論を展開していた。しかし、どちらも親が国家を制限する論理の構築という点に関しては議論を避けている。ガットマンの熟議民主主義理論においては、親と国家の関係はいかに論じられているのか。

　熟議民主主義理論においては親と国家は必ずしも対立的に認識されていない。というのも、熟議民主主義が意思決定の正当化の方法として熟議を想定している性質上、その内部に、熟議民主主義のあり方それ自体を相対化する仕組みを組み入れており、民主主義的な国家は、市民の反省によって絶えずそのあり方が問われるからである。熟議民主主義という仕組みをつくり、維持していくためには子どもに市民的心性を養うことが第一に必要であり、それゆえ国家は教育主体として親に優先する。しかし、このことは子どもの教育について、国家が親に対して絶対的優位であるということを意味していない。国家のあり方は、全体の意思決定を通じて常に改変させられる可能性を残しているからである。特に教育の対象である子どもによって、将来改変される可能性を残している。

　また、熟議民主主義を支えるために子どもに涵養される市民的心性は、モザート裁判の原告の親の認識に対するガットマンの批判からも示唆されるように、親の宗教的信念と必ずしも対立するものではない。宗教的信念は政治的な熟議の場においても尊重されるがゆえに、親は子どもに市民的心性と抵触しない形での宗教教育を行う自由を有することになる。国家は、ゴールストンが認識しているように個人の自由を制限する対立軸ではなく、むしろ個人の多様な意思を内部に含み込む形で構成されている政体なのである。諸個人の自由な意思を保障する仕組みとしての熟議的民主主義の維持のために、国家は子どもの教育に積極的に関与する。だが、その国家も常に親（さらには子ども）によって改変させられる余地を残すのである。このように、ガットマンの主張する熟議民主主義理論は、国家・親・子どもが互いに抑制し合う理論として、さらに価値多元的社会における公教育の正当性の問題を克服する鍵を提供する理論として、評価することができるのである。

第4節　熟議民主主義の実質化に向けた国家関与

　諸個人の意思やアイデンティティが尊重されることは、価値多元的な社会において充分認められるべき要件である。消費者主権を擁護する市場主義の立場や、最小国家論のような国家の介入を最小限にとどめる立場は、それゆえ支持を得られ易い傾向にある。しかしながら、マイノリティのための結果の平等という視点や、社会的な統合という視点からすれば、両者は共に問題を抱えている。そこで本章ではリベラル派の理論、とりわけガットマンの熟議民主主義理論がこの課題に対してどのように有効な論を展開しているかを検討した。

　ガットマンの熟議民主主義理論で想定される政治的空間では、誰もが自らの信念に従って意思表明を行うことができる。この意味で各人は対等である。しかしながら、熟議の場面でも、マジョリティの論理が横行し、マイノリティの意思が軽視される可能性は残されている。自己利益を追求する個人が前提となっているからこそ、また、権力関係が結果に直接影響するからこそ、諸個人の意思・アイデンティティを尊重する際に国家の関与は必要となる。国家はあらゆる個人が正当とみなす形での意思決定を保障しなければならず、その保障のために、熟議参加者にある一定のルールを課す。そのルールは、万人が善き生を生きるとはいかなることかを常に考え、諸個人の関係性を考慮して自らの意思を決定するということである。個人がそのような協働的なルールを獲得するためには、手続き的な知識のみならず、実践的な知識を含み込んだ教育が必要となるのである。そしてこの点に教育への国家関与の必要性が認められる。

　このようなガットマンの熟議民主主義理論の特徴は、ドイツ語圏でディスクルス倫理学を提唱するハーバーマス（J. Habermas）の理論との比較によって、より明確になる。ハーバーマスが実践的熟議によって社会規範を再考しようとし、そこでのルールとして「普遍化原則」（Universalisierungsgrudsatz）を設定していること[16]は、相互尊重に基づく熟議を市民に求めるガットマン理論と共通点が多い。しかし、ガットマンは、ハーバーマスが「熟議の諸条件を整えることにのみ依存している」〔Gutmann and Thompson 1996 :

17］と、その手続き主義的な理論を批判する。その上で、自らが提唱する熟議を「結果を志向する過程（outcome-oriented process）」［Ibid. : 27］と規定し、ハーバーマスとの差異を強調する。ガットマンは、熟議の手続きを普遍的なものにすれば必然的に万人に正当化可能な帰結が導かれる、とは主張しない。熟議はあらゆる市民に正当化可能な決定を導くためになされるものだが、必ずしも合意が形成されることは想定されていないとする点、公平なる手続きと導かれる帰結の双方を常に検討の対象としながら、熟議を続けることに、意思決定の正当性の根拠を求める点に、ハーバーマス理論とは異なるガットマン理論の特徴が見出されるのである。

第Ⅲ部
1990年代後半の民主主義的教育理論の深化
―――熟議民主主義の現代的意義と課題

熟議民主主義は現実の社会問題、および教育問題にいかにコミットするか。

第Ⅰ部、および第Ⅱ部での時代変遷に沿ったガットマンの諸論文の分析を通じて明らかになったのは、次の四点である。ガットマンの教育論において、1. 1980年代に子どもの未来の権利保障という目的を前面に出した権利論を基礎とした教育論が展開されていたこと、2. 子どもの権利を保障するための概念として意識的社会再生産が主張されるととともに、未来において社会を変革するための能力の開発と徳性の育成の必要性（感性と知性の両立を企図した道徳教育の必要性）が主張されてきたこと、である。また、3. 1990年代に、熟議を中心に据えた教育論が展開される中で相互尊重という徳性の育成が強調されたこと、4. それが道徳的不一致のような諸個人の信念に関わる問題までも熟議の対象とし、合意の不可能性を前提とした社会理論の構築に関わっていること、これらが明らかになった。さらに、そうしたガットマンの市民教育論をめぐるリベラル派の議論を検討しながら、多文化社会における市民的アイデンティティの形成における民主主義の有効性と、市民教育の目的としての熟議民主主義の包括性も確認された。

第Ⅲ部では、1990年代後半以降に検討の対象を移していく。第7章において、著書3『民主主義と意見の不一致』刊行後の諸論文、および2003年刊行の著書4『民主主義におけるアイデンティティ』を検討し、ガットマンのアイデンティティ・ポリティクスに関わる議論を検討し、熟議民主主義理論の深化を確認していく。その上で、第8章では、ガットマンの教育思想形成・

展開過程の検討から論を発展させ、ガットマンを含むリベラル派による熟議民主主義に関わる市民教育論（シティズンシップ教育論）の動向と意義について明らかにしていく。民主主義概念の熟議的転回後に、リベラル派論者の中で選考集約型民主主義ではなく熟議民主主義が市民教育理論の文脈で求められるようになった理由を探ると同時に、市民教育が強調された意味を、社会的統合と国家の役割という観点から探求していく。こうした検討を通して、1990年代に政治的平等を価値とする平等理論が展開され、平等を達成するための国家の役割が再検討されたことを明らかにしていく。

　さらに、第9章では、1990年代に構築された熟議民主主義理論が教育の平等論としてどのような意義を有しているのかを検討していく。第10章では、それに加え、規範的理論としての熟議民主主義理論を制度化するための議論の中で、政治・社会理論としての熟議民主主義理論と市民教育理論としての熟議民主主義とを対比し、熟議民主主義の市民教育が抱える排除問題について検討していく。

第7章

ガットマンの民主主義的教育理論における
アイデンティティをめぐる課題

第1節　公教育における宗教的信仰をめぐる問題と民主主義的
教育

　第Ⅱ部第4章において確認したように、1990年代に入り、ガットマンは価値の多元化という事実に対応する社会理論として、熟議民主主義理論の構築を始めた。この理論は、個人を政治的に平等なる存在として想定した上で、その多様な価値観を尊重する仕組みとして民主主義的な意思決定を措定するものであった。意思決定の対象が、公的な政策的事象のみならず、これまで私的領域の問題として議論が避けられてきた議題（道徳的対立、信念に関する問題）にまで及ぶことが特徴であると言える。こうした特徴を持つがゆえに、熟議民主主義理論においては、市民間での合意形成が必ずしも最終目的とはされていない。むしろ、目的とされるのは、合意は得られなくとも、市民が公共の場で、互いの私的な関心を尊重しながら公共的問題を熟議することで、自分とは異なる立場・見解を認識し、自らの立場・見解を相対化する機会が得られるということであった。

　ガットマンは、1990年代初頭から著書3『民主主義と意見の不一致』刊行までの議論を通じて、民主主義的教育に関する理論的な確立を終える。その後の1990年代後半は、熟議民主主義を基礎とする民主主義的教育理論に基づいて現代の教育問題について検討していく時期となる。第4章で一部を取り上げた論文34「民主主義的教育における多文化主義の挑戦」では、多文化化した社会における顕著な問題として宗教的信念に関わる問題が検討され

ている。宗教的多様性の問題を教育理論の中でいかに扱うべきかを明らかにすることがそこでの検討課題とされている。

　宗教的多様性については、1980年代においても、ヨーダー事件やウィスコンシン州教育委員会対モザート事件の批判を通して、親の宗教的信念が子どもの未来の選択の権利を制限してはならないという見解が示されてきた[1]。90年代では、熟議民主主義理論との関係の中で、公立の学校教育において宗教的多様性を積極的に容認するべきだとの主張が展開される。この展開の中でガットマンにより取り上げられたのが、フランスで起こったチャドル事件（スカーフ事件）である。

1．チャドル事件の概要とフランス政府の対応

　チャドル事件（the chador case）の概要を簡潔に述べれば次のようになる。1989年、フランス、パリ郊外のクレイユにあるコレージュ（中学校）において、イスラム教徒である女子生徒3人が、宗教的衣装であるチャドル[2]をまとって登校した。フランスの公立学校は、法で伝統的に定められているように非宗教的な空間であるとされており（ライシテ）、1937年法では公立の教育機関、施設での宗教的シンボルの着用が禁止されていた。学校長は、この1937年法に依拠して、3人の生徒に対し、教室でのチャドルの着用を許可しなかった。生徒が着用を固持したため、教師の支持を得て、学校長は女子生徒の出席を停止した[3]。

　この事態を受け、当時の文部大臣リオネル・ジョスパン（L. Jospin）は1989年10月にコンセイユ・デタ（国務院）に意見を求めた。同年11月、コンセイユ・デタによって「教育の場においては生徒の信教にもとづく一切の差別的扱いをしてはならない」との意見が示された［林 2001：35］。そこでは、宣教的でないかぎりにおいては、宗教的なシンボルの着用自体は非宗教性原則と相容れないものではないという見解、および、教育する側の中立性が生徒の信教の自由を尊重するのであり、生徒には中立性は要求しないとの見解が示された［同上］。

　このコンセイユ・デタの決定を受け、同年12月にジョスパン通達が出される。その通達では、「思想的、宗教的、政治的標章を一般的、絶対的に禁

第7章　ガットマンの民主主義的教育理論におけるアイデンティティをめぐる課題　145

止することは許されないが、問題が生じたときには、ただちに生徒と両親との対話を行い、『生徒のため、よき教育運営のため』にその標章（スカーフ）の着用を断念するよう充分に説得し、本人の納得を得るようにする」との考えが示された。また、「生徒が納得しない場合には、学校の非宗教性原則が適用され、教育機関として懲戒や一時的または最終的退学を命じることができる」とされた［同上］。

　その後、1992年に、1989年の事件同様、公立学校での女子生徒によるチャドル着用という問題が起こる。それを受ける形で、1994年に当時の文部大臣フランソワ・バイルー（F. Bayrou）によって第三通達がだされ、「認められる控えめな宗教的標章と禁止される誇示的標章の区別」が示された［同上］。そこでははっきりと明示されてはいないが、カトリックの十字架のペンダントやユダヤ教徒の男子が着用するヤムルカは控えめな標章として認められ、チャドルは誇示的標章として暗に位置づけられている［Gurmann 1996a : 167］。

　池田賢市によれば、ジョスパン通達は「人々の生活を公と私に分け、公的時空間において信仰の自由は認められるが、公的時空間においては、フランス共和国の『自由・平等・博愛』の理念が優先され」る、という考えを中心に組み立てられている［池田 2001 : 149］。この考えに準拠すれば、「イスラムのスカーフの学校での着用は、公的時空間への私的事柄の流れ込みを意味するため、排除の対象となり得る」ということになる［同上書：149-50］。

　また、バイルー通達では「異質性を尊重しすぎることによって、フランス社会が分断化された各コミュニティの寄せ集めになることは避けなければならない」と主張されている［同上書：150］。「同じ授業を受け、同じカリキュラムに沿って教育がすすめられることも重要視され」、それゆえ「共通の義務に順応できず、共同生活の規則からある生徒を分断してしまうほどのこれみよがしの記号の存在を受け入れることはできない」と判断されたのである［同上］。池田によれば、バイルー通達では、「宗教的な記号の着用それ自身と非宗教性とが両立し得ないとはとらえていない」。むしろそこでは「授業およびその他の教育活動の進行を妨げる可能性のある身なりが禁止されることが強調」されている［同上書：151］。

ジョスパン、バイルーによる通達に表れているように、チャドル事件に対するフランス政府の対応は、基本的にライシテの原則を貫徹している。個人の宗教的自由と宗教的多様性を保障するためには、誇示的な宗教的シンボルの着用は公的領域では認められないとの判断が下されたのである。

2．寛容の原理に対する批判

フランス政府による対応は、リベラリズムの伝統的原理である宗教的寛容（religious toleration）に即したものであると解釈できる。この対応に対して、公的領域でのチャドル着用という問題の本質を捉え損ねる危険があると批判を加えるのが、アン・エリザベータ・ガレオッティ（A. E. Galeotti）である。ガレオッティは「フランスの学校の当初の行動は、狂信的排他主義とレイシズムではないにしても、完全に狭い心を示している」と、公的空間論から宗教を排除する寛容の態度を批判している［Galeotti 1993 : 586-7]。

ガレオッティが問題性を見出すのは、寛容という原理が公／私の区別論に厳格に依存しているということである。ガレオッティも「国家の目的は事実、公的領域において人々を差異から解放することであり、政治的能力においてあらゆるメンバーを平等化することである」と認識している。しかし、このことが、個人の「特別なアイデンティティにとっての公的な妥当性を奪うことを意味し」ているというのである［Ibid. : 589]。寛容を軸とした対応では、ムスリムの三人の少女の主張の根幹にあるアイデンティティの公的承認ということがらを認識するのに失敗する、というのがここでのガレオッティの主張である。

ガレオッティによれば、三人の少女の行動は、宗教的信仰の表現以上の広範な意味を有している。それは二重の反抗を暗示しているという。すなわち、それは、「一方で、非宗教的なフランス国家がシティズンシップの権利の条件として要求する強制的な同化に反抗しているということであり、もう一方では見知らぬ国における不遇なマイノリティ集団としての彼女たちのコミュニティが、文化的、民族的、宗教的差異を理由に被ってきた偏見やスティグマに反抗しているということである」［Ibid. : 596]。チャドルを公的空間で着用するという行為は、単に信仰を厳格に守っているということを表している

だけではなく、宗教的な集合的アイデンティティを認めて欲しいという主張を暗に示していた、とガレオッティは解釈するのである。

確かにライシテの原則は、あらゆる生徒を平等なる存在として扱うよう求められている。しかし、その原則は、公的空間において宗教的差異を平準化することを意味し、ムスリムの少女たちのアイデンティティをめぐる意思表明を尊重しないという結果を生み出す。それだけではなく、バイルー通達にみられるような誇示的なシンボルの着用を認めない方針は、「ムスリムの少女のみに、他の生徒と同じような生徒となるために宗教的アイデンティティの象徴を諦めるよう秩序づけ」［Ibid. : 600］、他の宗教的な生徒には宗教的シンボルの着用を認めるという不平等な事態を生み出した。あらゆる生徒の平等を保障しようとして下された政府の対応は、個人の差異を考慮した平等をめざしたものとは言えないだけではなく、マイノリティの少女にとっては不平等な結果を生み出すことになった、とガレオッティは考えるのである。

3. 宗教的多様性と民主主義的教育——ガットマンによるチャドル事件批判

ガットマンは、ガレオッティと同様、公的領域における宗教的多様性を容認する立場をとりながらも、ガレオッティ以上に学校における宗教的多様性の価値を見出そうとしている。

ガットマンは1989年から90年代初頭にかけてのチャドル事件に対する世論の動向を確認しながら、この事件がフランス社会だけではなく、自らを普遍主義者だと自認するフランス社会党員を分裂させたことに注目している［Gutmann 1996a : 162］。社会党員たちは、保守派の新聞の扇動や移民排斥を訴える右派ジャン＝マリー・ル・ペン（J. M. Le Pen）の反応に対して結託して批判していたが、その中には1937年法を擁護する点において保守派と手を結ぶ者もいたという［Ibid. : 162-3］。ガットマンは、まず公教育機関での宗教的シンボルの着用を禁止した1937年法を支持する社会党員の次のような批判を確認していく。すなわち、「チャドルはイスラムの法によると、女性は準人間であるということを表す象徴であるゆえ、ジェンダーの平等の教授に関与すべき教育システムの中では、その着用は認められるべきではな

い」という批判である［Ibid.：163］。さらにガットマンは、その批判に対置する形で、社会党党首でもあるミシェル・ロカール（Michel Rocard）大統領（当時）の主張を確認していく。すなわち、ロカール大統領は、「寛容がジェンダーの平等という原理よりも優先されるべきである」とし、「宗教的寛容それ自体は、ジェンダーの平等を教えることに付随するものとみなされるべきである」と主張していたのである［Ibid.］。

　このような両者の訴えは〈ジェンダーの平等〉と〈宗教的寛容〉という二つの普遍的価値に依拠しながらだされたものであり、互いに相容れないものである。ガットマンは、普遍的な価値に訴えるという方法が、その帰結として、論者間で対立的な結果を生み出さざるを得ないとし、このような「普遍主義の非決定性」（the indeterminacy of universalism）を克服しがたい問題として認識する［Ibid.］。

　ただ、普遍的価値に依拠する方法の問題性を指摘するガットマンも、分離主義のような立場に立って、教育における宗教的多様性の問題に対処しようとはしない。ガットマンは、もし分離主義がこの問題に対処しようとするのならば、彼らはフランスの教育の根本的な再構成を要求し、分離学校（宗派的な私立学校）の設置を要求するであろう、と予想する。しかし、このような動きは「助成を受けた学校を規制する政府の役割を無視して」いるだけではなく［Ibid.：164］、市民的諸徳を促進するように企図されてはいないという問題を残す。宗教的多様性に対する応答として分離学校が推進されることは、公教育としての学校教育の役割を考えれば支持できないというのがガットマンの批判理由である。

　こうしたとき、普遍的価値と分離主義的な価値のどちらか一方に訴えるといった方法では、学校教育において宗教的多様性を充分擁護できないことになる。ガットマンは普遍的価値と分離主義的な価値の統合の道を探り、問題を「学校は、基本的自由・機会と市民の相互尊重を支持する市民的諸価値とを犠牲にすることなしに、どの範囲まで宗教的寛容を教え、実践できるか」ということへと設定しなおしていく［Ibid.：166］。

　ガットマンは、宗教的実践の価値判断に関しては、法的に保護された領域では、人間を犠牲にする儀式や子どもが必要とするヘルスケアを拒絶するよ

うな宗教的実践は、民主主義的権利と対立したとしても、人道的観点から当然排除される、と考える。しかし、チャドル事件に関しては、そのような排除の対象とはならない。対立する価値をできるかぎり慎重に査定するほかないが、そこにガットマンは調停の可能性を見出している。すなわち、宗教、ジェンダーに関わりなく、教室の中で市民的に平等なる存在として集合することを教える責任と、宗教的シンボルを学校で着用する生徒の自由を認めることを両立するような方法が考えられるというのである。そして、ガットマンはそれらを調停するためには、学校がジェンダー差別を黙認することなしに、宗教的差異に寛容であるべきであるとし、それは多様な方法で実践ができるという。この立場から、ガットマンは、1994年のバイルー第三通達、すなわち誇示的な宗教的象徴の着用を禁止する通達に批判を向ける。逆に、それに先行して出されたコンセイユ・デタによる決定は擁護可能だと考える。四つのP〔他者に対する圧力（pressure on others）、挑発（provocation）、プロパガンダ（propaganda）、改宗の勧誘（proselytism）〕を含まない限りにおいて、宗教的シンボルを着用することは禁じ得ないという考えに肯定的なのである［Ibid. : 167］。

　ガットマンが両立の鍵とするのは、宗教的多様性を容認することによって引き起こされる生徒の間の議論である。ガットマンが期待するのは、少女がチャドルを着用することによって、他の生徒がチャドルの示す女性差別的な意味を理由にその着用を批判するということである。またその批判によって、少女がイスラムの伝統を理由に応答することである。ただし、少女がチャドルを着用することを嘲笑するような生徒の、市民にあるまじき行動は認められないとする。ガットマンは、宗教的なシンボルを公教育に持ち込むということを積極的に価値づけ、その行為が、生徒が「多様な生き方の中で政治的に適切な差異を理解し、評価することを促進する」［Ibid. : 168］きっかけとなることに意味を見出しているのである。

　こうして、ガットマンは、あらゆる生徒を差別することなく、そして、その思想・信条を抑圧することなく教育する民主主義的な義務を優先していく。それは、学校教育が市民形成に不可欠であるとともに、多様な社会的背景を有した子どもたちが、集団活動を通して互いに学び、市民的諸徳を身につけ

ていくための重要な場だという考えをガットマンが有していることの現れでもある。

　チャドル事件に対する様々な反応の中で、分離主義と普遍主義の統合という民主主義的目的を最も反映しているとして、ガットマンはサウアド・ベナーニ（S. Benani）の次のような主張を支持している。

　　イスラム文化のアラブフェミニストとして、私たちは、いかなる形態の原理主義も危険であり、スカーフが抑圧的であると信じている。しかし、それは12、3歳の少女を学校から除外するための口実として使われるべきではない。彼女たちに、学び、成長し、自分自身の選択を下すようすすめるべきだが、まさにそれは、非宗教的な学校においての場合である［Ibid. : 168］[4]。

　ここに示されているように、ガットマンは、生徒に対してある特定の原理を押しつけるのではなく、生徒の選択を阻害しないような条件を整えることで、宗教的な差異を尊重すべきだとする。そして、次のように結論づける。

　　民主主義的教育は宗教上の差異というものを、全面的にではないにせよ、様々なやり方で尊重する。そうしたやり方の一つは、生徒と親の宗教的信念にかなった宗教的シンボルを身につけることに対して、充分な配慮を行うということである。民主主義的教育はまた、そのような宗教的信条を持っている市民に対しても、市民としての一定の責任を果たすように要求する。そうした市民としての責任には、民主主義社会に必要な市民性を充分に身につけるよう、必要な教育を自ら受けさせることが含まれる。こうした意味において、民主主義的教育は、普遍主義の価値と分離主義の価値とを一定の原則に基づいて原理づけたものなのである［Ibid. : 170］。

　学校教育の中での集団的決定に関しては、一つの方向に導くのではなく、多様な方向性を容認することが必要である。多様性を認めることで、生徒の

選択が制限されない上に、多様な社会的背景を有した生徒たちの間で合意形成を成立させる能力が育成されることが期待できる。公的領域における宗教的多様性を価値あるものとするガットマンの多様性擁護論がここに展開されているのである［Ibid.: 170］。

4．ガットマン理論における宗教的多様性の意味

　学校教育という公的領域に宗教的シンボルが持ち込まれたというチャドル事件に関して、フランス政府の対応はライシテを堅持するというものであった。しかし、人間の生活を公的／私的領域に分け、宗教的なことがらは公的領域に持ち込むべきではないという寛容の原理に基づいた対応は、ガレオッティとガットマンによって批判の対象とされた。

　ガレオッティは、公的領域からの宗教の排除が、あらゆる子どもの平等を考慮してのことであるとしても、宗教的信仰心に篤いマイノリティの生徒にとっては、不平等な結果を生み出すとの批判を行っていた。ただ、このような批判は、ガットマンの議論に従えば、寛容を保持すべきか、マイノリティのアイデンティティの公的承認を認めるべきかという、調停不可能な価値対立の議論に陥らざるを得ない。ガットマンは、そのような価値をめぐる対立を継続的に査定せざるを得ないとしながら、教育における宗教的多様性に関しては、異なる議論を展開していった。

　ガットマンは、公立学校における宗教的多様性を擁護することが、未来の市民たる子どもに、他者の異なる考えや異なる立場を認識し、理解する機会を提供するとして価値づけていく、というのである。このガットマンの主張は、ガレオッティのように、寛容の原理によってマイノリティの宗教的アイデンティティが脅かされるという、左派的立場からフランス政府の対応を批判するものではない。宗教的多様性それ自体に内在する、教育的な価値を積極的に見出し、その価値を軽減するような政府の対応に対してこそ批判を向けていったのである。そして、その批判を通じて、チャドル事件をめぐる対応を調停する方法を示そうとしたのである。

第2節　アファーマティヴ・アクションに対するガットマン
の見解と多様性擁護論

1．アファーマティヴ・アクションに対する「肌の色を意識した」判断

　教育現場における多様性の増大に価値を見出すべきだとするガットマンの主張は、論文34「民主主義的教育における多文化主義の挑戦」と同じく1996年に公刊された論文37「人種的不正義への応答」（"Responding to Racial Injustice" 1996）においても一貫している。

　論文37では、多様性の増大という観点から、教育の文脈でのアファーマティヴ・アクションが価値づけられている。擁護論を展開する際、ガットマンは中等教育段階での教師の採用・解雇に関連したアファーマティヴ・アクションの事例を中心的に取り上げている。そして、その擁護の議論を大学入学者選抜での議論にも当てはめていく。ガットマンがアファーマティヴ・アクションを適用した採用・解雇の意義を説明するのに用いるのは、1989年に起こったピスカタウェイ高校の人事をめぐる裁判事例である。この裁判の事実経過を、最高裁法廷助言者（amicus curiae）としての役割を担った、雇用機会均等顧問審議会（the equal employment advisory council）による文書〔代表：ロバート・ウィリアムズ（R. E. Williams）〕をもとに確認すると、次のようになる。

　1989年、ニュージャージー州のピスカタウェイ郡教育委員会は、ピスカタウェイ高校の職業教育部門の教師を一名削減する決定に際して、実質的に同一の資格・勤続年数である二人の教師のどちらかを解雇する決定を下さなければならなかった。一人は黒人、もう一人は白人の教師であった。これ以前の解雇の決定において、教育委員会は、同じ勤続年数の教師の中で選抜するのに無作為抽選、もしくはくじ引きを用いていた。しかしながら、1989年の解雇の判断においては、初めて、異なる人種の教師の間での選択に迫られた。この状況に直面して、教育委員会は同点の硬直状態（tie-break）に決着をつけるべく、アファーマティヴ・アクション政策に依拠した。この政策に合致するよう、また職業教育部門の教職員の人種的多様性を維持するという利益を考慮して、教育委員会はデブラ・ウィリアムズ（D. Williams）の残

第7章　ガットマンの民主主義的教育理論におけるアイデンティティをめぐる課題　153

留を決定した。その理由は、彼女が当時、職業部門の唯一の黒人の教師であったということであった。結果として、白人の教師であるシャロン・タックスマンの解雇が決定した［Williams et. al. 1996：4］。

　この解雇の決定を受け、タックスマンは、アファーマティヴ・アクションを適用した教育委員会の決定が、肌の色（人種）を理由とした不当な解雇の禁止を定める公民権法（1964年制定）タイトルⅦに抵触するとして、教育委員会を訴える。1993年の一審において、地方裁判所はタックスマンの訴えを認める判決を下す。教育委員会の控訴請求をうけた二審においても、1996年に連邦第三巡回区控訴裁判所（13名の判事による合議裁判）は、8対4（一名は判決前に退職）をもってタックスマンの訴えを認め、再び教育委員会に賠償命令を与える判決を下す[5]。判決を不服として教育委員会は連邦最高裁に上告、1998年1月に公聴会が予定されるが、その直前の1997年11月、市民権擁護団体が賠償費用を肩代わりするという提案を教育委員会が受け入れ、訴訟中止を決定する[6]。これにより一連の裁判は集結する[7]。

　この事例を考察する際に、ガットマンは、「アファーマティヴ・アクション」と「選好的雇用」（preferential hiring）を明確に区別して使用すべきだとする。それは、当時の一般的議論において「選好的雇用」と「アファーマティヴ・アクション」が混同されて使用されているとの認識に依っている。「選好的雇用」は、「ある特定の仕事をうまく行うための個人の能力以外の要素を考慮に入れ」ながら、雇用の可否を判断することを意味して、使用されている。具体的には、「肌の色、ジェンダー、階級、家族関係、その他、仕事を遂行するための資格条件とは厳密には言えない特徴」を判断の基準とする雇用を指す［Gutmann 1996d：122］。一方、「アファーマティヴ・アクション」は次のように規定される。すなわち、「アファーマティヴ・アクションには、元来の規定によれば、不遇な集団のメンバーが差別されないことを保障する目的をもって、本来ならば恵まれた集団の構成員のためにはとられるべきではないような措置を講じることが含まれている」［Ibid.：130］。この規定において、アファーマティヴ・アクションは、人種的不正義という負の遺産を背負った不遇な集団に対する差別を取り除く目的がある場合に限定して、その行使が認められる特別措置だということになる。換言すれば、アファー

マティヴ・アクションとは、過去の不正義に対する補償的な目的を含んだ選好的な扱いということであり、選好的雇用よりも目的が限定されている。厳密に述べれば、ピスカタウェイの事例はアファーマティヴ・アクションに関連した事例ではなく、選好的雇用に関連する事例ということになる。

選好的雇用のように、例えば肌の色といった、仕事を遂行する上での資格条件以外の要素によって雇用の判断が下されるならば、能力を有する者の権利が不当に侵害されることになる。タックスマンの訴えはこの理由を掲げてのものであった。ガットマンはこのような選好的雇用は認められないとする。「公正なる社会においてならば、肌の色はいかなる仕事においても資格条件とはならないであろう」と述べ、また「あらゆる雇用と解雇は肌の色に無関係なもの（color blind）であろう」と述べるように、選好的雇用に対しては批判的である［Ibid.: 124］。雇用・解雇においては万人が肌の色によって不当に差別されるべきではないということが、理念とされるべきだというのである。

ただ、ガットマンは、現実においては肌の色に無関係な原理だけで雇用・解雇を評価すべきではないと、さらに続けて主張していく。現実には非差別の原理に適っているか否かによって評価されるべきだと主張するのである。ここで、非差別の原理とは次のことを意味している。

> 非差別は、資格条件を満たすあらゆる候補者を平等に考慮し、それによって候補者が自身の資格条件を基礎に選ばれるということを意味しており、そこでは、資格条件は、案件となっている職務の正統なる社会的目的と直接関連している［Ibid.: 126］。

つまり、非差別は必ずしも、肌の色に無関係に人々を一律に扱うということを意味しないのである。ガットマンは、この非差別という基準に基づきながら、ピスカタウェイ高校での解雇という事例に肌の色に意識的な（color conscious）視点から判断を下す。

ガットマンによれば、ピスカタウェイ教育委員会は、「黒人であるということは、黒人の教師を一人だけしかいない部門においては妥当な資格条件で

第7章　ガットマンの民主主義的教育理論におけるアイデンティティをめぐる課題　155

ある」と考えていた［Ibid.：127-8］。仮に二人の教師が、さもなくば平等に
資格づけられるならば、肌の色が同点の硬直状態での資格条件となったとして
も、その判断は正当化される、というのである。

　　黒人の教師は、社会的ステレオタイプを壊す役割モデルを提供すること
　によって、白人の教師にはできない方法で学校教育の教育目的に貢献で
　きる。この見方によれば、黒人であるということは、教える立場として
　の目的を遂行することとかなり強い関連性がある。それゆえ、黒人であ
　るということは、厳密な意味において、資格条件なのである　［Ibid.：128］。

　ここに言い表されているように、ピスカタウェイの事例において黒人の教
師に高い評価が与えられているのは、子どもに社会的な偏見を持たせないよ
うにするという教育効果が、白人の教師よりも黒人の教師の方が高く期待で
きるからである。
　もちろん、そこでの評価の前提は、両者がこれまで同等の成果をあげてい
るということである。仮に白人の教師が黒人の教師よりも多くの成果をあげ
ていたのならば、黒人の教師が解雇されていたであろう。それにも拘わらず
アファーマティヴ・アクションを理由に白人の教師が解雇されるようなこと
があったのならば、その適用には重大な瑕疵があるということになる。しか
し、この事例ではそのような瑕疵はなく、黒人であるということが職務上の
効果を生む資格として正当化されうる。それゆえ、この事例においては、白
人に対する差別は認められないというのである。
　ところで、ガットマンは、選好的雇用があらゆる市民に公正なる機会を提
供するという方向へとアメリカ社会を動かす力を実際にもっている、と認識
している。選好的雇用は、三つのやり方で社会を動かすという。すなわち
「人種的ステレオタイプを破壊すること、黒人の子どものためにアイデンティ
ティの役割モデルを創造すること、また重要なこととして、あらゆる市民
のために多様性の役割モデルを創造すること」である［Ibid.：131］。ここで
いうアイデンティティの役割モデルとは、黒人の子どもに対し、自分たちも
現実的に社会的な業績をあげるという志をもちうるのだということを教える

ということである [Ibid. : 131-2]。一方、多様性の役割モデルとは、あらゆる子どもと成人に対して等しく、黒人が堪能な（accomplished）、社会への貢献者であり、黒人の人々から自分たち全員が学ぶことができると教えることを表している [Ibid. : 132]。

選好的雇用は、職務を遂行する能力以外の要因によって候補者の優劣を判断するという意味では正当化されない。しかし、それが社会の差別を減らす可能性を有していることは見過ごしてはならないものである。ガットマンは、職務遂行能力での優劣がつけられない場合には、肌の色に意識的な判断が下されてもよいとの立場をとるのである。

ガットマンが大学入試でのアファーマティヴ・アクションに評価を下すときも、同一の論理をもって行われる。すなわち、「アファーマティヴ・アクションは、より資格のある学生に対して、より資格のない学生に入学を認めることを含みさえしない。それには、不遇な集団および不当に少ない定数を割り当てられている（underrepresented）集団の構成員に対して、非差別を保障するために特別なステップをとることも含まれている」[Ibid. : 132] というのである。このような前提のもとで、のちの論文73「教育」["Education" 2003] においては、教育効果という点で、アファーマティヴ・アクションを次のように評価している。

　　　ジェンダーと人種はそれ自体では入学資格ではない。しかし、機会が与えられれば学術的に成功するような強い動機と能力の証拠と結びついたときには入学資格となりうる。さらに、ジェンダーと人種が社会的な意味をもった入学資格になりうるもう一つの場合は、学生が授業内の教授からだけではなく、他者の多様な人生経験と人生の観点からも学んでいくということに、女性とマイノリティが大学キャンパスにもたらす経験が貢献する場合である [Gutmann 2003e : 508]。

ガットマンは、アファーマティヴ・アクションが、女性やマイノリティの過去の抑圧に対する補償として、優先的に入学を認めるというあり方には必ずしも賛同していない。むしろ、そのような逆差別的な方針が改められるよ

うに、入学資格に対しては、性別、肌の色に関係なく公正であるべきだとする。しかし、そのような普遍的で同一の基準を満たした上での判断においては、大学での学生の質の多様性が増すように考えられるべきだと主張するのである。

2. アファーマティヴ・アクション擁護論者の一般的解釈とガットマンの解釈の差異

タックスマン裁判においては、アファーマティヴ・アクションを適用した解雇の決定に関して、(A) 人種による機械的な定員割り当ては違法だが、人種を入学選抜の加点要素としてもよいとした1978年のバッキ判決 (*Regents v. Bakke*, 438 U. S. 265) が適用されるかということ、(B) 1979年のウェーバー判決 (*United Steelworkers v. Weber*, 443 U. S. 193) でだされた二つの基準を満たしているかということが判断された。ウェーバー・テスト (Weber test) として知られる二つの基準は、正当なるアファーマティヴ・アクションには (1) 補正的な (remedying) 目的をもっていること、(2) 非マイノリティの権利を不必要に侵す (unnecessarily trammel) ことのない臨時の方略であること、が要求されるというものである。タックスマン判決では、教育の文脈において多様性から引き出される利益が多いことは認めながらも、教育委員会がアファーマティヴ・アクションを適用する際に補正的な目的をもって行われたという証拠はないとし、タックスマンの訴えを認めている。タックスマン判決においては、アファーマティヴ・アクションは過去の人種的差別を補償する性質を有していない限り認められないとの判断が下されたのである。

ガットマンは、バッキ判決でのパウエル判事 (Justice Powell) の主張のように、人種的多様性を増す方略としてアファーマティヴ・アクションを価値づけている。しかし、法廷での争点であった、アファーマティヴ・アクションが過去の差別への補正として行われたか否かということには、目を向けていない。ガットマンにとって論点は、むしろ、教育場面で多様性を増すことが、社会の差別を減少させることにつながるということにあった。子どもが社会の多様性に対応する考え方を身につけ、意思決定場面において多様な

人々の立場を平等に考慮した判断ができるようになることに期待しているのである。司法判断とガットマンの主張の違いは、司法がアファーマティヴ・アクションを過去の人種差別を補正する性格を有するべきものだとする消極的な見方を行っているのに対して、ガットマンは、それによって生み出される多様性が子どもたちに教育的効果を与え、それが社会の平等を導くとする積極的な見方をしている点にある。

　論文42「アファーマティヴ・アクションはどれほど健全に機能でき、どこから機能できないのか」（"How Affirmative Action Can（and Cannot）Work Well" 1998）で明確に示されているように、ガットマンは、成功したアファーマティヴ・アクションが、単により多くの女性を男性支配的な地位へと入れたり、アフリカ系アメリカ人をより高く評価される地位へと受け入れたりすることではないとしている。むしろ、女性やアフリカ系アメリカ人がそのような地位で成功できるということ、またその地位において重大な社会的な貢献ができるということを立証するようなものであるという。支持すべきアファーマティヴ・アクションは、マイノリティのために参入時の障壁を低くしたり、参入後の評価の基準を下げたりするような選好的な計画であるべきではない。むしろ、性的、人種的差別という負の遺産によってマイノリティの参入が妨げられてきた地位で、マイノリティが成功することを立証するものであるという。ガットマンは、マイノリティに対する補償的な選好的計画では社会のネガティヴなステレオタイプは維持され続けると認識しており、アファーマティヴ・アクションはそのようなステレオタイプを克服するために機能しなければならないと主張するのである［Gutmann 1998b : 343］。

　この主張を現実化するための手段として、ガットマンはアファーマティヴ・アクションを価値づけている。アファーマティヴ・アクションが教育現場に多様性を導き入れることに教育的意義を見出し、「子どもを広範な観点のなかに投げ出し、多様な人々や観点からできる限り学べるよう助けるような環境の中で、未来のリーダーシップのために教育するということ」を積極的に評価するのである［Ibid. : 344］。

　このガットマンの議論は、バーナード・ボクシィル（B. Boxill）による、アファーマティヴ・アクション擁護論の分類に従えば、「先を見据える議論」

（forward-looking arguments）に位置づけられる。ボクシィルは、「アファーマティヴ・アクションが過去の不正義に対する補償」であるとする「過去を振り返る議論」（backward-looking arguments）と、「アファーマティヴ・アクションがよい結果をもたらす」という「先を見据える議論」[8]とに擁護論を大別している［Boxill 2003：593］。ボクシィル自身は「先を見据える議論」を展開し、アファーマティヴ・アクションによって、黒人の学生が「十人に一人の才能のある者」（Talented Tenth）へと教育され、そのような学生が社会に広がる偏見を減少させる活動を行うようになる、と期待している［Ibid.：595-7］。これは、エリート層の総合大学で人種的な統合が実現することだけで、果たして、学生の偏見を減少させ、その結果として学生が社会全体の偏見を減少させるような結果を生み出すのか、という疑問から導きだされた主張である。

　ガットマンのアファーマティヴ・アクションに対する擁護の議論は、ボクシィルの議論とは明らかに異なる。ガットマンは、アファーマティヴ・アクションによって黒人のエリートが育成され、それによって善き社会を形成していこうということは強調しない。つまり、分離主義的でエリート主義的な立場をとらない。それは、初等・中等教育において熟議能力を養おうとしていることからもわかる。むしろ、多様な学生がともに学ぶことによって、それぞれの学生が他者の多様な見解を受容し、理解することができるようになること、その結果、熟議的民主主義を支える市民が形成されるということにこそ、アファーマティヴ・アクション擁護の理由を見出している。ボクシィルとは異なり、高等教育段階のあらゆる個人が、他者の立場・見解を考慮し、それを社会的意思決定に反映させることができるようになるよう、期待しているのである。ガットマンにとって、アファーマティヴ・アクションは、このような学びを効果的に達成するための条件を生み出すという意味で、高い評価が与えられるべき政策だということになるのである。

　ただし、多様性が内在する教育的効果という点からアファーマティヴ・アクションの正当性を論じるガットマンの議論は、マイノリティのアンダー・アチーヴメントを自明のこととして想定している点で、個人の尊厳を傷つけることが予想される。つまり、学習意欲、学習成果が上がらないのは負の遺

産を負っているマイノリティだからだ、という考えを前提としているために、マイノリティの自尊心を傷つける可能性があるのである。「アファーマティヴ・アクションは大学内での多様性を増大させる」という副次的な効果を、その政策の正当化の論拠としている点で、ガットマンの議論は論点を先取りしたものであり、人種的な差別という問題の本質を見誤る可能性があることも否定できない。

　なお、大学入学者選抜におけるアファーマティヴ・アクションの妥当性をめぐる裁判の、その後の動向としては、2003年にミシガン法科大学の入学者選抜をめぐって連邦最高裁で争われたグラッター対ボウリンガー裁判において、5対4をもってアファーマティヴ・アクション自体は合憲であるとの判断が下されている〔Grutter v. Bollinger, 539 U. S. 306, 2003〕。ミシガン大学の学部レベルでの入学者選抜に関して、同日に下されたグラッツ対ボーリンジャー裁判の最高裁判決では、マイノリティに対する一律な得点調整（マイノリティに対して100点中20点を自動的に加点）は違憲とされたものの、多様性の増大による教育的利益を目的としたアファーマティヴ・アクションの適用それ自体は「法の下の平等」には抵触しないとの判断が最高裁において下されたのである。タックスマン判決と比べたとき、この判決はアファーマティヴ・アクションが教育にもたらす影響を積極的に議論し、その適用に関して先送りにされてきた法的な判断を下した点で、前進があった。上記のガットマンの主張もこうした判決への流れの中に位置づけられる。

第3節　教育の市場化の問題とマイノリティを考慮した平等論

　論文54「『学校選択』とは何を意味するのか」（"What Does 'School Choice' Mean?" 2000）で論じられる学校選択は、ガットマンが民主主義的教育を展開する初期の段階から関心を寄せていたテーマである[9]。現に親の学校選択については、1985年刊行の論文10「民主主義的学校と道徳教育」をはじめとして、数多くの論文の中で、ヴァウチャー制の是非についての文脈で論じられている。学校を民主主義的な空間として捉えているガットマンにとって、ヴァウチャーは学校を均質化するという理由で支持されないものである。ま

第7章　ガットマンの民主主義的教育理論におけるアイデンティティをめぐる課題　161

た、ヴァウチャーが富める者と富まざる者との教育格差を広げるものである
という理由においても支持されない。ただ、このような教育格差を理由とす
るガットマンの批判は、これまでヴァウチャー反対の立場を表明している論
者によって様々出されているものである。その動きを受けて、なぜガットマ
ンは1990年代後半以降に学校選択を扱おうとするのか。

1．市場統制に対するガットマンの批判の変遷

　ガットマンがはじめて学校選択制について言及した1985年の論文10「民
主主義的学校と道徳教育」において、ガットマンは、ヴァウチャーを用いた
市場による統制が、道徳教育を保証することはないとしている。すなわち、
「学校に対する政府の統制を最小化することがミニマムスタンダードのみを
強化することだとしたら、学校教育を通じて民主主義的な道徳を発達させる
という市民的関心を、ヴァウチャーなら満たすであろうと信じる理由はな
い」と述べる [Gutmann 1985c : 478]。また著書2『民主主義的教育』におい
て、フリードマン（M. Friedman）の主唱するヴァウチャーとクーンズ（J. E.
Coons）、シュガーマン（S. Sugerman）のヴァウチャーとを、〈最小限に規制
されたヴァウチャープラン〉（minimally constrained voucher plans）と〈最大
限に規制されたヴァウチャープラン〉（maximally constrained voucher plans）
とを区別した上で、学校がどのように市民を教育すべきかという問題に対し
て、どちらも問題を有しているとする。ここでいう「最小限に規制されたヴ
ァウチャー・プラン」はヴァウチャー・スクールの認可条件を最低限みたし、
民主的社会の初等教育の目的に適った教育を提供する限りにおいて、親の選
択の自由を最大限認めていこうとするものである [Gutmann 1986a : 65-6]。
それに対して、〈最大限に規制されたヴァウチャー・プラン〉は次のような
要件を満たすようヴァウチャー・スクールに求めるものである。

　　最も慎重に設計され、守られているヴァウチャー・プランは、ヴァウチ
　　ャーを受け取るすべての学校に対して次の5つのことを求めていく。す
　　なわち、(a) 入学方針においていかなる子どもも人種、社会経済的地位、
　　学力によって差別されることがないこと、(b) ヴァウチャーにより設

定される水準以上の授業料を求めたり、受け取ったりしないこと、(c)特別の場合を除いて、生徒を退学させないこと、またもし退学させるとしても正統な手続きに則ること、(d) 学校の運営手続き、および、生徒集団の学業成績、社会経済的地位、人種構成に関わる詳細な報告を政府情報機関に提出すること、(e) 国語と数学に多くの割合を割く最低授業時数を満たすこと、である [Ibid.: 66]。

〈最小限に規制されたヴァウチャー・プラン〉は私的関心に基づいた親の学校教育への関与を助長することになると考えられるため、ガットマンはこのプランが「民主主義的教育への市民の集合的関心を否定するという犠牲を払って、学校がどのような市民を育てるべきかという論争的問題を避けることになる」とみなす [Ibid.: 68]。また逆に、学校教育への私たちの集合的利益を認識すればするほど、ヴァウチャー・プランはますます規制を強めざるを得なくなるため、〈最大限に規制されたヴァウチャー・プラン〉は、「民主主義的教育への市民の集合的な関心を、より中央集権的な政治へと向かわせることとなる」としている [Ibid.: 69]。こうしてガットマンは、どちらのヴァウチャー・プランも民主主義的な熟議の余地をほとんど残していないということを問題とし、拒否していく。

　ところで、ここまで論じられてきたヴァウチャー批判は、親の選択が教育内容を規定するには十分な根拠もなく、また有効性もないという文脈で論じられている。それゆえ、ヴァウチャーそのものが平等の視点からどのような意味を有しているのかという実質的な内容が議論されているわけではない。それが、1993年の論文23「民主主義と民主主義的教育」になると、無制限のヴァウチャーは「人種的・宗教的・倫理的な差別を増し、不遇な子どもの教育機会を減少させる危険がある」[Gutmann 1993a : 5] とされ、ヴァウチャーの内在する不平等を指摘する論が展開される。そして、「私事化の計画に伴う最も根本的な問題は、その結果に関係するのではなく、教育における非差別と非抑圧に対する政府の責任を暗に否定していることである」[Ibid.: 5] という問題意識が述べられる。

　こうした問題意識を保持しつつ、論文54「『学校選択』とは何を意味する

第7章　ガットマンの民主主義的教育理論におけるアイデンティティをめぐる課題　163

のか」では、ヴァウチャーが内在する論理の解明からその不平等が指摘されるとともに、選択による教育改革の非有効性を示そうとする。ガットマンは、1990年代後半にヴァウチャー・プランが公的なアピールとして強い効果を得ている理由について、それが貧しい子どもたちに対する公平性という立場からのアピールであるからだと考える。すなわち、「裕福とまではいかなくとも、貧困状態ではない親が、私立学校に子どもを入れることによって、失敗している学校から退出できるのに対して、インナーシティに住んでいるような貧困層の親や子どもにはそれができないという不公平をアメリカ市民が感じている」[Gutmann 2000a : sec.1] ということを根拠にしているという。しかし、ガットマンは、ヴァウチャーがそのような訴求力を有しているものの、その内部にある論理が、貧困層の子どもたちに対する平等を保証するものにはなっていないと考える。すなわち、ヴァウチャー提言の内部論理は、「貧困層の子どもたちのためによい学校をつくるということではなく、私立学校と公立学校に対する公的資金の平等な分配である」と考えるのであり、私立学校選択に伴う二重の税負担（double-taxed）への対応とされているにすぎないとみる。ヴァウチャーは「富者と貧者の間の等価（parity）を達成することについてではなく、むしろ貧者にとってというよりも富者にとっての「公平」」のために行われている、というのである [Ibid. : sec.1]。

　この上で、ガットマンは、チャブとモー（J. E. Chubb and T. M. Moe)10を代表とする選択制擁護論者が主張する「選択は解決策である」（choice is a panacea）という見方を批判する。ガットマンは、学校には「あらゆる子どもが、市民としての権利を行使し、責任を満たすよう準備させる教育を受けることを保障する」という目的があるが、市場はこの目的を軽視するとする [Ibid. : sec.2]。つまり、市場原理は、消費者が望むものを市場が提供するという消費者主権（consumer sovereign）が基本であるため、そのような目的を設定することが困難であるというのである。さらにガットマンは、教育の〈消費者ではない〉親が、〈消費者である〉子どものために選択すること、また、学校へ金を払うのは、親ではなく民主主義的市民であることの二つの理由から、学校教育に関しては市場の論理が通用しないと批判するのである。

　しかしながら、ガットマンは選択そのものを否定するわけではない。親の

選択肢を増すことは是認できるとする。ガットマンは、公立と私立の間の選択が公教育を改善しないという観点からヴァウチャーを批判するのであって、チャータースクールのような「公立」の中での選択は公教育改善の可能性を有すると考えるのである［Ibid. : sec.3］[11]。

２．学校選択の問題の論点と多様性擁護論

論文58「なぜ学校は市民教育を気づかうべきなのか」("Why Should Schools Care about Civic Education?" 2000)においては、ガットマンは次のように述べて多様な学校からの選択を是認している。「あらゆる生徒にとって「まさに正しい」学校などない。多様な学校についての際立った特徴、成功と失敗についての適切な情報が親に提供されている公立学校システムは、単一の学校の型へすべての生徒を適合させようとするシステムよりもよい」［Gutmann 2000c : 87］と。より適切に情報が提供されている条件の下での選択は、多様な生徒のニーズを満たすので是認される。ただし、ここでもガットマンは、「親の選択が増加することは、最も優遇された生徒と最も不遇な生徒との分離をも助長するのではないか」という危険性を考えている。「私たちの社会での階級もしくは人種による分離は、最も不遇な者の教育と、社会的多様性の中であらゆる生徒に寛容と相互尊重を教授すること両者の観点からの問題」なのである［Ibid. : 87］。ここにこそ、ガットマンが選択制に対して慎重な態度を取る理由が表されているのである。そしてそれは次に掲げるような教育観に基づいている。

> 生徒は、教師と親から学習するのと同様、他の生徒から学習する。公的に助成を受けた学校は、多様な社会経済的、エスニック、人種的、宗教的背景をもった生徒たちが互いに学ぶための適切な場である。それほどよい教育を受けていない親の家庭からの生徒もまた、よりよい教育を受けてきた親の家庭からの生徒とともに学校に出席するのであれば、（学力という：引用者）型にはまった尺度に照らしてみても教育上すぐれた達成を遂げる傾向にある［Ibid. : 87］。

第7章　ガットマンの民主主義的教育理論におけるアイデンティティをめぐる課題　165

この教育観に示されるように、ガットマンは、選択がもたらす結果としての学校内の均質化を問題と見るのであり、統合学校の理念こそが重視されるべきであると考えるのである。学校選択という市場原理に依拠しながら改革するのではなく、多様な社会的・文化的背景を持った子どもたちが同じ教室に存在し、そこで互いに学びあい、成長していくことにこそ学校の改善の鍵があるとする点で、ガットマンの平等主義的思想が色濃く反映されていると言ってよいであろう。

第4節　『民主主義におけるアイデンティティ』（2003年）におけるアイデンティティ・ポリティクスと熟議民主主義

社会の多文化化が顕在化した中で、市民が公共的問題に対し熟議を通じて相互に了解可能な解を導き出そうとする熟議民主主義理論を基礎として、ガットマンは1990年代後半に多様性擁護論とマイノリティの実質的な権利保障を目指す平等論を展開していった。その展開の先に著書4『民主主義におけるアイデンティティ』の刊行があった。著書3『民主主義と意見の不一致』での熟議民主主義に関わる議論は、私的利害を追求する個人を単位に民主主義のあり方を探究するものであり、実際の民主主義社会において機能している集団に関する考察は充分にはなされていなかった[12]。著書4では、アイデンティティを共有する集団が民主主義において果たしている役割について考察される。

1.『民主主義におけるアイデンティティ』の主題——アイデンティティ集団の価値をめぐって

ガットマンは、これまでの民主主義理論が自己利害（interest）を中心に政治的な組織化の方法を論じていることに問題性をみている。ガットマンの認識によれば、政治的組織化の最小限の要因とされる自己利害という感覚も、集団的アイデンティティをもとに形づくられている。集団的アイデンティティは、個人の利害関心よりも根源的なものであり、それゆえ、アイデンティティの問題を民主主義理論の中心的問題として検討しなければならない、と

いうのである［Gutmann 2003a : 14］。民主主義社会を構成している集団は、利益集団（interest group）に限定されない。むしろ、より根源的に、アイデンティティを共有している集団、つまりアイデンティティ集団（identity group）が含まれている。ガットマンが著書4で論じようとするのは、個々人が他の人々とお互いに自分たちを同じアイデンティティを保つ者として同一視することで形成される、多様なアイデンティティ集団を真に尊重するような、民主主義理論と民主主義的原理がいかなるものであるか、ということである。

　ガットマンが議論の対象としているアイデンティティ集団は、文化的（cultural）集団、自発的（voluntary）集団、生来的な社会帰属的（ascriptive）集団、宗教的（religious）集団の四種類である。この中でも民主主義的教育理論との関連において特に文化的、宗教的アイデンティティ集団の議論は重要である。というのも、現代において公的な教育に対して、文化的アイデンティティ集団や宗教的アイデンティティ集団が異議申し立てを行うという事例（例えば、アーミッシュによる公教育免除の申し立てなど）が見られ、公的な教育とアイデンティティ集団の主張の対立とその調整を考える上で、重要なコンテクストを提供すると考えられるからである。

　ガットマンは、20世紀後半のアメリカ合衆国におけるアイデンティティをめぐる政治運動の隆盛が、「利益集団に基づく従来の政策と政府が、不遇な立場にある女性、有色人種の人々、障害を持っている者の市民的平等、平等な自由と機会に配慮することに失敗したこと」から発生したと認識している。この運動に対するガットマンの評価は、「平等主義の大義をこれまで以上に注目させた点において、また、平等主義的な方針に沿ってより進歩がみられるように効果的なロビー活動をした点において」成功していたとする［Ibid. : 19］。さらにこれらの運動を率いたアイデンティティ集団の多くが、「利益集団の政治では見過ごされてきた、長く存在する不正を正すために、——非差別、同一労働同一賃金、平等なる機会、市民的平等などの——普遍的で平等主義的な諸原理を適用することを擁護している」ことを評価している［Ibid. : 19-20］。

　ただ、このような肯定的評価にも拘わらず、ガットマンは、集団的アイデ

第7章　ガットマンの民主主義的教育理論におけるアイデンティティをめぐる課題　167

ンティティをそれ自体として価値あるものとしては見なしていない。むしろ、そのような集団的アイデンティティの価値は、社会的不正を正し、社会的正義を促進する要因となるという文脈の中で見出されるべきだというのである。つまり、ガットマンは、民主主義社会において集団的アイデンティティに基づいた政治的組織化がそれ自体でよいものであるとか、逆に悪いものであるとかいうような判断は下していない。集団的アイデンティティそのものの善悪を判断するには、それはあまりにも多種多様であるからである。ガットマンが著書４を通じて主張しようとするのは、アイデンティティ集団が民主主義的正義を促進するか、阻害するかでその価値が判断されるべきだということなのである。この主張に即したとき、集団的アイデンティティは民主主義的正義との関係性の中で、意味づけがなされなければならない。

　ところで、集団的アイデンティティの価値づけの基準となる民主主義的正義（democratic justice）とは何か。ガットマンは、公正な民主的社会は「個人の倫理的行為主体性を尊重」するものであり、「個人が倫理的価値の最終的な源泉であるという理由で、個人の倫理的行為主体性を尊重することが基本的善である」と主張する［Ibid.：26］。そして、倫理的な行為主体性を重要に扱おうとする民主主義理論すべてが、何らかの形態をとって、三つの原理を重視する、という。すなわち、市民的平等（civic equality）、平等なる自由（equal freedom）、基本的機会（basic opportunity）である［Ibid.：26-7］。ここでの市民的平等とは、あらゆる個人を民主主義政治における平等なる行為主体として扱い、市民として平等な処遇を受けるのに必要な条件を支えるための、民主主義社会に課せられた義務を意味している。また、平等なる自由とは、他者の平等なる自由に抵触しない限りにおいて、自分が適していると考えるようにあらゆる個人が自らの生を生きられるよう、自由を尊重するための、民主主義的政府に課せられた義務を意味している。さらに、基本的機会とは、選好された生き方の中から選択できる公正な機会を伴った、分相応の生を生きるための個人の生来的能力を意味している。これらの原理に基づいて、集団的アイデンティティと民主主義的政治の関係性を査定していこうとするのである。

民主主義的な政治において、ほとんどの人々は集団の中でこそ最も大きな影響力を有している。したがって、アイデンティティ集団は結社の自由という基本的な自由の現れなのである。民主主義論者は、それゆえ、アイデンティティ集団にかなりの部分依存している政治が、平等なる自由、機会、市民的平等をあらゆる個人に対して充分に保障できるような方法を考える必要がある。それは、不遇な集団の最も特権的な構成員や最も力を持ったメンバーのためだけにではない。集団的アイデンティティと民主主義的な政治との間の関係は、アイデンティティ・ポリティクスの包括的な批判と擁護とが示唆するよりもかなり複雑である。民主主義的な展望は、集団的アイデンティティと民主主義的な政治との間の相互作用に留意し、両者の関係を広く擁護可能な正義の諸原理を基礎に査定するのである［Ibid.: 37］。

　なお、著書4『民主主義におけるアイデンティティ』（*Identity in Democracy,* 2003）において、ガットマンは、「民主主義」を「個人の市民的平等への政治的なコミットメント」と規定し、民主的な社会は理想的には熟議民主主義的な社会を表すべきだとしている［Ibid.: 26］。熟議民主主義は「市民が民主主義的正義の内容を熟議し、その時々で正義の最善の理解を擁護する機会を提供する」ものとして規定されている［Ibid.］。また、ガットマンは「民主主義的」という言葉を「個人を倫理的な行為主体性を有する者として扱うことへの公的なコミットメントを表す政治的倫理の概念である」としている［Ibid.: 29］。

2．文化的アイデンティティと民主主義

　ガットマンが著書4でまず検討するアイデンティティ集団が文化的アイデンティティ集団である。リベラルな民主主義社会において、特に多文化化した民主主義社会において、文化的アイデンティティ集団の自治をめぐる要求は時に深刻な問題を引き起こす。というのも、そこでは、文化を背景とした個人の自由の尊重と、民主主義的社会の社会的統合という二項対立的な問題が生じるからである。ガットマンはこのような二項対立的な問題に対して、

第7章　ガットマンの民主主義的教育理論におけるアイデンティティをめぐる課題　169

従来の立場を崩さず、あらゆる人々の平等なる自由と市民的平等の達成を、文化的集団の自治の要求よりも優先している。

　ガットマンも、文化的なアイデンティティ集団が個人にとって三つの重要な役割をもっていると考えてはいる。それは、1. 選択する際のコンテクストを提供すること、2. 社会的な安心を提供すること、3. 自尊（self-respect）の感覚を提供するということである。個人は文化の中に位置づけられていることで、自由な生活を送るための多様な選択肢を得ることができ、また、社会的に帰属しているという安心を得ることができる。また、文化の中に存在していることで、自らが選択する生活が意味あるものであると認識できるというのである［Ibid.: 41-2］。このように、個人が自らの生を方向づけ、価値づけるための役割を担っているという理由で、文化的な集団を許容しなければならない、とガットマンは言う。

　ただし、ガットマンは、自治が認められているプエブロインディアン（the Pueblo）のような文化的な集団がその構成員に対して課している要求が、個人の基本権を侵害する場合には、その要求は拒絶しなければならないという。この主張を、ガットマンは、カリフォルニア州サンタ・クララ郡のプエブロインディアンであるジュリア・マルティネスの部族外結婚を事例として、説明している。プエブロインディアンの首長は、「プエブロの文化的アイデンティティへの尊重は集団的権威への敬意を要求する」と主張しており、「女性が違う民族の男性と結婚した場合（男性の場合は妥当しない）には、構成員としての資格が奪われる」ことが当然のこととされていた［Ibid.: 45］。部族の構成員としての資格の剥奪は、女性自身のみならず、女性の子どもにまで及ぶ。1968年の先住民族市民権法のもとでは、平等なる保護は先住民族のあらゆる構成員に保障されており、マルティネスは法の下での平等なる保護を求めて訴えを起こしたが、連邦最高裁は文化的集団の自治の優先性を認め、マルティネスの訴えを退けた［Ibid.: 45-6］。

　ガットマンはこの裁判に関して「プエブロ族の権威への敬意は、プエブロ族の女性の市民的平等の権利を尊重せず、プエブロ族の女性がプエブロ族の男性と市民的に平等な存在として自らを自己同定することを尊重しないことを意味している」と見なす［Ibid.: 47］。その上で、文化的集団の保護という

理由からでも、文化的集団の要求は認められないとして、連邦最高裁の判決が誤っていると批判するのである。文化は個人に生の選択のコンテクストを提供するが、あくまでもそれは個人の生活を豊かにすることに限られる。個人の選択の自由を制限するまでのものではない。基本的な人間の権利、すなわち「個人を、市民的平等者として、つまり自分に適している生活を送るための平等なる自由を保障された、目的を有する行為者として尊重するのに必要な権利」[Ibid. : 51] を侵害するような集団の権利は認められないというのである。ただし、ガットマンの議論において、民主主義的原理が文化的自治の要求よりもなぜ優先されるのかについては正当化が充分にはなされていない。文化的集団の自治の要求を個人の権利を切り札に制限するという権利論者の立場にたって、ガットマンは従来の議論をここでも繰り返している。

　ここでガットマンは、文化に束縛されずに個人が思考するために、教育の重要性を強調する。「国家は、子どもが所与のいかなる集団のメンバーシップについても、情報があたえられた合意が得られるようにする教育をあらゆる子どもに保障しなければならず、それは代替となる文化に身をさらすということ、またそのような文化について批判的に思考するスキルを教えられることを意味する」[Ibid. : 61]。この主張に見られるように、ガットマンは、現在子どもが所属している文化も、その子どもの今後の生をすべて包括するものではなく、それゆえ、将来において、そこから退出する権利を認めなければならないと考える。それゆえ、教育によって、自らが所属する文化を相対化する能力を身につけさせなければならないというのである。このことは、ガットマンが、個人を自らの生を創造的に形づくっていく存在だと認識していることを意味しているのである。

3．宗教的アイデンティティと民主主義

　文化的なアイデンティティ集団と並んで、ガットマンは、宗教的なアイデンティティ集団の問題についても検討を加えている。ガットマンは、宗教に関わる問題は公的な議論から除外し、私的領域での問題とするような寛容の議論では、価値多元的な社会の社会形成には充分対応できないという問題意識を有している[13]。

第 7 章　ガットマンの民主主義的教育理論におけるアイデンティティをめぐる課題　171

　ガットマンは、リベラル派論者の中には「宗教的議論に対しては直接的な脅威がない限り寛容の態度を示すべきだが、民主政治の中ではそうした議論は歓迎すべきではない」と主張する者がいることを、宗教的なヘイト・スピーチの例を掲げながら取り上げている［Ibid.：165-6］。その上で、宗教に対する「寛容の態度を示すが、歓迎しない」（"tolerate but do not welcome"）立場に関して、次のような評価を下している。すなわち、この立場は「あらゆる宗教的議論がこの種の（宗教的なヘイト・スピーチのような：引用者）性質をもつと想定している限りにおいて言い過ぎで」あるが、「宗教的だろうが、非宗教的であろうが、個人の生を直接脅かすような言動——例えば、満員の劇場で火事だと叫ぶような言動——に対しては寛大に扱わないことが必要である点を見落としている限りにおいて言い足りえていない」というのである［Ibid.：166］。民主主義的な政治体制においては、「宗教的に基礎づけられた議論が市民の間の互恵性を支える限りにおいて、それらの議論に寛容な態度を示すべきであるだけではなく、歓迎しなければならない」［Ibid.：167］というのである。

　こうしてガットマンは政治的議論の中で、積極的に宗教の問題を検討しようとする。その際、政治と宗教の関係について、三つの立場からの見解が考察される。それは、1. 厳格な分離（strict separation）という見解、2. 一方向の保護（one-way protection）という見解、3. 二方向の保護（two-way protection）という見解である。

　宗教と政治の関係について、厳格な分離という見解は、政治に宗教に関わるいっさいの意思を持ち込まないという考えである。言い替えれば、精神的領域と政治的領域を厳格に分離して考えるべきであるということである。この厳格な分離という見解は、正当なる法の制限の中では寛容の原理を適用するだけで十分であるとする立場をとる論者の見解であり、古典的リベラリズムはこれに位置づけられる。この見解は、「民主主義政治は信仰者の良心に関するコミットメントが排他主義的であり、公的に共有されたものではないという理由からそうしたコミットメントから政治自体を切り離すべき」［Ibid.：178］だという見解である。こうした厳格な分離という見解に対してガットマンは、「民主主義政治は、それ自体、市民の良心的コミットメント

から厳格に分離されえないであろうし、そこでいう市民とは、結局、これら良心的コミットメントを政治へと自由に持ち込む存在なのである」と述べる[Ibid.]。ガットマンは、良心が政治的領域から分離された領域へと閉じこめられないということ、仮に閉じこめられたとしても民主主義の発展にとっては善ではないことを強調するのである。そこで、ガットマンは、良心を政治に持ち込むという立場を考察していく。この立場が一方向の保護と、二方向の保護という見解である。

　一方向の保護という見解は、次のように規定される。すなわち、「一方向の保護は、個人の良心が、正当なる法から機械的に免除されることを支持する」という見解であり、「良心は民主的政府から保護されるものの、民主的政府はそれに見合う形で良心から守られるということはない」という見解である［Ibid.：177-8］。これに対し、二方向の保護は次のように説明される。

> 二方向の保護は、厳格な分離のように、宗教の国家からの保護を求めると同時に、国家の宗教からの保護を求める。しかし、二方向の保護の主唱者はどちらの保護も絶対的なものではないということを認識している。なぜなら、各々は、極端な場合、他方の重要性を否定するからである［Ibid.：190］。

　これら二つの見解のうち、ガットマンは、二方向の保護の見解を支持する。
　一方向の保護に対するガットマンの批判は、良心の自由が最大化されることによって、公的目的を追求するための正当なる法が侵害される、というものである。一方向の保護という見解に基づいて、宗教的なコミットメントを公的領域において最大限許容しようとすれば、ある宗教的集団を法から免除することを許すことになるが、そうなれば、民主主義的に権威づけられた法が有名無実化されるというのである。また、そのような許容によって、民主主義的な法を生み出すための政治的自由を尊重する義務を市民全員に課すことができなくなる、という問題性を含んでいるというのである［Ibid.：183］。こうした民主主義政治における秩序と市民の権限という観点からの問題を示すことでガットマンは一方向の保護が正当化されないとする。その上で、

第7章　ガットマンの民主主義的教育理論におけるアイデンティティをめぐる課題　173

「宗教的信念のみを理由とする法からの免除は、非宗教的な良心的信者を差別し、またもしその免除が同じように良心的な宗教的信者の間で差別を行うとしたら、その免除はなお一層正当化されない」というのである [Ibid.]。

　これに対して、ガットマンは良心の受け入れ・調整（accommodation）は二方向の道であるべきだ、とする [Ibid. : 186]。ガットマンによれば、一方で、良心的な市民（conscious citizens）は民主主義に対して一般的な責任を有している。その責任とは、「市民を支援する社会を支持するための正統性を有する民主主義的に権威づけられた法を尊重するというもの」である [Ibid. : 186-7]。他方、民主主義社会には市民の良心的なコミットメントを受け入れる責任があり、それは「そのような受け入れが他者に対する不正を行わない、もしくは差別的な免除を行わない範囲で、もしくは、正統なる民主主義的意思決定を侵害するということがないという範囲」で行われる必要がある [Ibid.]。このように説明される二方向の保護の見解は、良心的な市民と民主主義社会との間に互恵的な関係が存在することが示されている。

　ガットマンのこのような主張は、良心の自由を政治的領域において認めるものの、そこでの自由には、民主主義的な手続きを通じて制定された法を侵さないという義務が必要とされているということを意味している。また、ある法に対して宗教的な理由で異議申し立てが行われ、異議申し立てによりその法が民主主義的正義と両立しないと示された場合は、民主主義的な政府は、その良心を尊重して、正統なる手続き的手段を通じた法の改定を行っていかなければならないという主張に通じている [Ibid. : 172-3]。

　二方向の保護は、市民に権威づけられた法を尊重する責任を課している。ガットマンは、多様な宗教的信念が認められる社会においては、相互に拘束される法と公共政策についての議論を展開し、相互に正当化できる決定を導く責任があらゆる市民にはあると考える。ガットマンのこの考えは、多様な宗教的信念を尊重しながら、何とか社会政策を形成していこうという政治思想から生じているのである。

　さて、このような政治と宗教の関係に関する二方向の保護という見方と、市民に課せられる責任との主張は、教育の重要性についての論と接合することになろう。宗教的信念に関わりなく、あらゆる人々が市民として公共政策

を熟議する必要があり、そのためには互恵性という価値のもと、相互に擁護可能な結論に達することが望まれる。教育は、市民に熟議の方法を身につけさせるとともに、人々の間に互恵性という市民的資質を備えさせるという重要な役割を担っているのである。

ガットマンにとって宗教的差異は、公共的な議論の俎上に載せられ得ない対象でもない。宗教的差異は、熟議参加者がそれに基づいて判断を下す思想・信条の前提条件として考えられるべきなのである。それゆえ、それを尊重しながらの意思決定を行うことが、宗教的多様性に対する応答であるとガットマンは考えるのである。

4. 『民主主義におけるアイデンティティ』と熟議民主主義理論の深化

ガットマンは著書4『民主主義におけるアイデンティティ』において、民主主義的正義という観点から、リベラルな民主主義社会の中で所与のものとされている文化的、宗教的集団のアイデンティティを査定する議論を展開してきた。そこでは、文化は個人を包括するものではなく、個人は自由に自らの生活を選び取っていく主体的存在として尊重されるべきだということが主張されていた。また宗教的信念に関しては、政治の中で尊重されるだけではなく、民主主義的な公正（具体的には民主主義的に制定された法を侵さないこと）との関係で調整されるべきだということが主張されていた。この二つの主張の基底にあるのは、市民は、民主主義的な正義の原理の枠内で、個人の多様なアイデンティティを相互に認め合っていくべきだという主張である。このことを導くことこそが著書4の主題であった。

ただ、このような主題は、前著『民主主義と意見の不一致』において展開された熟議民主主義理論を発展させたものであるとは必ずしも言い難い。むしろ、熟議民主主義理論を現実的な問題（アイデンティティめぐる問題）の考察へと応用していこうとする意図が強い。とはいえ、著書4では前著では必ずしも強調されていなかった民主主義社会における市民の責任について論じている点では、発展もみられる。ガットマンは、本書において、民主主義的市民としての徳と責任とを強調し、それらを、熟議民主主義を支える要件として表したのである。こうした要件の提示が、著書3『民主主義と意見の不

第7章　ガットマンの民主主義的教育理論におけるアイデンティティをめぐる課題　175

一致』で展開された熟議民主主義理論を、現実社会での社会的平等の達成に向けて応用しようとしたガットマンの理論的補完であり、また民主主義的教育理論の深化であったと言えるのである。

　これに加え、本章で検討した1990年代後半のガットマン理論で最も注目すべき点は、教育現場において多様性を増大させ、そこに子どもたちを投げ出すことによって自己変容という教育的効果を生み出そうとしていたことである。チャドル事件に対する言及や、アファーマティヴ・アクション擁護の議論、さらに学校選択制に対する慎重論は、多様性それ自体に内在している教育機能という観点から提出されていた。このように見ていくと、80年代から90年代にかけての参加概念から熟議民主主義概念への変化は、単に財の分配方法を権威者から市民の参加と決定にゆだねるべきだとする議論から、意思決定の方法そのものを問うたり、信念に関わる事柄を公共的な熟議の対象にすべきだとする議論への変化にとどまるものではない。むしろ、重要な変化は、熟議民主主義に個人の信念を変容させる教育的効果が内在しているということを強調したことにある。この点に、他の熟議民主主義論者の議論にはみられない、ガットマンの教育哲学的な特徴を見出すことができるのである。

第8章

教育における国家的統合と
価値としての政治的平等
————1990年代アメリカのリベラル派の市民教育理論の新たな展開

第1節　国家的統合をめぐる市民教育の論点

　第7章では、ガットマンの1990年代中葉以降の理論展開を追いながら、熟議民主主義理論がアイデンティティ・ポリティクスの議論の検討を経て深化したことを明らかにした。ガットマンが検討対象とした1990年代のアイデンティティ・ポリティクスの文脈の中で、多文化主義が画一的な社会的価値観の問い直しに一石を投じたことは、新たな市民教育のあり方を考える機会となった。ただそれは、現実的には国家的統合に対する障壁をも生み出した。こうした状況において、本章ではガットマンを含む1990年代中葉以降の市民教育理論において、国家的統合および政治的平等の達成についていかに論じられたかを検討していく。

　1990年代以降2000年代初頭にかけて欧米諸国および日本で進められた教育改革は、市場原理の導入と規制緩和を通じて、有限なる教育財の効率的な分配・供給の達成をめざすものであった。その中で国家は財の分配・供給主体としての権限を縮小しつつ、市場が健全に機能するよう後方からシステムを制御する役割を担ってきた[1]。しかし、こうしたいわゆる新自由主義の教育改革と並行して進められてきたのが、国民のナショナル・アイデンティティを強化することで国家的統合をめざす新保守主義の教育改革であった。そこには、新自由主義の改革が伴う国家的連帯の弱体化の可能性に対応しなければならないという意識が働いていた［ハーヴェイ 2007：115-121］。国家は一方で「選択の自由」や「多様性の尊重」といった（リベラルな社会におけ

る）〈普遍的価値〉を前面に押し出し、教育需要者に多様な教育的ニーズを満たす機会を保障するが、もう一方ではナショナル・アイデンティティという〈国家的価値〉を掲げながら、教育を通じて個々人に一定の制約を課し国家的統合を達成しようとしたのである。

　教育改革を支える一方の柱である市場に関しては、2000年代に公教育における位置づけ、および評価という側面から分析、相対化されていった。例えばイギリスの教育社会学者ジェフ・ウィッティー（G. Whitty）は、新自由主義の教育政策が社会的なマイノリティを一層社会的に不利な立場に追いやることにつながると分析している［ウィッティー 2004：第3章］。さらに、こうした教育政策が、逆説的ながら「社会的に不利な集団の中にも支持者を獲得してきた」ことも分析し、市場の問題性を指摘している［同上書：115］。

　日本においては、小玉重夫が、1970年以降台頭する市場主義をボウルズ＝ギンタスの競合的交換論をふまえて相対化し、市場に共同体主義の視点を組み込みつつ、新たな公共性を構築しようとする論を展開している［小玉 2000：269-280］。また、宮寺晃夫は、規制緩和の進む今日の教育における教育財の配分主体を特定化する中で、国家と市場の関わり、およびそのあり方を明確化している［宮寺 2004：176-187］。このように1990年代以降の教育改革は市場の側面に焦点を当てて分析・相対化が行われる傾向にあるが、もう一方の柱である国家的統合の側面に焦点を当てた分析もその相対化にとって必要となろう。

　本章では、1990年代中葉から後半のアメリカ合衆国のリベラル派の市民教育理論での議論に焦点を当て、国家的価値を掲げて国家的統合をめざす教育改革の相対化を試みる。というのも、リベラル派の市民教育論者は、アイデンティティの共有化という方法を避けつつ、個々人が有するニーズの多様性を尊重する国家的統合をいかに達成するかを主要なテーマとして理論を構築していたからである。

　個人の自由を重視してきた進歩的なリベラル派が、1990年代に市民教育に強い関心を払うようになったのには、次のような背景がある。すなわち、1970年代までリベラル派主導で行われた福祉国家的教育政策が、80年代に、共通文化や西洋文明の伝統に基づく教育の必要性を主張する保守派による批

第 8 章　教育における国家的統合と価値としての政治的平等　179

判を受け[2]、また、そうした教育政策を支えるリベラル派の思想自体も、その普遍志向性を市民共和主義的なコミュニタリアニズムによって批判され[3]、リベラル派論者が自らの思想を問い直さざるを得なくなったという背景である。こうした背景のもと、リベラル派論者が文化的・民族的に多様なアイデンティティを承認する形での国家的統合のあり方についてどのように考察し、達成しようとしていったのか。

　結論を先取りしていえば、リベラル派論者は、多様性を尊重する国家的統合にとって公共的な熟議が重要であると主張していく。またそのために、市民には単に共和政体を支えるための徳を備えさせるだけではなく、他者と公共的な問題を熟議し公正なる決定を導ける資質・能力を備えさせる必要があると主張していく。この主張は、民主主義理論の「熟議的転回」(deliberative turn)、つまり1990年代に熟議民主主義が盛んに論じられるようになったこととも関連性がある。

　ただ、ここで留意しなければならないのは、前章でも明らかにしたように、90年代のリベラル派の市民教育理論の中には、熟議をめぐる二つの立場が存在しているということである。すなわち、(1) 私的領域での思想・信条の自由を保障する一方で、公的領域では寛容の原理を適応して思想・信条に関する問題は熟議せず、政治的な問題のみを熟議し、個々人が共存していくべきだとする立場と、(2) 公的領域においても思想・信条に関する問題を熟議し、そこで生じる道徳的な対立を解消しようと継続的に努力させていくべきだとする立場である。本章では、熟議に関連する二つの立場の違いの分析をふまえて、価値観の多様化した社会で要請される市民像および市民教育のあり方を明らかにしていく。一連の議論を通じて、多様なアイデンティティを有する個々人を平等に尊重する国家的統合のあり方を示す。それは、ナショナル・アイデンティティや道徳心の涵養を基盤に据えた新保守主義的な国家的統合のあり方を相対化することでもある。

　ところで、1990年代までのアメリカの市民教育実践においては、必ずしも熟議的能力のような政治的実践能力の育成は重視されていない状況にあった。例えば、市民教育センター (the Center for Civic Education) がナショナル・スタンダードとして1991年に出した教科書『市民』(CIVITAS) におい

ても、665頁のうち500頁以上が政治の知識の記述に費やされている［Johanek and Puckett 2005 : 134-5］。こうした政治的知識の伝達を主とした市民教育とは異なる実践的な市民教育として注目されてきているのが、サービス・ラーニング（service learning）である。

　サービス・ラーニングは、1993年の、国家およびコミュニティ・サービス信託法（National and Community Service Trust Act）の法制化により全米規模での広がりをみせているが、日本においても、社会科教育の分野で注目され、社会参加学習としての有効性を見出す先行研究が蓄積されている［宮崎 1998 : 唐木 2001 : 唐木 2005］。サービス・ラーニングは、先駆的研究者のラヒマ・ウェイド（R. C. Wade）が主張するように、コミュニティ・サービスを学校カリキュラムへと統合し、子どもにサービス経験を振り返らせることを通じて、「行動的かつ知的な市民の育成を推進」しようとしている［唐木 2005 : 2-3］。しかしながら、コミュニティでの奉仕活動を市民教育へと結びつける考えが、9・11以後、愛国主義的な市民教育へと転用されている、という指摘もなされているように［田中・竹野 2006］、こうした市民教育実践は国家に対して従順な市民を育成することにつながりかねない。本章では、批判的思考の育成が個々人のアイデンティティを尊重する国家的統合への鍵となるとの観点から、熟議民主主義が提起する市民教育の意義について考察していく。

第2節　民主主義理論の「熟議的転回」と市民教育論

1．1990年代のシティズンシップ論の再興と多文化主義の台頭

　1990年代の欧米の政治哲学理論において、シティズンシップ概念が再び関心を集めるようになった。キムリッカ（W. Kymlicka）とノーマン（W. Norman）は、その理由が二つあると指摘している。一つは、シティズンシップ概念が「1970年代・80年代の政治哲学の中心概念であった正義およびコミュニティのメンバーシップの双方の要求を統合すると考えられた」ということである［Kymlicka and Norman 1995 : 283］。もう一つは、80年代以降に世界中でみられた政治的傾向（例えば、アメリカにおける有権者の政治的無

第8章　教育における国家的統合と価値としての政治的平等　181

力感と社会福祉依存の増大、西欧における多文化的・多人種的な圧力の強まり）
に応答するために新しいシティズンシップ概念が必要とされたことである
[Ibid.]。シティズンシップ論の再興のなかにキムリッカとノーマンが見出し
ているのは、権利としてのシティズンシップ概念に代わる新たなシティズン
シップ概念の出現である。それは「市民の責任、忠誠、役割を含む、個々の
市民のアイデンティティと行為に焦点を当てた『シティズンシップ理論』を
求める声の高まり」を意味している［Ibid.：284］。政治意識や政治行動を市
民に求めていくシティズンシップ論の展開は、多文化主義の台頭著しい欧米
において、国家的統合が容易には達成できなくなったという現実的な問題へ
の対応が迫られていたことを示している[4]。しかし、それは、平等なる権利
保障という形式的な平等概念が問い直されてきたことをも意味している。こ
のことを象徴的に表しているのが、1990年代にアメリカ合衆国で起こった
多文化主義論争である。

　この論争は、1988年のスタンフォード大学におけるカリキュラム改革、
すなわち、「西洋文化」というコア・カリキュラム領域を改編し、非西洋文
化と女性、エスニック・マイノリティに関する科目を自由に選択できる「文
化、思想、価値」へと変更した改革と、それに続く1991年のニューヨーク
州の社会科カリキュラム改革をめぐる論争に端を発している［森茂2004：
493-4；辻内2001：3-6][5]。論争の特徴は、「価値や認識といった、知のあり方
が問題になっている」こと、および「多文化主義はアメリカの国民的結合を
解体させるのか、それとも多様性を十分に配慮してアメリカを統一に導くの
かという、二つの立場の間で大きく争われている」ことに見出されるが、後
者は国家的統合のあり方をめぐる「民族」パラダイムと「国民」パラダイム
の対立として描かれる［辻内1999：60, 82］。論争は最終的に、「国民」パラダ
イムが「アメリカの政治的統合理念を普遍的な原理であると認識するように
なり」、「民族」パラダイムを「国民的統合を解体する」ものと見なす結果を
招く［同上書：82］。

　しかし、この論争は国家的統合と民族的アイデンティティの保持をめぐ
る主流派とマイノリティの対立を激化させただけではなく、社会的平等のあ
り方を見直す契機を与えることになった。辻内鏡人の分析に従えば、多文

教育をめぐる論争以前は「教育資源と機会の平等という『分配の平等』が達成されているかどうかが問題とされ、それが教育行政において重要な規準とされてきた」が、論争を経て、関心事は「どのグループの人も他の人々と等しい敬意と、等しい尊厳、等しい賞賛を学校で享受できるかどうかにも向けられるようになった」のである［辻内 2001：9］。多文化主義論争を通じて、1990年代アメリカの市民教育理論は、教育の機会をいかに保障し、また教育財をいかに平等に分配するかをめぐる問題からさらに踏み込んで、マイノリティの集団的アイデンティティの多様性をいかに、そしていかなる範囲まで尊重すべきかをめぐる問題へと議論を移行させてきたのである。平等概念は、財の分配や権利保障の観点からではなく、アイデンティティの承認という観点から問われるようになった。それは、シティズンシップの要件を問い直すことだけにとどまらず、リベラル民主主義体制を問い直すという作業を伴っていた。

2．民主主義理論の「熟議的転回」と市民教育論

　キムリッカとノーマンが指摘しているように、1990年代にリベラル派論者は、リベラル民主主義が充分に機能するためには「あるレベルの市民的徳と公共的精神が要求される」ということを意識するようになった［Kymlicka and Norman op. cit.：291］。シティズンシップとその形成のあり方が民主主義のあり方とともに論じられるようになったこうした動向に付随して、民主主義理論における「熟議的転回」が起こっている。

　「熟議的転回」（deliberative turn）とは、ドライゼック（J. S. Dryzek）が90年代の民主主義理論の動向を表した言葉である。それは、90年代に「民主主義の正統性が次第に実効性のある熟議参加能力と参加機会へと置きかえられてみられるようになった」こと、そうした背景のもとで「民主主義の本質それ自体が、投票、利益の集積、憲法上の諸権利、自治にではなく、熟議にあると広く捉えられるようになった」ことを表している［Dryzek 2000：1］。諸個人の多様な選好を集約する枠組みの設定を、権利と機会の平等なる保障の問題として議論してきたリベラル民主主義理論は、多文化主義論者による批判に表されているように、その形式的な平等概念が問い直されなければな

らなかった。そこにみられる「熟議的転回」は、多様なアイデンティティを有する市民すべての声を意思決定へと反映させていこうという積極的な平等論を展開しており、制度的枠組みの設定を含む公的事象を市民の熟議を通じて考えようとする動きであった。

こうした「熟議的転回」について、『リベラリズム後の民主主義』（*Democracy After Liberalism*）の著者ロバート・タリッセ（R. Talisse）は次のように解釈している。すなわち、それは、1980年代のリベラル—コミュニタリアン論争を機に、「両派が、公共的対話（public discourse）、議論（debate）、熟議（deliberation）の説明を民主主義理論の中に含める必要があると認識し、自らの見解を補足し始めた」ことを意味している、と [Talisse 2005 : 86]。ここでタリッセは、リベラル派の論者として、ロールズ、ガットマン、トンプソン、ジョシュア・コーエン（J. Cohen）、ブルース・アッカーマン（B. Ackerman）の名を挙げ、彼ら／彼女らの理論的特徴を「『公共的理性』（"public reason"）の役割および民主主義的意思決定における熟議の役割を強調している」点に見出している[6]。一方、反リベラル派の論者として挙げられるのがマイケル・サンデル（M. J. Sandel）、アイリス・マリオン・ヤング（I. M. Young）、セイラ・ベンハビブ（S. Benhabib）、ベンジャミン・バーバー（B. Barber）であるが、彼ら／彼女らも同様に、「公共的議論（public discussion）と協働的・参加的対話（discourse）を中心とする民主主義構想を奨励してきている」とされている [Ibid.]。

「熟議的転回」は、リベラル派およびその批判者が、共通して個人の政治参加や熟議を重視するようになった理論的傾向を指しているとされる。しかし、こうした共通の傾向を示しながらも、両陣営は教育を通じて養おうとするシティズンシップの内容において、明確な差異がみられる。この差異は、リベラル派の代表的論者ロールズと、市民的共和主義論者のサンデルの論の比較によって明らかになる。

3．「熟議的転回」に伴う教育課題

リベラル派のロールズは、『政治的リベラリズム』（1993年）において包括的リベラリズムから政治的リベラリズムへ理論的転回を行ったが、その著作

の中で教育に関して言及している。ロールズは、教育には憲法上の権利や市民的権利に関する知識を教えるほかに、次の役割があると述べる。すなわち、教育は、「子どもを、社会で十分に協働できるメンバーへと準備させ、自助できるようにする」役割、また、「政治的諸徳を身につけるよう助成し、社会の他の構成員との関係のなかで、社会的協働の公正な条項を支持したいと思うようにする」役割である［Rawls 1993 : 199］。ロールズは、寛容（toleration）、相互尊重（mutual respect）、公正と礼節の感覚（a sense of fairness and civility）といった政治的リベラリズムの基礎となる徳を公正なる社会的協働に必要な徳としているが［Ibid. : 122, 194］、これらの徳は市民教育を通じて養うべきシティズンシップの要件とみなすことができる。ロールズにおけるシティズンシップとは、市民が社会的協働のあり方をつねに公的に熟議していくための性向を含む観念なのである。しかし、ロールズの政治的リベラリズムは、政治的熟議の場から私的な問題（道徳的問題）を排除しているため、市民の意思の多様性を真に尊重する理論を構築できていないとの批判をうけており［Sandel 1998 : 217］、克服すべき課題を抱えている。

こうした批判を行うサンデルは、『民主政の不満』（1996年）を通じてリベラリズムに代わる共和主義の再興の重要性を主張する。サンデルは、コミュニティの再建、活性化によって、政府主導で行われる市民教育が補完されるべきだと主張する。サンデルは、「市民がともに集まる公共空間、その空間により市民は自分たちの状況を解釈できるようになり、連帯と市民的関与が育成される」というのである［Sandel 1996 : 349］。サンデルにとってのシティズンシップとは、共同体の成員として伝統的な市民的徳を備えることだといえるが、市民的徳は政治参加による市民同士の交流によってさらに強化される。サンデルは、政治参加を通じたシティズンシップ形成を促進する、場としてのコミュニティを再構築すべきだと主張するのである。サンデルの構想は、社会の維持という観点からは擁護されうる。しかし、構想の中核となる「コミュニティの構築」が強調されることによって、コミュニティに帰属していなかった、もしくは帰属しえない者が排除されるという問題も生じかねない。サンデルの構想も、多様性の尊重という点で問題性を含んでいる。

このようなシティズンシップの内容をめぐるリベラル派と反リベラル派の

第8章 教育における国家的統合と価値としての政治的平等　185

議論の比較を通じて明らかになるのは、(1) 80年代までの選好集約的なリベラル民主主義理論を問い直す形で、90年代に、市民の政治参加と熟議を社会形成の基盤にすえる民主主義理論が両派から提出されていること、(2) しかし、そこには市民教育上の課題、つまり、政治的熟議の場や文化、コミュニティ内での同質化の問題を回避しつつ、個人の差異を尊重する公正なる社会的協働のあり方と市民教育のあり方とを考えなければならないという課題が残されていること、である。この課題に対する回答を導こうとリベラル派の市民教育論者は議論しているが、見解は二つに分かれている。

第3節　「熟議的転回」後の市民教育理論

1．リベラル派の市民教育理論にみられる二つの立場──カランとマセードの論争

　リベラル派の政治哲学者カランとマセードは、*Canadian Journal of Education* 誌上で、市民教育の教育目的に関する論争を行っている。それは、共通教育に関するカランの論文と、それに対するマセードの批判論文の提出、さらにその批判に対する応答という形での論争である[7]。論争は、リベラルな共通教育の内容設定に関連した〈政治的平等〉と〈自由〉の価値をめぐるものであり、前節で明らかにした市民教育上の課題に対する回答をめぐるものであった。そこには、市民教育の文脈の中でロールズの政治的リベラリズムを受容し、修正しようとするカランと、政治的リベラリズムの立場を堅持すべく、カランの修正意見に対して制限を加えようとするマセードとの立場の違いが明確に表れている。

　カランは論文「共通教育を求める共通学校」で、リベラルな社会における共通教育はどのようなものであるべきかを探究する。まず考察されるのが「合意に基づく観念」(consensual conception) であるが、カランはこの観念を支持しない [Callan 1995a : 256]。というのも、人々の価値観の多様性が広く認められる社会では、合意に基づく共通教育の内容は最小共通項 (the lowest common denominator) として存在せざるを得ないからであり、そうした共通教育の内容は「よくても非常に不完全な、悪くなると危険なほど歪曲さ

れた教育を提供するにちがいない」からである［Ibid.：257］。とはいえ、「力のある少数者の独自の諸価値、もしくは実質的な多数派市民に限定されるような諸価値を承認する共通教育の観念」もまた「その他の考え方をしたり生き方をしたりする人々の尊厳を傷つける」という理由で支持されない［Ibid.：258］。カランは、共通教育の内容は、あらゆる市民が責務を負う平等なる尊重（equal respect）を保障していくものであるべきで、それゆえ、「共通教育に関する拡張的な社会的合意という観点から」定義づけられる観念（換言すれば、民主主義的な合意に基づいた観念）に依るべきものだと主張する［Ibid.］。カランはそれを、ロールズの政治的リベラリズムに依拠した、「道理性」（reasonableness）を目的に含めた教育に求めていく［Ibid.：260］。

　カランの説明によれば、道理性とは、互恵性（reciprocity）の原理の受容と判断の重荷（burdens of judgment）の受容を含む観念である［Ibid：261］。「互恵性」とは、「他者に対して公正なる協働の条件を提案し、同様の姿勢で他者が行う提案に気を向け、相互に受容可能な方法で差異を調停し、他者が同じように従う限りにおいて、合意した協働の条件に従う」傾向性を意味している［Ibid.：261；Rawls 1993：49-50］。市民は互恵性を受容した上で協働の公正なる条項を熟議し探求するが、価値多元的な社会においては、熟議の過程で宗教的信仰、民族的アイデンティティ、倫理的信念の差異に根ざした対立的な議論をも調停していかなければならない。だからこそ、判断の重荷を受容し議論しなければならないというのである。「判断の重荷」とは、ロールズの説明では、「道理に適った人々の間の道理に適った意見の不一致の源泉」であり、「合意に達するにあたってあらゆる種類の判断に生じる多くの困難」の存在を意味している［ロールズ 2004：61-2］。カランは、「合理的な人々の間に存在する善と正に関する意見の不一致のいくつかが厳密に言えば調停不可能であるという事実」を前提としつつも、社会的協働の公正なる条項を熟議を通じて探求し続けることが必要であり、それを教育を通じて受け容れさせることが平等なる尊重につながると主張するのである［Callan 1995a：261, 263］。

　カランは、道理性を実践を通じて養おうと考えている。というのも、道理性の行使は「対立的な価値と利害関心をもつ市民同士が、共生の方法に関し

て道徳的に基礎づけられた合意を作り出すために一緒に参加できる熟議の場が前提となっている」からである [Ibid.]。徳としての道理性を発達させるためには、「対話的な文脈で互恵性が実践される必要」があり、共通学校こそが対話的文脈を生み出す場だというのである [Ibid.]。

　カランの教育論に対して、マセードは論文「リベラルな市民教育とその限界」で批判を加える。マセードは、政治的リベラリズムの立場を支持し、カランと同様、市民教育が互恵性と判断の重荷を受容して熟議を行える市民を育成する役割を担っていることを認めている。マセードが問題とするのは、カランが、市民教育の目標に「敵対する信念を共感的に、かつ心を開いて探査する」よう促すことを含めていること、および親によって継承された宗教的信念に対する批判的思考を子どもに養うことを含めるべきだと示唆していることである [Macedo 1995b : 308, 311][8]。つまり、マセードの批判は、カランが、熟議を行うために共感（sympathy）、開かれた心性（open-mindedness）、および批判的思考（critical thinking）を育成しようとしていることに向けられているのである。こうした批判が生まれるのは、両者の政治的リベラリズム解釈が異なっていることに由来する。マセードは、「政治的リベラリズムは、国家権力が市民的、政治的諸徳の教え込みに終始するべきだ、と主張しているし、私はそれが正しいと思う」と述べており、また「リベラルな立場にたつ人々は共有された政治的諸価値と私たちを分離する多様な宗教的・道徳的コミットメントとの間の緊張関係とともに、ただただ生きていかなければならない」と述べている [Ibid. : 310, 311]。これらの言及が意味するのは、リベラルな社会では、公共的な熟議の対象は政治的な事案に限定されるべきで、国家の運営する教育が個人の信念に影響を及ぼすまで踏み込んではならない、ということをマセードが前提として議論しているということである。だからこそマセードは、次のように述べ、寛容の徳の涵養を市民教育において重視するのである。

　　未来の市民である生徒は、宗教的、倫理的見解の多様性はかなり昔から存在し、今後も継続する傾向にあり、それが通常なことだということを、つまり、私たちがこうした多様性とともに生きていけるよう準備すべき

だということを確実に教わるべきである。また、こうした多様性は、相互的な政治的協働、共有された政治的諸原理の是認、同胞市民の間での尊重に対する障壁となるようなものではない、ということも教わるべきなのである［Ibid.: 311］。

　こうしたマセードの教育論に対し、カランは応答論文で次のように批判する。

　マセードであれば、共通学校においてはできる限り宗教的な真実に関わる問題をわきに置くように私たちに求めるであろう。しかし私がおそれているのは、その路線をとることが公的な礼節（civility）にとって深刻な損失であるということである。なぜなら、そうすることで子どもたちは、多様性のただ中で他者を尊重しながら社会的に協働するための鍵となる共感と開かれた心性とを備えながら、同胞市民の生に意味を与えているものを解釈していくということができなくなるからである［Callan 1995b: 328］。

　カランは別の論文でも、ガットマンとトンプソンの熟議民主主義解釈を引用し、社会的協働の条項を探求するために「想像力を働かせながら、他者の道徳的観点へと入り込む準備をしなければならない」と論じている［Callan 2004: 75］[9]。他者の信念に関わる問題までも公的な熟議の中で考慮に入れていかなければ、他者を平等に尊重する社会的協働の条項は導けないとの考えから、カランはマセードに応答したのである。
　市民（共通）教育の教育内容をめぐるカランとマセードの論争は、社会的協働の条項をめぐって熟議を強調するリベラル派の市民教育理論に二つの立場が存在していることを表している。カランに対するマセードの批判は、市民教育に批判的能力の育成を含めていることに対する批判であった。ここには国家権力が私的な〈自由〉の領域に侵入していくことへの警戒が表されている。〈多様性〉が価値とされているが、それは私的領域における各人の自由を保障した結果として立ち現れる状態のことを指しており、公的領域では

私的領域の問題である信仰や道徳に関わる問題は問われないことになる。一方、マセードに対するカランの応答および批判は、政治的領域での熟議においても各人の私的領域での問題が反映されるものだという主張が前提となっている。独自のアイデンティティをもった個人、特にマイノリティとしての個人の意思を決定に反映させることがめざされ、他者の〈平等なる尊重〉を最終目的としている。そうした他者の尊重は必然的に自己を相対化していくことにつながる、というのが自律性の育成を重視するカランの主張なのである。

2．リベラル派市民教育理論の新たな展開

　カランとマセードの論争に表されるように、90年代のリベラル派の市民教育理論には二つの議論が確認できるが、それらは熟議のあり方をめぐる立場の違いを反映していると解釈できる。一つは、熟議を純粋に意思決定の手段とみなす立場であり、もう一つは熟議を市民の自己変容の手段とみる立場である。

　前者を強調する論者はマセードの他にゴールストンが挙げられる。ゴールストンは、リベラルな社会に特有の徳を市民に養う必要性を論じ、その徳のリストを、一般的な諸徳（general virtues）、リベラルな社会のための諸徳（virtues of liberal society）、自由主義経済のための諸徳（virtues of the liberal economy）、リベラルな政治のための諸徳（virtues of liberal politics）の四つに分類して描いている［Galston 1995 : 41-48］。リベラルな政治のための諸徳の一つ、シティズンシップの諸徳は、代表民主主義を健全に機能させるために必要な能力、具体的には、代表者の能力や資質を見極めたり、代表者の成果を評価したりする能力を含む［Ibid. : 46］。また、それを下支えする一般的な政治的諸徳として、「公共的討論に従事する性向」と「リベラルな社会における諸原理と諸実践の差を縮めようとする性向」が必要であるとされる［Ibid. : 48］。公共的討論に従事する性向には、「リベラルな社会の多様性を鑑みた場合、奇妙だと感じたり、不快にさえ思えたりする考えを含んだある範囲の見解に、真剣に耳を傾ける積極性」と「説得の政治（操作や強制の政治ではない）の基盤になる、自らの見解を明瞭かつ率直に述べる積極性」が含

まれる［Ibid.］。

　ゴールストンの市民教育論では、民主主義を健全に機能させるためには、市民各々が他者に対して自らの意思を正当化できるようになる必要があるとされている。市民相互の正当化作業に必要なシティズンシップとしての態度や能力の涵養が要請されているのである。この議論は、意思決定場面で市民が互いに意思を正当化しようとすることで決定の正当性が担保されるという観点から、熟議を強調したものである。ただし、ゴールストンは、真にリベラルな社会が「市民の統合という最小限の要求によってのみ制限されるが、多様な生き方を最大限尊重し調整していく原理に基づいて、それ自体を組織化する」ものだと考えており、市民の間での熟議においても、寛容（tolerance）を実践すること、すなわち「人生に意味と価値を与える多様な観念と一致した生き方ができないよう他者を妨害するような行為を意識的に避けること」が必要であるとするのである［Galston 1999 : 45］。

　これに対して、他者との相互作用によって自己が変容していくという、熟議過程での教育的作用を強調するリベラル派の論者として、カランの他、ガットマンが上げられる。ガットマンは、学校教育では、子どもには子ども同士での熟議に従事させながら市民としての徳を養うべきだという。特に相互尊重（mutual respect）という徳は、解決しがたい合理的な不一致を共同の熟議を通じて考え、その不一致を尊重しながら生きていくためには必要な徳で、それは「様々な人々、様々な見解から学ぶことによって養われうる」と主張する［Gutmann 2000c : 82］。子どもが未来に公的な熟議に参加するために必要となる市民的徳は、他者とともに熟議に従事することで共感を実感したり公正の感覚を磨いたりすることで初めて充分に身についていく、というのである。熟議民主主義理論に軸足を置くガットマンにとって、各人の信念に関わっている公的な問題についても、相互に正当化可能な解法を熟議を通じて常に模索していける、開かれた心性をもつ市民の育成が不可欠なのである［Gutmann and Thompson 1996 : 83］。また他者との関わりの中で自己を相対化する思考ができる市民の育成が必要とされるのである。

　「熟議的転回」以後のリベラル派の市民教育理論に確認できる熟議をめぐる二つの議論を比較すると、以下のような差異が明らかになる。ロールズの

第8章 教育における国家的統合と価値としての政治的平等 191

政治的リベラリズムを全面的に支持するマセードやゴールストンのように、合意形成に力点を置く論者は、熟議を通じて人々の意思を集約していける市民を教育によってあらかじめ育成することを理念とする。この立場の論者は、公的領域と私的領域を明確に区別した上で、熟議の対象を公的領域の事象（具体的には法の制定）に限定している。ここで想定されている市民像は、公的領域において自らの意思をいかに他者に正当化するかに関心を払う、自己利益を追求する個人であるといえる。この論は、アメリカのリベラル民主主義体制が、寛容の原理を適用することで伝統的に人々の多様性を保障してきたという認識によって支えられており、この限りで現体制と変わりのない国家像を描いている。

　一方、カランやガットマンのように自己変容に力点を置く論者は、他者との関わりによって柔軟に思考を変化させていく市民を想定している。他者の見解を尊重・受容し、それによって自らの見解を批判的に問い直す市民は、リベラル民主主義が想定する市民とは異なる。民主主義社会の成立があくまでも市民の一定程度の合意によるもので、そこには見解の不一致が存在しているということを認識する能力、さらに、なぜ見解の不一致が生じているのかを解釈し、理解する能力を備えた市民が想定されているのである。この論は、平等なる財の分配や平等なる権利保障を探求してきたリベラル民主主義体制が決して万人を（特にマイノリティを）平等に尊重してきていないという認識から出発している。そして、多様なアイデンティティを有する市民が平等を達成しようと熟議することで絶えず変化していく国家像を描き出している。このように、リベラル民主主義体制を政治的平等の観点から問い直そうとする論が1990年代にリベラル派の内部から出されたことは、市民教育理論の新たな展開を示している。

　新たな市民教育理論は、公的領域での熟議場面においても信仰や道徳的信念の多様性を認めている。国家的統合は多様なアイデンティティを有する個々人が社会的協働の条項を熟議することを基礎としているが、アイデンティティの多様性を認めた結果として解決が困難な問題をも熟議しなければならず、統合は容易に達成されるものではない。しかし、熟議実践を通じて市民に育成される批判的能力が統合の鍵となりうる。批判的能力の育成によっ

て、市民は自己を相対化できるようになり、他者との共存のために自らの考えを変化させる余地を生むのである。こうした、自己相対化能力は、新保守主義による市民教育によっては育成されがたいものであり、それゆえ、リベラル派の新たな市民教育理論は現代の教育改革を相対化する視点として意義を有しているのである。

第4節　批判的能力の育成と政治的平等

　ここまで、1990年代中葉から後半にかけてのリベラル派の市民教育理論において、市民のアイデンティティや行為を重視するシティズンシップが強調されたことの意義を、熟議民主主義理論との関連の中で探っていった。1980年代までのリベラル民主主義理論では公正なる社会のあり方が、平等なる財の分配や権利保障として考えられていたが、90年代には万人の意思の決定への影響力まで考慮する議論へと「転回」し、熟議が行える活動的な市民の形成が強調されるようになった。「熟議的転回」後、リベラル派論者の市民教育理論は共通して市民間の熟議の重要性を認識するが、熟議を意思決定の手段とするか、市民の自己変容の手段とするかで、差異がみられた。熟議に自己変容を促す教育的作用があるとする熟議民主主義の市民教育理論をリベラル派の市民教育理論の新たな展開と見なすことができ、批判的能力の育成が政治的平等の保障に寄与することに意義を見出すことができる[10]。

　90年代のアメリカ合衆国の市民教育理論では、マイノリティ集団が自らの存在価値を承認するよう求める多文化主義に対応する国家的統合のあり方が探求課題となっていた。左派のヤングは、普遍的シティズンシップの保障がマイノリティに重荷を背負わせるものだとして批判し、差異化されたシティズンシップ（differentiated citizenship）論を提出しているが、その中で、抑圧されているマイノリティに政治への集団特別代表権を認めるべきだと主張している［Young 1995：175-207］。差異化されたシティズンシップ論では、個人の生活圏でのアイデンティティ形成を認めながら、その土台の上に自治体や州、国の政治に参加し、社会を形成していける市民が想定されている。市民教育は、国家への帰属意識自体の多様性を前提としながら、抑圧のない

第8章　教育における国家的統合と価値としての政治的平等　193

国家的統合をめざし計画されていると考えられる。熟議民主主義理論に基づいた新たな市民教育は、こうした差異化されたシティズンシップ論に対し一定の応答ができる。

　熟議民主主義理論では、社会的、文化的、人種的、宗教的背景を有する個人の熟議への参加を認めている。そこでは、個人は政治的に平等なる存在として想定されているがゆえに、個人の意思はすべて平等に扱われ、マイノリティに対する抑圧は回避されている。こうした点で、熟議民主主義理論は文化の多様性を広く認めている。また、熟議民主主義理論は、教育を通じてなんらかの共通のアイデンティティを身につけさせようとはしておらず、多様なアイデンティティの承認に対応するのである。さらに、熟議民主主義理論を支える市民が自己を相対化する資質・能力を備えるということは、自らの生まれ育ったコミュニティや国家を相対化することにつながる。それは、コミュニティや国家内で生じている不平等や抑圧を認識することにもつながる。政治的徳を涵養し共和政体の担い手として育成するとともに、社会的に抑圧されてきたマイノリティを平等に尊重する共和政体を築く自律的な市民を育成する市民教育は、知識重視の市民教育やサービス・ラーニングを通じた実践的な市民教育とは異なる市民教育のあり方として意義を有している。

　ただ、他者の見解を尊重しながら公的事象を熟議し続ける市民の育成には、課題も残されている。カランやガットマンの議論では、子ども同士での熟議を通じて市民としての徳を養うことができるということであった。熟議民主主義に基づく市民教育理論は、異質な他者との関わり合いを通じて、自分と反対の立場にある者の拒絶を最小にする方策を探究していく市民的性向が必然的に養われると想定されている。しかしながら、熟議（コミュニケーション）を通じた相互作用は、偶然性を含んだものであり、期待される教育的効果がもたらされない可能性も否定できないのである [Reich 2007 : 192-3]。熟議理論を市民教育の方法論としてどのように発展させていくか。この探究は次章でさらに進めていくことにする。

第9章

教育機会の平等論に対する
熟議民主主義の意義

第1節　教育機会の平等をめぐる議論の動向

　第8章では、民主主義概念の熟議的転回後のリベラル派の市民教育理論において、社会的統合のあり方、およびそれに対する国家の役割がいかに検討されたかを考察した。ガットマンの民主主義的教育理論の形成過程の分析を通じて示されているように、熟議民主主義に基づく市民教育（シティズンシップ教育）は社会的統合とともに、政治的平等の達成をめざして理論展開している。本章では、こうした分析を受けて、アメリカ合衆国における1980年代以降の教育機会の平等をめぐる議論と、1990年代以降に展開された熟議民主主義論、およびシティズンシップ教育論の理論的な関連性を明らかにすることを通じて、教育機会の平等の実質化に向けた実践的課題を明らかにすることを目的とする。

　序章でも確認したように、1950年代の結果の平等を基礎とした権利保障としての教育機会の平等の考え方は、1970年代の一連の学校財政制度訴訟を経て、教育の充分性（adequacy）の保障を求める考え方へと論点を移行させることとなった。つまり、1980年代以降に、教育機会の平等は「充分な教育内容とは何か」という議論の文脈の中で検討され、充分な教育内容として民主主義社会への参加能力が位置づけられるようになった。このように教育機会の平等がシティズンシップ教育論と関連づけられて論じられるようになったことには、どのような意義があるのか。その意義を明らかにするためには、シティズンシップ教育論でめざされている民主主義社会像についての

検討が不可欠である。

　民主主義理論は、1990年代以降、主に政治学、法・政治哲学領域におい
て、選好集約型の民主主義理論に代わる新たな民主主義理論として熟議民主
主義理論の意義が強調され、深化してきた。田村哲樹によれば、熟議民主主
義の特徴は、「再帰的近代化の進展する現代社会における不確実性を承認し
つつも、何とか確実性を創出しようとする点」に求められる。また、「共通
善の実現としての政治像を提起」しながら、手続主義の立場とともに、熟議
参加者の「選好の変容を重視する立場」の論者が存在していることに求めら
れる[田村 2008：29, 32]。こうした熟議民主主義理論への注目は教育学（教
育哲学）の領域においても同様に見られる。それは、ペニー・エンスリンと
パトリシア・ホワイトによると、熟議民主主義が「われわれのシティズンシ
ップの理解にとって広範な含意を有している」という理由によっている。そ
の含意とは、「シティズンシップの実践についての熟議民主主義の考えや、
熟議民主主義が包摂に対して持つ可能性、さらには熟議民主主義が新しい市
民のさまざまなアイデンティティと民主的なシティズンシップのための新し
い場を創造する」といったものである[Enslin and White 2003：115]。熟議
民主主義理論はシティズンシップ教育論と接近しながら、数の論理では周縁
に追いやられるマイノリティの意思もが政治に反映されることを保障し、安
易な妥協によらない市民間での意思決定過程を通じて平等な社会を実現しよ
うとする理念として、その意義を認められてきている。

　こうした1990年代以降の教育哲学領域において議論されてきている熟議
民主主義理論と、「充分性」を強調する教育機会の平等論、およびシティズ
ンシップ教育論との関連性を精査し、熟議民主主義理論が教育機会の平等の
議論にもたらす意義を見出すことができるか。

　以下では、まず、教育の平等をめぐる議論の文脈の中で、ガットマンの教
育における平等論（充分性論）、およびデブラ・サッツ（D. Satz）のシティズ
ンシップ形成に向けた教育の充分性論、さらにエリザベス・アンダーソン
（E. Anderson）の民主的平等論を取り上げ、教育財の分配を基礎とする教育
機会の平等論が1990年代、2000年代にどのように受容／批判されたのか、
その動向を明らかにする。それとともに、熟議を重視するシティズンシップ

教育理論、および社会統合論が教育の平等論と接合して論じられるようになった理由を探究する。つづいて、社会的な平等の達成に対して熟議民主主義が抱える限界性について、多文化主義的な統合論の文脈の中で唱えられたジェームズ・バンクス（J. A. Banks）の多文化教育論＝多文化主義的シティズンシップ教育論と、メイラ・レヴィンソン（M. Levinson）の共通学校教育／多文化教育批判の検討を中心に、明らかにしていく。その上で、そうした問題を克服するための一つの方向性として熟議的シティズンシップ教育実践の有効性を検討するとともに、残された課題についても検討していく。

第2節　教育機会の平等論における〈充分性の保証〉

1. 分配論を基礎とした教育機会の平等論批判と教育の充分性論

　マゴーフによれば、アメリカ教育哲学会の機関誌*Educational Theory*誌上で起こった、ブラウン判決以後の教育の平等をめぐる「特に実りのある論争」は、1989年、90年に起こったケネス・ハウとニコラ・バービュラスの論争である［McGough 2004 : 110］。この論争は、バービュラスらの唱える「結果は選択を内包する」（outcomes entail choices）議論に対するハウの批判から始まり、それに対するバービュラスの反論、ハウによる再反論からなっている［Burbules and Sherman 1979 ; Howe 1989 ; Burbules 1990 ; Howe, 1990］[1]。バービュラスは、結果は機会を行使する個人の選択によって多様であるため、教育機会の平等と平等な教育結果とは必ずしも一致しないとし、コールマン報告に批判的な議論を展開していた。これに対して、ハウはバービュラスの議論が成人に対する論理として妥当するとしても、選択能力と責任能力が未成熟な子どもには義務的に教育を受ける機会と権利の保障が必要であると主張し、結果に基礎を置く教育機会の平等観念を提唱した。ハウによれば、結果に基礎を置く教育機会の平等観念は、次の二つの過程を経て教育の結果が平等化されることを要求する。すなわち、「(1) 民主主義的基準点に満たない諸々の教育結果に対しては、個人間での同等性が達成されなければならない、(2) 基準点を超えれば、その他の社会的財を享受する個人の見込みに影響を与えるあらゆる教育結果において、個々人からなる集団間の同等性[2]が

達成されなければならない。さらに、集団内での分配は「格差原理」を満た
さなければならない。」[Howe 1989 : 333] ここで依拠されているのが、平等
主義の立場に立つガットマンの民主主義的基準原理と、ストライクの格差原
理に基づいた平等論であった。

　ハウが第一原理として依拠したガットマンの民主主義的基準原理（the
democratic threshold principle）は、教育の充分性の水準を規定するものであ
り、1987年刊行の『民主主義的教育』の中で、教育機会の平等論への批判
的検討を通じて導き出された初等教育の分配の基準原理である [Gutmann
1987a : 127-139]。本書第3章第3節ですでに分析したように、原理の構築に
向けた哲学的議論を通じて、ガットマンは平等主義的理論に基づく初等教育
の分配を規定する二原理、すなわち、民主主義的権限原理と民主主義的基準
原理を導き出した。この二原理の導出の議論は、有限な教育資源の分配のあ
り方を継続的に問い直す枠組みの形成という観点から、分配の最低基準とな
る教育の充分性の内容を考えているという意味において、教育機会の平等論
にとって新たな展開を示している。

　この二原理は、公立学校財政のあり方を検討する際に適用されている
[Ibid. : 139-148]。ガットマンは、公正な学校財政は「積み上げ」（building
up）方式をとるべきだと主張する。この方式は、教育財政上の最低水準を決
定するために、教育上の最低水準を満たしている充分な学区を特定した上で、
不充分な学区に対して、水準に到達するまで州が助成するというものである。
これは、最も裕福な学区から不充分な学区へと教育資金を再分配する「引き
下げ」（leveling down）方式と異なり、充分な教育水準を上回っている学区
が不利益を被る心配はない。ただ、積み上げ方式では必ずしもあらゆる学区
が民主的最低水準を満たす保証がない。その保証のために、ガットマンは、
教育サービスの責任ある分配と的確な提供は最終的には地方の手に委ねるべ
きだとするのである。このガットマンの提言は、学校財政の地方統制を支持
する点で、一見すれば教育の充分性の保障を求めたロドリゲス判決を支持す
るものとして捉えられる[3]。しかし、ガットマンは、教育の充分性の内容を
特定した上で、州が機械的に資金を分配するのではなく、学区が提供してい
る教育の質を判断することを経て資金の分配のあり方を決定すべきだとして

いる点で、ロドリゲス判決に対する批判的提言として位置づけられるのである。

２．充分性という教育水準とシティズンシップ教育論の接合

　1980年代のガットマンは、平等主義の立場に立ちながら、充分性論を基礎とした教育の分配論を展開していた（本書第３章第３節）。この分配論において、分配の主体とみなされているのは国家ではなく地方自治体であった。ガットマンによる教育機会の平等論は、分配の基準原理の、哲学的分析に基づく正当化とともに、学区間での公正な財の分配に関する市民の熟議に依存することになる。1990年代以降、ガットマンは財の公正なる分配の議論から離れ、シティズンシップ教育理論と熟議民主主義理論の構築に力を注ぐようになるが[4]、このことは、教育機会の平等の実現に向けた議論とシティズンシップ教育論が不可分であると考えられていることを示唆している。

　こうした傾向性はガットマンのみならず、シティズンシップに向けた教育の充分性論を主張している政治哲学者サッツの議論にも見出すことができる。サッツは、2007年刊行の *Ethics* 誌「教育と平等」特集号において、教育の充分性に関する議論の中で教育機会の平等論・公平性論の批判的検討を行い、その問題性を指摘している。批判の対象とされるのが、教育機会に関する、形式的平等（formal equality）論、水平的公平性（horizontal equity）論、垂直的公平性（vertical equity）論であるが、批判の骨子はガットマンと共通するものである［Satz 2007：627-634］。ただし、サッツの批判は、教育における機会の平等論・公平性論が実現可能性という点で問題性を抱え込んでいることに焦点づけられている。つまり、伝統的な教育機会の平等、公平性の解釈は、実現不可能な要素を多分に含んでいるというのである。この批判の上で、サッツは、シティズンシップに向けた教育の充分性論が、確認してきた難点を解消すると主張していく［Ibid.：639-641］。

　サッツはシティズンシップにとっての教育の充分妥当な最低水準を次のように説明している。

　　シティズンシップにとっての教育の充分性は、初等・中等学校教育を

以下の五つの基準に照らして分配するよう指示する。

1．教育上の最小限度を保証すること。ただし、その経験的内容は社会における正規のメンバーへの変化する要求によって動的に定義される。これらの要求は政治的能力として狭く理解されるべきではなく、持続可能な生産的雇用のための能力とまともな生を営む確固とした見込みのための能力を含むものである。

2．そうした最小限度を超えて、教育上の／雇用上の立場のための公正なる機会を保証すること。劣位にあり恵まれない学校と職業へのみしかアクセスできず、第二階層の立場へと追いやられる社会的集団などあってはならない。公正なる機会は平等である必要はないが、社会における多くの立場へのアクセスのための機会の受容可能な不平等の範囲は限界がある。

3．多様な社会的集団の間でのリーダーシップのスキルの分配を保証すること。

4．多様性であふれた社会において、協働的な相互行為のために必要な能力を開発すること。これらは、信頼、寛容、相互理解、相互尊重を含む。これらの能力を身につけるためには、資源への独占的注目を超えていく必要があり、学校と地域とを人種的・階層的分断を越えて統合することに重点的に取り組む必要がある。

5．教育を通じて才能と能力の発達のレベルを下げて均一にすることを避けること。ただし、必要な潜在能力が、子どもすべてがシティズンシップの高い水準を満たすために必要な限りは、例外とする［Ibid.: 647-8］。

　サッツもまた、ガットマンと同様に、平等な社会の実現を理想目標として設定している。それは、サッツが「もし私たちのK-12の教育の目標が、少なくとも大部分において、平等なるシティズンシップの要求に基礎づけられているとしたら、その時学校は集団相互的な知識、社会的統合、合理的配慮、理解を促進するための重要な役割を担っていることになる」とし、そうした教育目標が「平等者で形成される民主主義的社会における本質的な教育の一

部でもある」としていることからわかる［Ibid.：640］。そして、平等な社会の実現という目標が個人に対する国家主導の経済的補償によってというよりも、むしろ集団代表的な政治によって達成できると考えているとみなすことができる。さらに、充分性の基準の3および4に示唆されるように、サッツはその政治の実現のためには人種・階層の壁を超えて思考し熟議することのできる、多様性に富んだ市民の育成が不可欠であると考えていると言えるのである。こうして、教育の充分性論は、熟議に積極的に従事しようとする市民像を想定し、それに向けた教育のあり方を論じていくことを通じて、教育における平等論の中に位置づけられることになるのである。

第3節　熟議民主主義が抱える諸問題と可能性――社会統合論の文脈で

1．教育の充分性論と社会統合論

　1980年代から90年代にかけてのガットマンとハウ、および2000年代のサッツによる教育の充分性論が含意するのは、シティズンシップ教育を要請する新しい教育機会の平等論の展開である。1980年代以降、教育機会の平等論は、実質的な平等論とはなり得ていないとする批判的観点から問い直された。その結果、教育資源の分配の基準を熟議を経た民主的な意思決定によって政治的に決められる仕組みを社会的に構築すべきだと主張され、その構築のためにも市民に政治参加能力を充分に身につけさせるべきだと主張された。このことは、教育の平等が経済的尺度に基づく一元的な分配論からではなく、政治的平等論の観点からも論じられるべきだとされたことを表している。

　*Ethics*誌に、サッツの議論と並び寄稿されているアンダーソンの民主的平等の議論は、教育機会の平等論が民主主義社会の政治的平等論と並行して論じられる理論的傾向を象徴している。論文において、アンダーソンは、アメリカ合衆国において公正な教育機会の議論が、「平等」から「充分性」へと変化したことを確認した上で、民主主義的エリート主義の立場から教育機会の平等のあり方について考えようとしている。アンダーソンは、社会における責任とリーダーシップを有する立場にいる者を「エリート」と規定する。

そして、「民主主義社会において、エリートは、自分たちにだけではなく、社会のあらゆるセクターの人々に効果的に奉仕する者でなければならない。エリートは、その立場にいるがゆえに享受できる権力、自律性、責任、報酬における不平等が、最も恵まれない者も含むあらゆる人々の利益を増進させるように自らの職務を行わなければならない」［Anderson 2007：596］と主張する。その上で、そうしたエリートが以下の四つの資質能力（qualifications）を備えるべきであると主張する。すなわち、1. あらゆるセクターの人々の利害と問題に対する自覚と、2. それらの利益に奉仕する性向、3. これらの利益を発展させる方法に関する技術的知識と、4. あらゆるセクターの人々の間で他者を尊重しながら相互交流できる能力、を備えるべきだとされる。さらに、アンダーソンは、「エリートが四つの要素すべてを所有するためには、そのメンバーシップは、恵まれない者も含む、社会のあらゆるセクターから引き出されるべきである。さらには、これらの多様なメンバーはともに教育され、それにより集団間での尊重的な相互交流の能力を発達させることができるようになるべきである」と主張していく［Ibid.：596-7］。こうしたアンダーソンの民主的平等の主張は、よりよい社会の形成には、個人が教育によって獲得した高い能力を社会的に還元することが重要であると説くだけではなく、エリートが単なる学力の高さから資格づけられるべきではないということも説くものでもある。

　アンダーソンの民主的平等構想が教育機会の平等の議論において提出されたことは、教育の充分性の内容を考慮する際に、政治的平等を基盤とする社会統合のあり方も同時に問われるべきだと見なされていることを示している。アンダーソンは、知的エリートが社会的責任とリーダーシップを担う現実社会においては、政治的な熟議を通じた意思決定において、マイノリティの声をすくい取れない危険性がはらんでいることを問題としている。だからこそ、マイノリティに対する社会的抑圧が排除される社会の実現に向け、知的エリートのみならず、マイノリティを含むあらゆる文化階層の人々が寄与できることに、教育の充分性を位置づけるのである。アンダーソンの問題意識の裏には、多様性が広く認められる平等な社会に向けたシティズンシップ形成が充分に機能しておらず、社会的統合がうまく進んでいない、という現実が存

在している[5]。こうした教育・社会現実の中で、文化的アイデンティティの多様性を前提とした社会統合のあり方を探究することが、1990年代以降の教育機会の平等論には要請されたのである。

2. 多文化教育批判に見られる熟議的シティズンシップ教育の課題

　人種的・民族的・文化的アイデンティティの差異に左右されない平等な教育の保障は多文化教育論者が継続的に求めてきたことであるが、社会統合という観点からはいまだに成果が見られない。こうした状況に対して、多文化教育論を民主主義的シティズンシップ教育論として再構築しようとする傾向が1990年代から2000年代にかけて見られる。

　アメリカ合衆国の代表的な多文化教育論者バンクスは、1990年代の議論において、多様な文化的背景を有する個人のアイデンティティが広く認められ、かつ平等に扱われるべきだという理念の実現に向けた、学校および社会構造の改革のヴィジョンを示している。このヴィジョンは、多文化教育の効果を検証するための判断基準が五つの局面、すなわち、教育内容の統合、知識の構築過程、偏見の軽減、公正な教授法、能力を引き出す学校文化と社会構造という局面から導かれるべきだとする議論に示唆されている［Banks 1995］。また、バンクスが多文化教育を「あらゆる社会階級、人種、文化、ジェンダー集団出身の生徒たちが、平等な学習機会をもてるように学校や他の教育機関をつくり変えるための教育改革運動である」［バンクス 1999：21］と規定するとき、そこには改革の原動力としてアイデンティティの承認を求めるマイノリティの声を位置づけようとする考えが表明されていた。1990年代の多文化教育論では社会変革の契機が強調されていた、とみなすことができる。

　しかし、2000年代のバンクスは次第に多文化教育とシティズンシップ教育を同じ次元で論じるようになる。例えば、2002年にイタリアのベラジオで開催された「多文化的国民国家における民族的多様性とシティズンシップ教育に関する会議」の報告をもとに刊行された『多様性とシティズンシップ教育』には「多文化社会における民主主義的シティズンシップ教育」と題するバンクスの総括的論文が掲載されている［Banks 2004］。その論文では、

民族的、文化的、人種的、宗教的多様性が増大している現状にあって、シティズンシップ教育が実質的に変化する必要があること、シティズンシップ教育においては「子どもが文化的アイデンティティ、国民としてのアイデンティティ、グローバル社会の一員としてのアイデンティティの繊細なバランスをとれるよう支援する」必要があることが説かれている［Banks 2004 : 7］。さらにバンクスは、自身が筆頭者となっているワシントン大学多文化教育センターの研究報告書で、「多くの多文化社会は市民の多様性を認識し受け入れ、かつすべての市民がコミットする包括的な共有価値、理念、目標を包含するような国民国家を作り出すという課題に直面している」［Banks et al. 2005 : 7］との考えを表明している。ここで包括的な価値として採用されるのが人権、正義、平等のような民主主義に関わる価値であり、民主主義の真の実現が集団間の多様性の尊重と国家的統合を両立させるとされる。バンクスは、この多様性の尊重と国家的統合の間には緊張関係があるため、「緊張関係を理解し、その理解にしたがって行動するような市民」を教育によって育成すべきだと主張するのである［Ibid.］。

　多文化教育論者としてのバンクスの論点の変化が示唆するように、多文化教育論は民主的市民の育成というシティズンシップ教育の教育目的を共有しながら、社会統合論としての性格を強めている。民主主義的社会・国家観に基づく論は、1990年代の多文化教育論が含んでいた社会的対立の契機を、民主主義的価値を標榜することで取り除こうとしたものであると解釈できる。多文化教育論は、単にアイデンティティの承認を求めることを越えて、多様性の尊重と社会統合を考慮できる市民としてのアイデンティティを身につけさせるシティズンシップ教育論としての性格を強めている。

　しかし、社会統合の達成に重点を置き、シティズンシップ教育と多文化教育を同次元で捉えようとする傾向性に対して、リベラル派の市民教育論者レヴィンソンは批判的見解を示す。レヴィンソンは、アメリカ合衆国において、「明確な市民的・民主的目的をもって設立された」共通学校教育（common schooling）と、「民主的平等、正義、共通の市民的メンバーシップの実現を目的としている」多文化教育とが、相互補完性を有していると広く一般的に理解されていることに対して、その理解が妥当かを検証している［Levinson

2007 : 627]。レヴィンソンは、こうした一般的理解に反し、共通学校教育が多文化教育の枠組みに十分にはなりえないことを指摘する。それは、以下の三つの理由で、共通学校教育の中には多文化教育に反するものがあるという指摘である [Ibid. : 630-1]。すなわち、1. 共通学校の中には、構成員間での寛容で、相互に尊重的で、協働的で、平等主義的な関係を樹立しようとする意識が低く、ゆえに効果的ではない学校が含まれており、そうした学校は緊張関係の悪化と偏見の増大という結果を容易に招くということ、2. 実証的証拠により、多様性あふれるコミュニティの中でただ生活しているという経験だけでは、すべての生活者の、市民としての取り組み、信頼、利他主義、政治的有用感、社会正義への関与など、多文化教育の目的と同様の目的を実現する可能性が減少する、ということが示唆されていること、3. 多様性という資源が目に見える形で存在するという現状に満足している限りにおいて、共通学校が相互尊重と文化越境的な深い理解の発達を妨げる可能性があるということである。

　また、レヴィンソンは、多文化教育が共通学校教育のための枠組み（手段）となりうるかについても検証する。レヴィンソンは、「子どもを平等かつ公正に教え、子どもすべてが学び成果を上げることを可能にする」ような多文化教育が共通学校教育にとって必要不可欠なものであると考えている [Levinson 2007 : 633]。しかし、このことが通用しているのは、多文化教育がその目的と定義を時代に応じて変化させているにすぎないからだ、と論じる。レヴィンソンは、多文化教育の定義の歴史的変遷を追いながら、そのように結論づける。さらにレヴィンソンは次の三つの現実を説明し、共通学校教育の中で多文化教育の理念は実現されていないとする否定的見解を示している [Ibid. : 636-8]。すなわち、1. 一般市民が実際には公立学校に所有意識を持っておらず、責任を感じていないことがしばしばであること、2. 学校が生徒の多様性を「賞賛」すればするほど、その学校は、実際に多文化教育の挑戦的な目的を達成するかどうかを考慮することをますます怠るかもしれないこと、3. 非選択的な公立の学校であっても、事実上の分離学校（*de facto* segregated schools）が存在しているということ、である。

　レヴィンソンは共通学校教育と多文化教育に関する徹底した現状分析を行

いながら、現実的に共通学校の中で多文化教育が効果を生むことが難しいことを指摘している。この指摘は、熟議民主主義を標榜するシティズンシップ教育を教育の充分性に含めること自体に内包されている課題を示している。さらに、例えば、学校選択制の導入のような、生徒（実際にはその親）が自由に公立学校を選択できる新自由主義的な教育改革の状況においては、公立学校教育といえども多文化的な生徒構成、多文化的な教室空間の存在を自明視することは難しい。多文化教育の目的達成の可能性は、こうした状況下ではますます低くなることが予測されるのである。

3．熟議民主主義理論のシティズンシップ教育実践への適用の可能性

　レヴィンソンが問題として分析する現状を考慮した上で、なお多文化状況の中での平等な社会の実現を求めるのであれば、熟議的教育の実践的方法を探究する必要がある。現状において実践、方法はどのようなものが考えられるであろうか。一つは文化的に同質な生徒であっても、一人ひとりを独自の存在と見なし、共通理解を図ろうと議論（熟議）していくようなシティズンシップ教育実践・方法である。もう一つは、学校外部での熟議的なフォーラムに生徒を参加させるという方法である。

　前者の例としては、社会的・政治的民主主義を深化・拡大するために学校の潜在能力を伸ばす研究を行うウォルター・パーカー（W. Parker）の提案するシティズンシップ教育があげられる [Parker 2006（2008）]。パーカーは教室の中での議論を中心とした教授を構造によって二つに、つまりセミナー（seminar）と熟議（deliberation）とに区別している。そして今日の合衆国の教室の中で見出される小学校低・中学年の文学研究サークルと読書クラブをセミナーの、高校で行われている現代的問題の議論を熟議の典型であるとしている。双方ともに「討論者たちが特定のトピックスについて、その差異を保持しながら、またその差異を越えながら、考え、話し、聴き、ともに学ぶ機会となる交流の場」とされる。しかし、それらは目的において違いがある。セミナーは対象となるテーマ世界を深く精査するための多様な事実解釈の方法を学ぶことが目的とされた議論である。一方、熟議の目的は、「共有されるべき問題（教室もしくは学校に関する問題、国家的・世界的問題など）を解決

するために最も適した行動方針がどれかを決定することである」[Ibid.: 335]。つまり、セミナーと熟議の違いは、議論の目的を、事実解釈の学習に限定するか／価値判断まで含み込めるかの違いであると考えられる。ただし、それらの目的が達成されるためには「他者とともに従事される」ことが必要であることは共通しており、差異を越えて聴き合うために「謙虚さ」、「注意」、「互恵性」を基盤に据えたカリキュラムと教授が双方において必要とされる[Ibid.: 342]。

　パーカーの例示が表すように、初等教育においては必ずしも多文化的な条件のもとでの熟議の必要はない。他者の話を聴くことや物事を正確に理解することといった熟議の基礎は、文化的に同質な生徒で構成された教室空間においても充分に養われうる。また、共有問題を熟議することへの当事者意識の向上もそこで生み出される。ただここでさらに問わなければならないのは、こうして養われる熟議の基礎能力と意識とを、成人期に求められる民主主義的な意思決定へとどのように結びつけていくか、いわゆる基礎から応用への移行の方法についてである。ここで有効な手段と考えられるのが、学校外部での熟議フォーラムへの参加である。

　学校外部での数々の熟議フォーラムの中で、学校での基礎的な熟議の学習を公共的決定へと結びつけるという観点から注目されるのが、スタディー・サークル（study circle）である。パトリック・スカリー（P. L. Scully）とマーサ・マコイ（M. L. McCoy）が例示しているように、ニューハンプシャー州ポーツマスでは、1999年から定期的にスタディー・サークルの熟議実践が行われている［Scully and McCoy, 2005］。1999年の実践では、ポーツマス・ミドル・スクールの6年生200名と成人75名が、いじめ問題および学校の安全問題を議論するために数度の会合をもち、最終的に生徒が教育委員会と市議会の合同会議に提案を表明するまでに至っている。その過程では、学校とコミュニティリーダーとのコミュニケーションの経路ができあがるという副次的結果も生み出している［Ibid.: 199］。その翌年には教育委員会メンバーの提案により、学校の再区画問題を熟議の課題とし、初等教育学校各々の代表者を含む100名以上がこの課題にとり組んでいる。その結果、コミュニティの受容度の高い再区画計画を提案するに至った。2002年には市警、

全米有色人種地位向上委員会地方支部、教育委員会の助成により、人種差別と人種間関係に関するスタディー・サークルが立ち上がり、警察官、学校長、コミュニティメンバー、高校生といった人々の間で議論が行われている。スタディー・サークルは、中部・東部州のコミュニティを中心に、複数年にわたり公共的な問題を議論し政策へと結びつけているが、特に人種差別・人種間関係の問題を議論のテーマとしているものが多く見られる［Ibid.: 207］。

　このように、スタディー・サークルはコミュニティレベルでの公共的問題を様々な立場のコミュニティメンバーが議論し、政策へと反映させていくことをめざすと同時に、その過程で参加者間のコミュニケーション経路が構築されることが期待されている。その中に生徒も含まれている点で、スタディー・サークルは学校教育の市民形成的側面を補う意義を有しており、熟議能力を実践面で磨くためのシティズンシップ教育としての可能性を有している。また、スタディー・サークルで扱われる問題に、人種主義・人種間関係をテーマとしているものが多いことは、学校教育が抱えている人種的・民族的・社会的背景を有する多様な人々の間での熟議の機会の減少という問題を改善する可能性も有している。

　ただし、スタディー・サークルでの熟議への参加は代表者によるものであることが多く、あらゆる子どもに熟議能力を伸ばす機会を提供するものではない。教育の充分性論という観点からは、学校教育の内部での熟議的な教育の検討がより重要となる。あらゆる子どもの熟議能力の育成の機会をいかに拡張していくべきかも含め、学校教育の枠内での熟議的教育と学校外部での熟議的教育の連携のあり方については検討の余地が残っている。

第4節　熟議民主主義は教育機会の平等論に何をもたらすか
——残される課題

　本章では、1980年代から2000年代にかけて、熟議民主主義を標榜するシティズンシップ教育論が「充分性」を強調する教育機会の平等論の中で強調されたことの意義について探究してきた。本章のまとめとして、改めて、熟議民主主義が教育機会の平等論に何をもたらすのか、確認したい。

探究を通じて明らかになったのは、次の4点である。(1) 1980年代以降のハウ、ガットマン、およびサッツの論に見られるように、財の分配論を重視する1970年代までの教育機会の平等論が人々の多様性に対応した平等を実現できていないとする批判的見地から再検討され、平等の実質化を市民の熟議能力の開発に求める教育機会の平等論として深化したこと、(2) アンダーソンの民主的平等構想が象徴するように、教育機会の平等論の再検討にとって、多様性を内包する社会のあり方、およびその実現に向けた統合のヴィジョンを提示する社会統合論の検討が不可欠であるとみなされていること、(3) しかし、バンクスの多文化主義的シティズンシップ論、および、レヴィンソンによる多文化教育批判が示すように、多様性を前提とする社会統合が進んでおらず、社会統合を進めるための熟議能力の開発を共通学校で行うことにも効果が見出しがたい、という現実的課題が存在していること、(4) そうした課題に対して、学校内部および学校外部での熟議教育実践の連携を含め、熟議的な教育方法論の継続的な探究が求められること、である。

　熟議民主主義は、諸個人の政治的平等を標榜する点において、経済的価値に一元化されない複合的な平等解釈を教育機会の平等論に対して提起している。しかし、それは多様な価値尺度から平等について考えなければならないという哲学的な課題をももたらすこととなった。同時に、めざすべき平等な社会像と社会統合についての検討も要請することになった。教育機会の平等は、人々の多様性に応じた教育資源の分配のあり方を探究するだけにとどまらず、そもそも人々の多様性に対応する平等とはいかなるものかを探究することも含めて、再検討されなければならない。そうした探究は、これまで教育機会の平等の保証を担ってきた国家による観点にとどまらず、社会を形成する市民の多様な観点を盛りこみながら行われる必要がある。市民間での熟議はそのための有効な手段とみなすことができる。しかし、市民の熟議においては多様な利害関心が関わるがゆえに、安易な妥協によって終着することはない。意思決定を暫定的なものとし、熟議を継続させていくことにこそ、熟議民主主義の目指す到達点がある。

　教育機会の平等論を教育現実に対して効果的なものにするためには、多様な視点を包含する形の熟議を行うことのできる市民の形成が求められる。本

章では、その形成の可能性を熟議的な教育実践の中に求めていった。しかし、そうした検討を経てもなお、引き続き検討しなければならない課題が残されている。その課題は、ハリー・ブリッグハウス（H. Brighouse）とアダム・スウィフト（A. Swift）のサッツに対する批判に端的に示されている。ブリッグハウスらは、サッツがシティズンシップの効果的な形成と市民的平等の実現に向けて統合学校を支持していることに対して、（一定の理解を表明しながらも）分離学校の教育効果を強調する議論を展開し批判している。ブリッグハウスらは、アムステルダムにおける学校効果研究において、恵まれない移民の子どもたちが統合学校へと分散的に通学させられた場合よりも、分離学校に集中的に通学させられた場合の方がよい成績を取っていることが発見されたことついて言及し、環境上の分離が、市民的平等－多様性－を犠牲にしたとしても、教育上の平等を促進していると推察することは理に適っている、と論じている［Brighouse and Swift 2009］。

　熟議的シティズンシップ教育理論が問わなければならない課題は、政治的に平等とされる者の間に現実的に発言力の強弱の問題が存在していると前提したとき、どのような形の学校教育が社会的平等の達成にとって効果的かを検証することである。マジョリティとマイノリティを分離すべきか、それとも統合すべきか。その効果を検証する作業が必要となろう。仮に統合的な学校教育を支持するとしても、先に取り上げたレヴィンソンの指摘、すなわち、熟議民主主義のための市民教育が、マイノリティの生徒に対して、少なくとも最初は自分自身には元々備わっていない「権力の言語」を身につけるよう明確に教えるべきことを要求し、マイノリティ集団で成長した子どもに多大なコストを課している、という指摘は、重大に捉えられるべきである［Levinson 2003］。

　多様性の尊重と統合の綱引きは、社会における問題だけではなく、学校教育における問題ともなっている。その問題に対する教育理論上の検討は、本章で確認したように決着がついてはいない。むろん、決着がつく性質のものではない。民主主義的な熟議を通じて、多様な観点から継続的に探究され続けなければならないのである。

第10章

熟議民主主義の規範性と実現可能性
―――市民教育理論の文脈から排除問題を再考する

第1節　熟議民主主義の制度化へ向けた問題の所在

　第Ⅲ部のこれまでの検討を通じて、熟議民主主義を基礎とする市民教育理論が国家的統合とともに政治的平等をめざす規範的性格を有していることが確認された。本章では、1990年代以降に規範理論として構築された熟議民主主義理論が、その規範性を保持しながら現実化するために、排除の問題をいかに克服しようとしているかを検討していく。その際、制度化の議論が進展している政治・社会理論としての熟議民主主義理論と市民教育理論としての熟議民主主義とを対比していく。両者は規範性の中核に主として政治的平等の達成・保持を据え、熟議過程を通じた参加者の自己変容・選好変容を政治的平等の達成の鍵としている点で共通している。またそうした自己変容・選好変容がもたらされる熟議の前提条件を探究している点で共通している。しかし、前者が社会的・経済的不平等を構造的に解消することを熟議の前提条件に含める一方で、後者は市民形成の一環として育成された市民の協働意識、もしくは互恵的心性をその条件に含める点で差異が認められる。こうした条件設定の差異を意識しながら、制度化を構想する政治・社会理論としての熟議民主主義理論を相対化するための論点を市民教育理論としての熟議民主主義理論から抽出していく。

　政治・社会理論としての熟議民主主義は、選考集約型民主主義に比して少数派の意思を民主的決定に反映する余地を増大させようとする点に、またそれによって政治的平等の理念を実現しようとする点に規範性が見出されてい

る［山田 2012］。現在の理論的動向は、こうした熟議民主主義の規範性を前提として熟議民主主義をいかに実現していくか、いかに制度化していくか、という段階へ移行しつつある。そうした動向は理論レベルに止まってはいない。ジェイムズ・フィシュキン（J. Fishkin）の先導のもと日本を含む世界規模で実施されている熟議型世論調査（deliberative polling）をはじめとした多様な形態の実践へと拡大してきている［Fishkin 2009 ; Gastil and Levine eds. 2005 ; 篠原編 2012］。

　規範理論としての熟議民主主義が政治的平等達成の鍵としているのが、熟議への市民の動員、および熟議過程を通じた市民の自己変容・選好変容の促進である。選考集約型民主主義と異なり熟議民主主義が参加者の政治能力、特に自己変容・選好変容を伴う意思決定調整能力の向上に寄与する、ということはすでに熟議民主主義の特徴の一般的理解となりつつある。こうした理解の上で、政治・社会理論領域では、熟議参加者の自己変容・選好変容が効果的になされるための制度構想が検討されている。検討の過程では、熟議の目的を必ずしも公共的意思決定の導出と措定せず、極力自由で制約の課されない熟議が展開される必要がある、と考えられている［山田 2012 : 283］。

　こうした熟議を現実化する形態として注目されているのがミニ・パブリックス[1]である。先行研究では、熟議民主主義の制度化（実現）に向けて、決定非拘束的な小規模レベルでの熟議民主主義を意思決定を最終目的とする政治制度へといかに接続していくかが検討課題とされ、ミニ・パブリックス（インフォーマルな熟議）と議会の接続が模索されている［田畑 2011、鈴木 2012］。

　しかし、こうした先行研究を受け、熟議民主主義の規範性を保持しつつ制度構想を構築していく次の段階では、さらに検討されるべき課題が残されている。それは、制度構想において、熟議参加者の自己変容が熟議の場における平等で自由な議論によってもたらされると理念的に考えられているにも拘わらず、最終的な意思決定を終着とする現実政治への接合を想定した際に論理的矛盾が生じる可能性がある、ということである。熟議民主主義の規範性を保持するためには、政治過程における排除（exclusion）を是正する論理と制度設計が必要であるが、そのあり方についていまだに検討すべき課題とし

て残されている。

こうした課題状況をふまえた上で、熟議民主主義の制度化の論理を構築するために、政治・社会理論としての熟議民主主義とは異なる視点として、市民教育理論領域での熟議民主主義を再検討しようとすることには意義がある。熟議参加者（市民）にいかにして共同の意識・市民的心性を醸成するかという課題の検討が、権力関係の是正をシステム設計を通じて行おうとする論とは別の回路として新たな論点を提供すると考えられるからである。

本章では、ガットマンの熟議民主主義理論および市民教育理論の中で熟議における排除の是正に関連する二つの議論、すなわち、市民的徳性としての互恵性（reciprocity）と相互尊重（mutual respect）の育成の議論、および自律性（autonomy）の育成をめぐる議論を中心に検討していく。これらの観点をめぐって、熟議民主主義、および市民教育理論主唱者の議論と批判者の議論およびそれへの応答の議論を検討することにより、熟議民主主義の制度化へ向けた議論を進展させていきたい。

第2節　熟議民主主義を支える原理としての互恵性

熟議民主主義の理論書『民主主義と意見の不一致』において、ガットマンとトンプソンは熟議民主主義をどのように捉えているのか。ガットマンらは熟議民主主義が次のような性質を持つとしている。すなわち、「熟議民主主義は、市民と公人に対し、公共政策に拘束される人々が受容できる理由を提示することで、その公共政策を正当化するよう求める。相互に正当化可能な理由を探究しようとするこの性向が、熟議過程の核心を表している」[Gutmann & Thompson 1996 : 52]。また、相互に正当化可能な理由の探究を支える原理として、（提供されるべき理由の種類に関わる）互恵性（reciprocity）、（理由提供の場に関わる）公開性（publicity）、（理由を提供する行為主体／提供される対象に関わる）説明責任（accountability）があり、これら三つの原理のうち互恵性が他の二つの原理を先導するとしている [Ibid.]。

熟議民主主義の核心に位置づけられる互恵性の基盤は「社会的協働の公正な条件を探求しようとする能力である」[Ibid. : 52-3]。この規定が前提とし

ているのは、熟議が自己利益の追求、達成の動機に基づくものではなく、他者との協働の条件を探究しようという動機に基づくものだ、ということである。こうした前提は、ガットマンらによれば、互恵性に対抗する原理としての思慮分別（prudence）が、相互に利益的であるということを正当化の根幹に据え、交渉（bargaining）によって暫定協定（*modus vivendi*）を結ぶことを目的としていることとは異なっている [Ibid. : 53]。また、普遍的に正当化可能であることを正当化の条件とし、論証（demonstration）によって包括的な見解を導出することを目的とした不偏性（impartiality）とも異なっている [Ibid.]。

　ガットマンらはローレンス・ベッカー（L. C. Becker）による互恵性一般の規定「受け取った利益に釣り合った返しを行うこと」（making a proportionate return for good received）を含むものだとした上で、自らが考える熟議民主主義における互恵性について説明している [Ibid. : 55]。すなわち、「熟議民主主義において、互恵性の第一の責務は公共的理性（public reason）を、すなわち、市民があらゆる財に関わる自らの主張をお互いに正当化する条件を統制することである」[Ibid.]。ここで熟議民主主義における互恵性に関する「受け取った利益」とは、ガットマンらによれば、「私が原理的に受け入れ可能な条件によって、あなたが自らの主張を述べること」を、「釣り合った返し」とは「あなたが原理的に受け入れ可能な条件によって、私が自らの主張を述べること」を意味する。この規定に示唆されているように、互恵性は公共的理性を統制し、市民があらゆる財のあり方をめぐって自らの主張を互いに正当化する条件を統制する役割を担う原理なのである [Ibid.]。

　ガットマンらが〈互恵性〉の概念を民主主義理論の核心に置いているのは、道徳的不一致に直面した際の対処として、〈思慮分別〉の原理に基づく交渉や、〈不偏性〉の原理に基づく論証では十分には道徳的不一致を解消し得ないという問題意識があるからである。現実的に、価値多元的な社会において、思慮分別の原理では「他の市民の幸福を犠牲にしても、自分自身もしくは自分の集団の利益を最大化しようと」するであろうし、道徳的推論を拒絶するがゆえに、「相互正当化可能性の基礎を提供する道徳的内容を無力にする結果となる」[Ibid. : 58]。また、不偏性の原理の問題は次のように説明される。

「多数派の市民が不偏的な観点から妊娠中絶についての自分たちの見解は正しいと結論づけたとしよう。市民たちは、自分たちの見解が道徳性についてのある一つの包括的見解から帰結すると考えており、自分たちの見解は最も一般的な形の道徳的推論に従って正当化されうると考えている」[Ibid.: 61]。しかしながら、そうした立場やその理由づけを受け入れない他の市民とは合意に至る可能性が残されない。歴史的には「互恵性を拒絶する多数派はしばしば、異なる道徳的見方を保持する少数派を抑圧」してきており、そうした抑圧を回避するために必要とされた寛容（toleration）の原理でさえも、「市民がそれに依れば自分たちの道徳的不一致を未来に解決することが期待できるような積極的な基盤を何ら提供しない」のである［Ibid.: 61, 62]。

　以上の対比から導かれるのは、互恵性の原理は思慮分別に比して他者志向的であり、不偏性に比して政治的であることである。ガットマンらは、当事者への要求度の高い互恵性という徳を前提条件として熟議民主主義を規定しているため、理論上、必然的にその徳を構成員に事前に備えさせる手段を考慮せざるをえない。学校教育はその手段として重視される。

　ここでガットマンは学校における徳の育成において、アメリカの立憲民主主義に必要不可欠な徳としての寛容を超えて、相互尊重（mutual respect）の徳まで含めるべきだと主張していく。それは、「寛容は、あらゆる人にとっての自由と正義を備えた民主主義社会を創造するためには十分ではない。ここでいうあらゆる人には、異なる宗教、民族、肌の色、文化をもった人々が含まれる」と考えるからである［Gutmann 2000c : 82]。相互尊重という徳を備えていなければ、「人々は多くの文化的差異を基礎理由にして、お互いに差別し合う」[Ibid.]。それゆえ、公正な協働社会を構築するためには相互尊重が必要となる。この相互尊重は、学校教育の中で「ある政治的問題について活発に、かつ他者を尊重する形で議論する」経験を通して養われると考えられる。すなわち、そうした議論の過程の中で、「生徒は、多元主義的な民主的社会を構成する理に適った差異と共通性とを、個人的にも集団的にも、振り返っていくことを学ぶ」のである［Ibid.]。相互尊重は、「自分の信念を捨て去るのではなく、他者の信念によって彼らが情報を与えられるのだと発見することによって」養われる［Ibid.]。

相互尊重という徳の育成が強調されていることは、熟議民主主義理論の規範的性質を明確に表している。言いかえれば、熟議の能力の高低を問題の中心に置いていないという点に規範性が見出される。たしかに、ガットマンは学校教育において熟議に必要な知識（政治システム、世界史、経済の理解）とスキル（読み書き計算能力、批判的思考）をあらゆる子どもに育成することが必要であるとしている。ただ、互恵性を主要原理とする熟議民主主義は相互に正当化可能な結論を導くことを目的としているため、原理的には、熟議の能力が低い者が熟議を通じて社会的に排除されるという結果とはならない。この点に熟議民主主義理論が熟議過程における排除を回避しようとする規範性を有していることが見出されるのである。

　ただし、こうした規範的・理念的構想に対して、現実の民主主義社会においては熟議の能力の高低が結果の不平等を招き、それが社会的な排除につながっている現状がある。熟議民主主義を実現するためには、こうした排除の問題を課題として解消する必要がある。次節では、その解を排除という観点からなされた熟議民主主義批判とそれへの熟議民主主義主唱者の応答を中心に検討しながら導いていく。

第3節　熟議民主主義批判とその応答

1．熟議民主主義の理論内在的な排除に対する批判

　熟議民主主義に対する、排除という観点からの批判は二つの方向性がある。第一に、熟議理論そのものが排除の性質を持つとするもの、第二に、熟議実践において現実的に排除が生じているというものである。

　第一の方向性からの批判の代表として、スタンリー・フィッシュ（S. Fish）の批判を上げることができる。フィッシュは、熟議民主主義主唱者が重視する相互尊重の概念が排除装置として機能していることを批判している[Fish 1999]。フィッシュは相互尊重が「自分と意見の不一致を抱えている者を、自分を死へと導く敵としてではなく、真実を探求するパートナーとしてみなすべきことを要請する考え方であり、また自分が信じているものに対する理由づけられた挑戦に仮に反論できない場合は自らの観点を変えたり、修

正したりする準備をなすべきことを要請する考え方」であると理解し、それが一般的には合理的で妥当な考え方とみなされるとする。しかし相互尊重の概念は熟議民主主義主唱者の特定の立場を反映しているという意味で、合理的で公平・中立なものとは言えず、それゆえ、特定の存在の排除につながっているとしている [Ibid.: 93-4][2]。

こうしたポストモダン的な批判に対して、ガットマンらは『民主主義と意見の不一致』において展開された中絶論争に対する熟議民主主義者としての自らの立場を説明しながら、次のように反論している。

『民主主義と意見の不一致』において、私たちはプロ・ライフの立場を合理的だとして擁護している。だが、その擁護は私たちがプロ・ライフ支持の立場が正しい立場だと思っていることを意味していない。私たちは、――多くのリベラルな哲学者と私たちの同胞の幾人かに反して――最も強力な正当なプロ・ライフの立場が妥当な妥協からはじまり、それらの妥協を基礎に論理的な議論を組み立て、中絶の権利を制限することに賛成する合理的な結論に達した、と見なしているのである [Gutmann and Thompson 1999 : 259]。

ガットマンらは、道徳的問題に関する多様な立場を熟議において比較した上で、合理的と判断できるものを自分たちが支持していると論じている。そしてそう論じることによって、熟議民主主義の観念を「政治的立場の異なる人々を尊重していないものとみなす」フィッシュの論点は妥当ではない、と批判するのである [Ibid.]。

相互尊重という徳の設定がある特定の立場からなされているがゆえに中立的ではなく、特定の集団の構成員の排除につながる、とするフィッシュの批判に対して、ガットマンら同様コリン・バード（C. Bird）もまた批判を加えている。バードは、フィッシュの相互尊重批判が、「公正性（fairness）の議論を発展させることはある特定の種類の政治的立場を発展させることであり、その政治的立場は必然的に他の誰かの政治的立場を排除する」という主張と、「あらゆる政治的立場は本質的に不公正を含んでいる」という主張とを混同

している、と見なす [Bird 2010 : 113]。バードにとって、前者の見方は非常に常識的で問題とならない。仮に、「肌の色、宗教的信念、国籍を理由に誰かを殴り傷つける、ということは決して適切ではなく、またそのような行動に他者が従事せぬよう権力が使われるのは正統だ、という立場をある者が保持している」としても、この立場は「誰にとっても不公正なものではないであろう」とバードは言う [Ibid.]。この仮定的立場に対して、「おそらくフィッシュは、人種差別主義者、偏見を持つ者、外国人嫌いにとっての「不公正」を必然的に含むと考えるであろう」が、「このフィッシュの考えが妥当となるのは、私たちがありとあらゆる政治的排除が不公正だと見なす場合だけである」。こうした論の上で、「私たちは、あらゆる政治的排除は特定の形式の「不公正」の形をとる、というフィッシュの主張に同意する理由はない」と断じる [Ibid. : 114]。

　バードによるフィッシュ批判の基盤にあるのは、常識的な社会的望ましさという価値に照らしたとき、フィッシュの相対主義的な批判が妥当性をもつものではない、という考えである。フィッシュのポストモダン的視点からの排除の指摘は論理的に退けられている。

2．自律的市民像と宗教的個人の対立問題

　ただ、ガットマンらやバードによる批判が一定の説得性をもち、フィッシュの批判が妥当ではないと退けられるとしても、フィッシュの主張を次のように捉え、価値づけることはできよう。すなわち、相互尊重的な熟議を通じて自己変革することを求めない者をも熟議民主主義のあり方を考える際に考慮に入れるべきだとする主張としてとらえることである。こうした解釈の上で、自律的市民像と宗教的個人の対立問題へと議論の焦点を当てていこう。

　熟議民主主義理論が宗教的個人を排除するとの批判は、近年、アン・ニューマン（A. Newman）によってなされている。ニューマンはガットマンとトンプソンの熟議民主主義理論の中心概念である互恵性の原理が、「宗教的個人が公共の熟議に参加する際の大きな障壁を築く」としている [Newman 2005 : 316]。ニューマンは、ガットマンらが熟議的特質として道徳的自律性を優先していること、ガットマンらがこの価値を熟議の背景へと押しやるた

めに「もはや、国家が必要不可欠な市民的徳として道徳的自律性を促進すべきかどうかについての議論の余地を残していない」ことを問題とみる。こうした自律性の育成を求めない宗教的個人は「実質的に一度議論のテーブルに着けば、自分自身が多大な制限を受けている事に気づくだろう」とされている [Ibid.: 318] [3]。

　教育目的に自律性の育成を求める市民教育論は、自分の子どもに自らの信仰を疑う可能性を付与する批判的思考の育成を求めない親の主張と対立する契機を含んでいる。ガットマンをはじめとする熟議を重んじる市民教育論者がその対立について議論していても、最終的には自律性の育成を優位に置く結論を保持するのであれば、そうした論は必ずしも社会的多様性を尊重しているとは言えない、とニューマンは指摘しているのである。自律性の育成と宗教的個人の信仰の自由の保持の対立はいまだに論争的である。

　ただ、こうした論争的問題に対して、熟議民主主義が自律性を前提していることに批判を加えているルーカス・スウェイン（L. Swaine）の論は、排除の回避に向けた論として一定の意義を有している。批判の中で、スウェインは宗教的市民が熟議から必ずしも排除されるものではない、という見解を示すのである。スウェインは、自律性を「人が強制されずに熟慮した上での選択に従事する条件であり、それは自己反省的な性向と、自らの利害、信念、目的、愛着に関して修正を行おうとする態度によって補完される」と定義した上で、それには四つの中心的構成要素があるとする。すなわち、「（1）強制されない選択、（2）熟慮の上での選択、（3）自らの目的、愛着、信念、利害に関して、必要に応じて一部を変更したり、大きく変化させたりしようとする態度、（4）自己反省的な性向」である [Swaine 2009: 185-6]。スウェインは宗教的な個人を他律的個人と読み替え、他律的個人が（1）と（2）のみを備えているものと規定する。そして、他律的個人であっても、積極的で実りのある方法で公共的な討論に貢献しうることを主張していくのである。

　スウェインは、熟議民主主義理論において育成が要求される基本的な市民的知識とスキル（「政治システム、世界史、経済学の理解」と「リテラシー、計算能力、批判的思考」）を他律的個人が身につけたとしても、それにより利益を得ることができる、と考える。その上で、「他律的な人間は、熟議におけ

る予防的除外の諸原理（principles of preclusion）を理解し受容しながら、他者との熟議的対話に従事しうるし、通常は従事している」としている[4][Ibid. : 188]。これらの議論を展開し、スウェインは次のように結論づけている。「リベラリズムの個人的自律性へのコミットメントは弱まるべきである。特に理論家が他律的な生き方よりも自律的な生き方が優れていると自律性を強く求める場合はそうあるべきである。なぜなら、善についての他律的な構想はよき市民という観点から非常に有徳であり得るからである。特に、善についての他律的な構想が良心の自由の基本原理と調和しており、正しい形で他律的である場合には、有徳なものであり得るのである」と［Ibid. : 204］。

　スウェインの他律的市民擁護の観点は、熟議には自律性の育成が必要不可欠であるとする議論を組み替える機会を提供する点で、熟議民主主義理論自体に内在する排除性を回避する理論構築のために、また熟議民主主義の実現を考えるために一定の意義を有していると言える。

3．構造的不平等としての、事実上の社会的排除の問題

　熟議場面での排除という観点からの第二の批判、つまり実践において現実的に排除が生じているという批判に論を移そう。1990年代にすでにこの観点から批判を加えていたのがアメリカの政治学者リン・サンダース（L. Sanders）である。サンダースは、熟議は相互尊重の実現なしには存続し得ないと私たちが想定するにも拘わらず、熟議が現に存続していると思われるならば、相互尊重という条件が熟議参加者によって達成されてきたと考えるのは誤解でさえある、としている[Sanders 1997 : 349]。すでに形式的な政治制度において少数派となり、体系的にも実質的にも不利を被っている女性、人種的マイノリティ（特に黒人）、貧困層の人々は、私たちが特徴として熟議的だと認識するような方法で議論する傾向にはないからである。サンダースは、参加民主主義への懐疑を示すヨーゼフ・シュンペーター（J. Schumpeter）の平均的市民観（議論する能力の不足により議論が浅薄になること、長時間の議論に耐えられないこと、公私を区別して判断することができないことを特徴とする市民観）を引き合いに出しながら、あらゆる人々が熟議に参加し共通の意見（common voice）を探究しようとすることが現実的に人々の差異

第10章　熟議民主主義の規範性と実現可能性　221

性、特に権力関係の末端にいる集団の差異を蔑ろにすることになる、としている［Ibid.: 354-357, 359-361］。

　構造的不平等が存在している現状において熟議が公正に機能しないとする批判に対して、熟議民主主義論者としてのガットマンとトンプソンは次のように主張していく。個々人の間での熟議能力は社会的・教育的・経済的地位に呼応して差異が認められるが、政治における代表制と関連する「説明責任という熟議的原理に基づいて行為することはこうした熟議能力の違いを埋め合わせるであろう」。批判者が見過ごしているのは、恵まれない集団が自分たちの階層の中から自分たちの利害と理念とを、多数派の代表と少なくとも同じように理に適った形で効果的に主張できる代表をこれまで見出してきた、ということである［Gutmann and Thompson 1996 : 132-3］。こうしてガットマンらは、熟議がエリート主義的性質を有しているとする考え方を否定していく。

　ただし、ガットマンらは、社会的・経済的な不平等が政治の代表選出における不利益を招いている選挙制度の改革という文脈の中で、次のようにも述べている。すなわち、「政治家と政党からの影響を受けない独立した委員会に対して、選挙資金制度を運営する権限を委ねる」といった改革がおそらく必要だと考えられるが、「熟議民主主義理論はこの種のいかなる特定の制度改革にもコミットしないが、不平等な富と確立した権力に由来する、（熟議フォーラムを含む）政治的過程におけるこれらのバイアスを、できる限り排除する変革を要求する」［Gutmann and Thompson 2004 : 49］。こうした主張には、熟議民主主義の健全なる制度化に向けて、抑圧された集団の声の熟議への反映が社会保障制度と歩調を合わせて考えられる必要があるということが示唆されている。この示唆は熟議民主主義理論が現状として社会的・構造的不平等を直接的に解消するものではないということを意味している。熟議民主主義の実現に向けた議論では、構造的不平等を解消するための社会制度を並行的に考慮する必要があるのである。

　その一つの方向として考えられるのが、リベラル左派のアイリス・マリオン・ヤング（I. M. Young）の集団代表制の考え方である。ヤングは次のように述べる。

民主的社会の人々は、抑圧され、不利益を被っている構成集団がもつ異なる声と視点とを効果的に認識し、代表していくための機構をもつべきである。そのような集団代表制が意味するのは次のことを支える制度的機構と公共資源である。すなわち、(1) 集団の構成員が互いにエンパワーメントしあい、社会的文脈の中で、その経験と利害を反省的に理解するための集団を自己組織すること、(2) 意思決定者が自分たちの熟議が集団の視点を考慮に入れたことを示す義務があることが制度化された文脈において、政策提言を集団で分析し、集団で生み出すこと、(3) ある集団に直接影響を与えるような特定の政策、例えば女性に影響を与える性と生殖に関する権利に関する政策や、インディアン保留地に影響を与える土地利用政策といったものに対して、集団に拒否権を持たせること、これらを支える制度的機構と公共資源である [Young 1990 : 184]。

　抑圧された集団の声を政治に反映させるための制度設計が必要であるとするヤングは、2000年代に入り、構造的な社会的不平等を是正するためには、こうした十分に代表されていない社会的集団（under-represented social group）のさらなる包摂と影響力が必要であると主張していく [Young 2000 : 141]。ヤングは、「女性、労働者階級の人々、人種的・民族的マイノリティ、不遇なカースト、などの代表を明確に増加させるよう企図された政治的・団体的制度」を高く評価する [Ibid.]。具体的には「投票リストにおけるクオータ制（割り当て制度）、比例代表制、議席の確保、選挙区の区割りを行うこと」といったこれまでの提案を高く評価している [Ibid.]。「民主主義理論は現行の構造的環境における民主主義的実践から距離を保つ」ことが重要であり、「批判理論として」理解される必要がある [Young 2001 : 688] とするヤングの主張は、熟議場面に存在する構造的不平等と、それに伴う排除を是正する為に熟議民主主義主唱者が受容してよい観点であると言えよう。

第4節　熟議民主主義の実現に向けて

　本章でこれまで追ってきた熟議民主主義およびそれに対する排除という観点からの批判、さらにそれへの応答に関する考察をまとめると、次のようになる。(1) 熟議民主主義主唱者の理論によれば、熟議民主主義は理念として社会的協働のあり方を探究することをめざしており、そのためには互恵性に基づいた相互の正当化が求められている。そうした相互の正当化を実現するためには、相互尊重の徳の教育場面での涵養が求められる。(2) しかし、相互尊重の徳の存在が熟議に排他的性質を帯びさせているとして、熟議民主主義理論は批判者から批判されている。自律性の育成の拒否にも関わるこうした批判は公的な教育場面において宗教的信仰の問題をどう扱うべきかを問うものであると言えるが、熟議民主主義は必ずしも宗教的信仰の問題を拒絶するものではない。(3) また、熟議民主主義は現実の場面で構造的な不平等に由来する結果の不平等を招いている、とする批判も存在する。こうした不平等は、熟議民主主義が健全に機能していない現状にあっては、熟議による改善が困難であり、それゆえ集団代表制などの制度的な改革を伴うことで実質的な不平等を解消する可能性を得る。

　こうした一連の議論は、政治・社会理論における熟議民主主義の実現・制度化の議論に対して、必ずしも直接的に効果的な議論を提供するものではない。しかし、その議論では見過ごされている、規範としての互恵性の原理や相互尊重の徳の育成の視点、および宗教的個人と熟議の関係性についての視点を提示することで、規範的な熟議民主主義の実現可能性を高める意義を有していると考えられる。本章では、規範的な熟議民主主義理論を実現するために熟議参加者の徳の育成が必要であるということを強調してきた。この点と関連して、最後に、熟議民主主義の健全な実施に向けての教育政策の重要性を論じ、かつ教育政策立案・決定に際する熟議を批判的に検討しているニューマンの研究（Newman 2009）を取り上げよう。

　ニューマンは、シカゴ学校評議会を対象に地方自治と参加・熟議民主主義の関係を明らかにしたアーカーン・ファン（A. Fung）の研究［Fung 2004］を取り上げながら、教育政策立案における熟議民主主義の有効性について議

論する。ニューマンは実証研究を引きつつ、シカゴ学校評議会の構成員が人種的・民族的に不均衡が生じていることを指摘する［Newman 2009 : 71］。すなわち、人種構成として白人が全体の50％の統合学校において評議会委員の85％が白人であるという事実は、多様な市民が熟議に参加すべきだとする理念とかけ離れている、と問題視する。また、アメリカの公立学校では事実上の人種分離が存在している現状において、教育政策に関わる地方での熟議は多様な観点を含みこんだ結論に至る可能性が低い、という。この傾向は、恵まれた家庭が質の低い公立学校から退出していく傾向と呼応して強まっていく、とも見ている。こうした状況に対して、ニューマンは、ファンの議論[5]を援用する形で、政治的活動主義（political activist）の立場から克服の道を探究すべきだと主張する［Newman 2009 : 82］。ここで言う「政治的活動主義」は、例えば周縁化された市民の動員（mobilization of marginalized citizens）を指し、「平等な基盤の上で熟議する市民の能力の獲得を妨げる、背景となる不平等を部分的に補償していく」［Ibid. : 68］。ニューマンは政治的活動主義に一定程度の役割を認めた上で、不完全な条件での熟議を是正すべく、「市民の間の背景的不平等を補償する熟議的関与のルールを変更すること」を選択肢として掲げていく［Ibid.］。

　ニューマン（および援用されたファン）の熟議民主主義の現実化に向けた議論が示唆するように、2000年代に教育の文脈で提出された熟議民主主義の現実化に向けた議論において、理念・規範としての熟議民主主義の実現はナイーブな論理によってではなく、最終的には政治力の関与によってこそ達成されうるのだ、と現実的に論じられてきているということである。本章で考察してきたように、社会的現実を考慮すれば、熟議民主主義を実現するためには構造的不平等を是正する必要があり、それが課題として残されている。そしてその構造的不平等の是正のためには公共空間にマイノリティの声を反映させる制度設計が改めて必要となる。ただし、こうした設計が活動主義に傾斜し、政治的な対立を激化させながら集団間の社会的分断を助長する危険性があることも忘れてはならない。熟議民主主義理論が相互に正当化可能な理由を探究し、社会的協働の条項を探究することを目的とした規範的な理念であることは、現実の制度設計において歯止めの原理として働くべきである。

第10章　熟議民主主義の規範性と実現可能性　225

　熟議民主主義の実現に向けては、市民的徳の寛容を効果的に行う教育論の確立も今後求められる。アメリカでは、パメラ・コノヴァー（P. Conover）とドナルド・シアリング（D. Searing）が、ミネソタ州の地方の農場コミュニティ、フィラデルフィアの都市の労働者コミュニティ、ノース・カロライナの郊外のコミュニティ、サン・アントニオのヒスパニック系移民のコミュニティの高校生を対象に市民的能力・資質の育成度を調査した実証研究によって、対象生徒の政治的寛容性が概して低く（特に郊外のコミュニティ、移民のコミュニティにおいては寛容性が低く）、市民的資質が市民教育によって十分に養われていないことが明らかにされており、改善の要求がなされている[Conover and Searing 2000 : 107]。このような実証的研究をふまえて、熟議に必要とされる相互尊重の徳をいかに育成すべきか、またどれほど育成できたかを考察することが、熟議民主主義の実現に向けた議論にとって重要になろう。

終章

価値多元的社会と政治的教育哲学

第1節　本書の研究のまとめ

　本書の研究は、現代アメリカの政治哲学者エイミー・ガットマンの民主主義的教育理論の展開過程を追いながら、その理論を支える民主主義概念が、参加民主主義から熟議民主主義へと変遷していることの意味を明らかにすることを目的していた。また、ガットマンの理論の展開を、1980年代以降のアメリカ合衆国における市民教育の理論的動向と関連づけて検討し、現代アメリカ教育哲学における平等論の変容の意味を明らかにすることであった。こうした二つの目的をもった本書をあらためてまとめていくこととする。

＊

　第Ⅰ部「1980年代のガットマンのリベラリズム批判と民主主義的教育理論の形成」では、1980年代に刊行された著書1・2、および刊行論文から、分配論に基礎を置く平等主義リベラリズム批判と参加民主主義概念への着目、さらに意識的社会再生産概念を中核にした民主主義的教育理論の形成の過程を明らかにした。

　第1章「『リベラルな平等論』（1980年）に見られる政治参加論と教育——J. Rawls の「分配的正義」論に対する批判」では、言語分析を中心に教育固有の価値を探究した1970年代までの欧米の教育哲学が80年代に社会正義に対する教育の価値の探究へと議論を転換させたこと、その転換を基礎づけたロールズの分配的正義の議論にガットマンが参加的正義の概念を組み入れようとしたことを、ガットマンの著書1『リベラルな平等論』を素材に検討し

た。教育という社会財をいかに分配するかという議論に欠けている市民の参加という側面をガットマンが強調していることが明らかになるとともに、市民の参加を保証するために教育における実践的な政治教育が必要とされたことが明らかにされた。

　第2章「『民主主義的教育』（1987年）における政治的教育の特質——意識的社会再生産概念の確立と参加概念の関係性」では、著書1で検討された分配的正義と参加的正義の結合という平等主義思想が包括的な意識的社会再生産概念の展開へと結びついていることを明らかにした。ガットマンは著書2『民主主義的教育』において、教育権限の正当化理論の構築と人々の多様性に応じた平等に向けた教育の役割の明示を目的としている。教育権限の正当化に関して、ガットマンはこれまでの政治理論の伝統に則して、国家共同体に教育権限を認める「家族国家」論、親に教育権限を認める「諸家族の国家」論、個人の選択の自由を最上に位置づけ、そのための中立性を担保する教育専門家に教育権限を委ねるという「諸個人の国家」論を検討する。そして、これらの国家論が教育目的として、市民的徳の育成か、個人の自由の拡大かのどちらに力点を置くかで違いを生んでいることを指摘し、教育目的の二元論的な見方に対して批判を加えている。ガットマンは民主主義的市民の間で教育権限を分有することが教育目的の対立を克服するとして、「民主主義的国家」論を主張・支持していく。さらに、「民主主義的国家」論の中核となる「意識的社会再生産」概念に基づいて「非抑圧」と「非差別」の二原理が制限原理として設定されると主張する。この主張は社会の単なる複製ではなく、社会を政治に参加した市民が有意味なものに作りかえることが、教育の社会志向的目的と個人志向的目的の両者を統合する、という考えを含んでいる。こうした考えは成人のみならず、未来の成人である子どもにおいても準用されており、この点で未来の子どもの権利保障がガットマンの教育論の核心に置かれていることが明らかになった。

　第3章「ガットマンの民主主義的教育理論における「教育権限」問題——1980年代の中心課題」では、『リベラルな平等論』から『民主主義的教育』への移行期、および『民主主義的教育』で展開された「民主主義的教育」理論の、実際の教育への応用が中心に論じられる1980年代全般にわたる諸論

文を分析した。分析を通して、ガットマンが、ウィスコンシン州対ヨーダー事件として知られるアーミッシュ裁判の事例の検討を通じて、教育目的をめぐる保守とリベラルの対立とそれに伴う教育権限に関わる両者の対立を調停するために、「子どもの未来の権利」という第三項を設定し、権利論を主体とした教育理論を構築したことが明らかになった。権利論を主体としたガットマンの民主主義的教育理論の中核である「意識的社会再生産」概念が単なる政治的社会化とは異なる革新的性質を有している。ガットマンは、子どもの合理的選択能力、熟議能力の育成を教育の役割としていること、また熟議を支える市民的徳＝相互尊重の育成を教育の役割として主張するようになったのである。

つづく第Ⅱ部「ガットマンの民主主義的教育理論の展開──1990年代前半の熟議民主主義論との関連を中心に」では、1990年代初頭から権力の分有を主眼に置く参加民主主義概念とは異なる熟議民主主義理論の構築がなされはじめたこと、およびそうした文脈の中で市民教育が強調されたことを明らかにするとともに、ガットマンを中心として論が展開されている市民教育の目的・内容をめぐる教育の国家関与と親の教育権限の対立の問題を検討していった。

第4章「1990年代前半のガットマンの民主主義的教育理論の展開」では、熟議民主主義理論の構築と熟議民主主義を支える市民の育成について論じられる1990年初頭から1996年に至る時期の諸論文、および著書3『民主主義と意見の不一致』を分析対象とした。分析を通して明らかにしたのは、1990年代初頭のガットマンの諸論文では、熟議とその機能的価値、および熟議に必要な市民的資質が中心的に論じられており、80年代の「民主主義的教育」理論が熟議を含み込む形で完成されたことである。また著書3において、ガットマンが著書2で教育権限の分有という文脈で支持した民主主義概念を、熟議民主主義概念として焦点化し、その正当化の理論を構築していることを明らかにした。正当化の際、ガットマンは手続き的民主主義と立憲民主主義を検討し、前者が、公正な民主的過程を確立すれば公正な結果が導き出されるとして、結果の妥当性に注意を払っていない点を、また、後者が、実質的な民主主義的意思決定過程を規定しない点を批判している。過程と結果の

どちらか一方が優先されるものではないとするガットマンは、熟議民主主義が両者がめざすものを統合的に満たす概念であると主張していく。包括的概念である熟議民主主義がいかなる要件を必要としているかについては、互恵性、公開制、説明責任という条件と、基本的自由、基本的機会、公正な機会という内容を含めていると論じられる。その中でも互恵性の重要性が説かれ、それを支える市民的徳として相互尊重が重視されていく。第4章では、相互尊重という徳とリベラリズムが伝統的に支持してきた寛容という徳との差異を見出しながら、ガットマンの熟議民主主義が道徳的問題をも公共的な検討対象とする社会理論としての性格を有していることを明らかにするとともに、こうした理論構築が分配論に基づく平等主義リベラリズムからの離脱を意味していると解釈した。

　第5章「アメリカ市民教育理論におけるシティズンシップと民主主義」では、アメリカの共通学校教育で教えられるアメリカ史がWASP中心の党派的なものであるとする多文化主義の異議申し立てに対して、リベラル派がいかに応答しているかを、市民教育をめぐる諸理論を対比しながら、検討した。個人の自由を強調する論者と、ナショナル・アイデンティティの共有を強調する論者との間に存在する対立を、市民の熟議を通じて意思決定を重視する熟議民主主義理論に焦点を当て、解消しようと試みた。ただし、そうした市民による熟議への信頼は熟議参加者が市民的徳性を身につけていることを必要とする。教育内容において市民的徳性の育成が重視される傾向は、リベラルな論者が、多文化社会における熟議の成立要件に関しては、リベラルな価値の提示だけでは不十分であると認識されたことを意味するのであり、それゆえ批判にもさらされている。ガットマンの論と批判者の代表としてのリベラル派のゴールストンの論とを対比し、両者が合理的な公的判断能力を子どもに発達させることが最低限必要であるとする主張を共通して有しているものの、社会をつくりかえるための批判的熟議に必要な市民的徳の育成か、社会を存続させるために必要な自己のアイデンティティの確立かによって違いがあることを明らかにした。第5章では、ガットマンの民主主義的教育が、市民教育を必然的に伴っているものの、ナショナル・アイデンティティの涵養、もしくは社会を維持するための必要最低限の知識の教育と徳性の育成と

終章　価値多元的社会と政治的教育哲学　231

は異なり、社会を変革することを主眼に置いていた教育であることを明らか
にした。

　第6章「市民教育理論における教育の国家関与と親の教育権限——市民教
育の目的・内容をめぐって」では、子どもへの教育権限をめぐる親と国家の
対立関係の調整という問題を、リベラル派の市民教育論者ゴールストン、マ
セード、ガットマンの議論を比較しながら検討した。宗派的な親と国家の間
で教育権限をめぐり争われたモザート対ホーキンス地方教育委員会裁判に対
する三者の議論を対比することを通じて、マセードとゴールストンが、教育
内容の正当化を強調するあまり、社会的統合理論に関しては制度維持に限定
した論を展開したこと、これに対して、ガットマンの議論は、政治的空間で
の諸個人の多様性を許容しようとするものであったことを明らかにした。ま
た、政治的空間での道徳的対立をいかに受け入れ、調整すべきかについて探
究するガットマンの熟議民主主義論が子どもの自律性の育成を必要としてお
り、必然的に国家の教育への関与が伴っていることを確認するとともに、そ
の正当化の議論を検討した。熟議民主主義を基礎とする国家であれば、意思
決定の正当化の方法として熟議を想定することになり、その内部に、熟議民
主主義のあり方それ自体を相対化する仕組みを組み入れているゆえに、市民
の反省によって絶えずそのあり方が問われる。こうした点で、国家と親を含
めた市民は必ずしも対立関係にないことをガットマンは正当化の中核におい
た。民主主義的で公共的な心性を有する市民の、熟議を通じた道徳的な調整
を主張する議論に妥当性を見出し、その議論に依拠しながら、公共的な市民
をいかに育てるかについて論じた。

　第Ⅲ部「1990年代後半の民主主義的教育理論の深化——熟議民主主義の
現代的意義と課題」では、1990年代後半のアイデンティティ・ポリティク
スの議論を経由して熟議民主主義に基礎を置く民主主義的教育理論が深化し
たことを明らかにするとともに、規範的理論としての熟議民主主義理論を制
度化するための議論の文脈で熟議民主主義の市民教育が抱える排除問題につ
いて検討した。

　第7章「ガットマンの民主主義的教育理論におけるアイデンティティをめ
ぐる課題」では、ガットマンが多文化主義や宗教的信念に関わる教育問題

（チャドル事件やアファーマティヴ・アクションをめぐる裁判事例）に対して、一貫して多様性擁護の立場から議論していることを明らかにした。さらにそうした多様性擁護の理由を、熟議の能力の育成、および市民的徳の育成・強化が熟議を通じて行われると考えられていることに見出した。さらにガットマンの著書4『民主主義におけるアイデンティティ』を分析し、熟議民主主義の理論構築の前提として私的利害を追求する個人が単位とされていたことから、実際の民主主義社会において機能している集団を単位に考察することで、より現実的な理論構築が目指されていることを明らかにした。著書4では、リベラルな民主主義社会で所与とされている文化的集団、自発的集団、社会帰属的集団、宗教的集団の集団的アイデンティティを、民主主義的正義という観点から査定されている。そこでは、文化は個人のアイデンティティすべてを包括するものではなく、個人は自由に自らの生活を選び取っていく主体的存在として尊重されるべきだと主張されていた。また宗教的信念に関しては、政治の中で尊重されるだけではなく、民主主義的な公正（具体的には民主主義的に制定された法を侵さないこと）との関係で調整されるべきだと主張されていた。この二つの主張に通底しているガットマンの主張、すなわち市民は、民主主義的な正義の原理の枠内で、個人の多様なアイデンティティを相互に認め合っていくべきだという主張が、著書3で構築された熟議民主主義理論を現実社会での社会的平等の達成に向けて応用しようとした理論的展開を示していると考察した。

　第8章「教育における国家的統合と価値としての政治的平等――1990年代アメリカのリベラル派の市民教育理論の新たな展開」では、1990年代のリベラル派の市民教育理論において、市民のアイデンティティや行為を重視するシティズンシップが強調されたことの意義を熟議民主主義理論との関連の中で探り、熟議に自己変容を促す教育的作用があるとする熟議民主主義の市民教育理論の意義を探究した。1980年代までの選好集約的なリベラル民主主義理論を問い直す形で、90年代に、市民の政治参加と熟議を社会形成の基盤に据える民主主義理論をリベラル派、反リベラル派両派が提出していることは熟議的転回の特徴を表している。しかし、市民教育上の課題、つまり、政治的熟議の場や文化、コミュニティ内での同質化の問題を回避しつつ、

個人の差異を尊重する公正なる社会的協働のあり方と市民教育のあり方とを考えなければならないという課題が依然として残されている。この課題に対して異なる見解を示すリベラル派のマセードとカランの論争を比較しながら、熟議を純粋に意思決定の手段と見なす立場と、熟議を市民の自己変容の手段と見る立場がリベラル派の中にも存在することを明らかにした。後者の立場にあるガットマンの議論において、道徳的に対立する立場を認めながら相互に受容可能な結論に至ろうとする熟議実践が市民の自己変容を促すこと、また、熟議実践の前提として自己相対化能力（批判的能力）の育成が必要であるとみなされていることを明らかにし、批判的能力の育成が価値多元的な社会における政治的平等の保障に寄与するという点に新たな展開の意義を見出した。

第9章「教育機会の平等論に対する熟議民主主義の意義」では、市場化の名の下で国家による教育関与が薄らいでいる時代状況にあって、人々が有する多様で個別的な要求を公教育制度の枠内でどこまで許容すべきかという問いを、教育機会の一律な平等ではない平等のあり方を論じつつ検討した。それは、1980年代以降のアメリカ合衆国における教育の充分性をめぐる諸議論の中に、1970年代までの財の分配論を基盤とする教育機会の平等論の実現可能性に対する批判、および人々の多様性に対応した平等の実質化に向け市民の熟議能力の開発を重視する教育機会の平等論の展開を見出すことであった。1980年代に展開されたガットマンの初等教育の分配に関わる議論を取り上げながら、ガットマンが有限な教育資源の分配のあり方を継続的に問い直す枠組みを形成するという観点から、分配の最低基準となる教育の充分性の内容を考えており、平等理論としての教育の充分性論を支持していることを明らかにした。また、1990年代でのハウの同様の議論、および2000年代のサッツの議論を検討し、それらの議論にシティズンシップ教育を要請する新しい教育機会の平等論の展開を見出した。ただし、そうした展開に対して、批判が向けられていることも検討し、新たな教育機会の平等論には、多様性を内包する社会統合のヴィジョンの検討が不可欠であるとみなされていることを明らかにした。

第10章「熟議民主主義の規範性と実現可能性——市民教育理論の文脈か

ら排除問題を再考する」では、1990年代以降に規範理論として構築された熟議民主主義理論が、その規範性を保持しながら現実化するために、排除の問題をいかに克服しようとしているかを明らかにした。検討の際、制度化の議論が進展している政治・社会理論としての熟議民主主義理論を相対化するねらいをもって、市民教育理論としての熟議民主主義とを対比した。両者は規範性の中核に主として政治的平等の達成・保持を据え、熟議過程を通じた参加者の自己変容・選好変容を政治的平等の達成の鍵としている点で共通している。しかし、前者が社会的・経済的不平等を構造的に解消することを熟議の前提条件に含める一方で、後者は市民形成の一環として涵養された市民の協働意識、もしくは互恵的心性をその条件に含める点で差異が認められる。こうした条件設定の差異を意識しながら、制度化を構想する政治・社会理論としての熟議民主主義理論を相対化するための論点を市民教育理論としての熟議民主主義理論から抽出した。この章では、ガットマンの熟議民主主義理論および市民教育理論の中で熟議における排除の是正に関連する二つの議論、すなわち、市民的徳性としての互恵性（reciprocity）と相互尊重（mutual respect）の育成の議論、および自律性（autonomy）の育成をめぐる議論を中心に検討した。考察を通じて、熟議民主主義の前提とされる相互尊重の徳の存在が熟議に排他的性質を帯びさせていると批判されていることを明らかにした。こうした批判は自律性の育成の拒否にも関わっており、公的な教育場面において宗教的信仰の問題をどう扱うべきかをあらたに問うものであると言えるが、熟議民主主義は必ずしも宗教的信仰の問題を拒絶するものではないことを明らかにした。また、熟議民主主義は現実の場面で構造的な不平等に由来する結果の不平等を招いている、とする批判に対して、熟議民主主義が健全に機能していない現状において、熟議による改善が困難であり、それゆえ集団代表制などの制度的な改革を伴うことで実質的な不平等を解消する可能性を得るということを考察した。

＊

　以上、10章にわたる検討を通して明らかになったのは次の五点である。すなわち、(1) ガットマンが1980年代に平等主義的リベラリズム批判を出発点として参加民主主義概念に基礎づけられる民主主義的教育理論を展開し

たこと、(2) 1990年代前半から価値多元的社会における熟議民主主義の必要性を強調し始め、市民教育論を伴った理論構築を進めるとともに、リベラリズムが伝統的に保持してきた寛容とは異なる市民的徳の必要性を強調したこと、(3) 1990年代後半にはシティズンシップ教育に関わる問題でもあるアイデンティティ・ポリティクスをめぐる問題の検討を行いながら、集団的アイデンティティを基礎とした民主主義論を新たに展開し、熟議民主主義理論を深化させたことである。さらに、ガットマンの理論的展開と並行して、(4) アメリカ教育哲学における平等論の系譜の中で、1990年代以降リベラル派論者によって参加論・熟議論を内包する平等論（充分性論）が一定の支持を得るようになり、70年代に隆盛した分配論に基づく平等論からの平等論の変容があったこと、(5) そうした平等論が人々の多様性に対応した（特に実質的不平等を被っているマイノリティの）実質的な平等（政治的平等）を保障しようとする理念に基づいていること、が明らかになった。

第2節　残された課題

　平等主義的リベラリズムの問い直しから出発し、個々人の差異に応じた分配の方法を政治参加の概念によって導こうとした1980年代のガットマンの民主主義的教育理論は、1990年代以降、現実の公共的問題（例えば、道徳的対立や多様なアイデンティティを有する国民の統合の問題）へと適用・応用されていった。その過程で、異なる信念をもった市民同士での公的な熟議が、他者との関係性を深め、他者の意見に耳を傾ける市民的態度を養うという、熟議的民主主義の市民教育理論が発展していった。政治に価値を置くガットマンの教育理論の体系を、仮に「政治的教育哲学」と名付けるならば、この教育哲学を支えているのが、マイノリティの善き生を保障しようとする平等主義の思想と、教育を通じた社会改良をめざす進歩主義の思想であることが見えてくる。

　1990年代以降、リベラル派論者が市民教育への関心を高めていることは、現実の社会的、教育的問題を平等という視点から評価し、平等なる社会の創出のために自己を相対化できる自律的な個人の育成が、価値多元化社会にお

いて改めて必要とされていることを意味しているのではないか。本書におけるこうした含意は、2000年代の市場原理の導入による教育改革の波が落ち着いたかのように見える現在の学校教育のあり方を考える上での一つの指標となりうる。また、参加民主主義から熟議民主主義への民主主義概念の展開、つまり政治に参加するだけにとどまらず、そこで熟議し、それを通じて自己変容することまでも期待する民主主義概念への展開を、市民教育の文脈と関連させて示したことは、日本の学校教育での民主主義のふくらみへの突破口を開く可能性を有していると考える。ただし、成人の参加および熟議と、子どもの参加および熟議の間にある断絶をいかに埋めていくかという課題は残されており、さらに研究していかなければならない。

　第10章において論じたように、熟議民主主義は制度化に向けて、社会制度の改革を伴う課題を抱えている。熟議民主主義を志向する教育が内在している排除問題は教育哲学上の課題と言え、本書で残された検討課題であると言える。それは、ただ単に教育哲学研究によって解消するものではなく、人文・社会関連諸科学の研究の知見を集積する必要もあろう。また、熟議民主主義を志向する教育が内在する排除問題と関連して、自律性の育成という教育目的の正当化論についても引き続き検討する必要がある。この正当化論は第6章で中心的に検討したテーマであるが、子どもの教育をめぐる親と国家の権限の対立問題を民主主義的教育理論が包括すると正当化したとしても、現実的にはいまだ論争の渦中にある。それは、日本においても、権利論の拡張によって市民的公共性の創出が可能となるとする戦後教育学の主張が成り立っていない教育現実に、つまり、公教育の正当性を子どもの学習権論から導き出すことに行き詰まりが生じているという現実にも象徴されている[1]。民主主義的市民の育成という教育目的を権力が回収する可能性もあり、この問題をいかに捉え、論理を構築していくかも残された課題となる。

　現在、イギリス、およびアメリカで活躍する教育哲学者ハリー・ブリッグハウス（H. Brighouse）は、リベラリズムの理論が抱えるこの問題性を認識し、家族の価値を組み込んでリベラルな理論を鍛え直そうと試みている。ブリッグハウスは、アダム・スウィフト（A. Swift）との共著論文において、（直接的にはガットマンの教育理論の批判を行っているわけではないが、）ガット

マンが教育に求めていると考えられる自律性の育成に対して批判的な議論を行っている。ブリッグハウスらは、子どもの自律性の能力の発達を妨げるようなやり方をもってしても自分が適していると思うように子どもを育てようとする親の家庭教育と、自律性までをも子どもたちに育成しようとする公教育との対立に焦点を当てながら、後者の教育が次のような理由から問題性を有していると指摘している。すなわち、「子どもが親によって養育されている間は、子どもの生活を親の生活から完全に切り離すことはきわめて難しいからであり、また……自分の子どもとある種の関係を持つことに対して親が持つ特定の利益はきわめて大きいものであるからである」[Brighouse & Swift 2006：83]。ブリッグハウスらが主張しているのは、自律性の育成にとって家族が重要な意味をもっているということである。つまり、自律性は愛情をもって養育している親によって子どもにもたらされる安心感の上で学ばれ実践されること、また、親によって強いられる敬虔な宗教的な生き方も、自律性と結びついたスキルを子どもが学ぶ機会を多く含んでいること、を認識すべきだと主張するのである [Ibid.：84]。

　さらに、ブリッグハウスは他の論文で、親の親密性の権利を子どもの自律性の基礎形成という観点とともに、親としての善き生の追及と関連させて尊重すべきであると主張している。ブリッグハウスは、自らが認知的、身体的、感情的に発達することに対して子どもが持つ利益を監督する責任を大人は有しているが、親がそうした責任を持ちうる存在へと成長するためにも、子どもと築く関係性（親密性）が必要である、と主張するのである [Brighouse 2010：36]。

　ブリッグハウスは、ガットマンと同様に、基本的には子どもの自律性の育成を教育目的として支持していると考えられるが、リベラリズム理論が直面する親と子どもの権利の衝突の問題を、家族、親－子関係の価値を持ち出すことによって回避しようとしている。同時に、親が子どもの養育に従事することを推奨し、そうした特別な関係性の中で、親が利己的な思考を相対化できる大人としての能力を身につけることへの期待を暗示している。

　ブリッグハウスが、リベラル派が議論の外に追いやっている家族の価値を再認識しながら、リベラリズムの理論を再構築しようとする試みは現段階で

発展途上であると言える。しかし、この試みは、公教育の正当性論の基礎づけに向けての課題を明らかにしているといえる。ブリッグハウスが、公教育の理念としての教育機会の平等の保障が、家族という制度が存在する以上、十分には達成され得ないことを指摘しながらも、なお、教育の平等を考える際に、同程度の資質・能力を有する子どもが、家庭の状況や親の選択の差によって同程度の成功の見込み[2]が保証されえないことを不公正だとする論証を行っていることは、非常に示唆的である［Brighouse 2003：473, 484-5］。公教育の正当性論は、親の選択が公共性の創出にどう関連するのかを理論的に解明する課題を抱えると同時に、子どもと親の対立構造を乗り越える理論の構築を必要としている。それにはブリッグハウスの一連の研究の検討のみならず、フェミニズムの視点の導入も必要となろう。本書で残された、今後の検討課題としたい。

註

■序章　平等をめぐる教育哲学研究と政治哲学研究との接点

1　本書では、"deliberative democracy"の訳語を「熟議民主主義」、"deliberation"の訳語を「熟議」とする。"deliberation"の訳語については、「熟慮」、「討議」、「協議」などが一般的である。篠原一も指摘するように、少なくとも2000年代初頭において、「審議」、「協議」、「討議」、「熟議」と専門家の間でも統一されていない［篠原 2004 : 202-3］。桂木隆夫は、自由社会の共生の作法としてdeliberative democracyに依拠した論を展開しているが、この際、「模索する民主主義」という訳語を与えている［桂木 1998 : 103］。それは民主主義が「実践と試行錯誤によって成り立つ」ことを強調するという意図がある。本書においても、絶え間ない議論の中から多様な人々が互いに正当化できる結果を導き出そうとする「実践と試行錯誤」をdeliberative democracyの特徴として認識している。また、調停の難しい多様な信念、道徳観を有する市民同士が、公共的な問題に対して自らの意思をぶつけあい議論し続けることが強調されているとの認識もあり、そうしたdeliberationを継続することに教育的な意義があるとも考えている。こうした多重な含みを表現する語として、井上達夫は「熟慮」と「協議」の二つの意味を含み込ませるために「熟議」という造語をdeliberationの訳語として当てている［井上 2002 : 147］。現在、社会科学分野ではその語の使用が一般的になりつつあると考えられるため、本書においても井上の訳語に倣うこととする。なお、旗手俊彦（1999）では「協議」、ジョン・ロールズ『正義論　改訂版』の川本隆史他訳［ロールズ 2010］では「熟慮・討議」と訳されている。

2　ただし、ハーヴェイ・シーゲル（H. Siegel）は、2009年に刊行された編著 *Oxford Handbook of Philosophy of Education* のイントロダクションにおいて、次

のように述べ、教育哲学が一般哲学と遊離した傾向が1990年代アメリカにおいて生じていることを指摘している。「これらの理由、またこの他の理由により、哲学的伝統が一般的に教育を哲学的反省の価値ある重要な対象としてみなすようになっていることは驚くべきことではない。それゆえ、哲学的調査（investigation）の領域としての教育哲学の探究は、1990年代に、特にアメリカ合衆国において、一般哲学から切り捨て去られることとなったのは不幸なことである。1950年代、60年代、70年代はかなりの数の一般哲学者が教育哲学に重要な貢献をもたらした。……しかし、主題となることは、現役の一般哲学者、および大学院生の多くが、いやおそらくほとんどがそうした貢献を哲学のポートフォリオの一部として認識していないほど、可視性と表現性の損失に近年さいなまれているということなのである」[Siegel 2009：5]。

3　カレン論文に対しては、ケネス・ハウが批判的に検討している [Howe 1994]。

4　このパメンタル論文に対しては、ナターシャ・レヴィンソン（N. Levinson）による批判論文がある [Levinson 1998]。

5　パメンタルは、熟議民主主義を社会制度へと構成していくために、政府の役割は何か、教育制度の役割は何か、学校教育の役割は何かを議論する必要があり、それはさらなる議論へと開かれているとして、継続的な熟議が必要であることを強調している。

6　アンダーソンに対する批判論文においては、ガットマンに対する好意的な意見が表明されている [Stout 2003]。

7　ただ、ガットマンの「教育の民主主義国家」論は、教育権の所在を国家、家庭、個人に単独に措定することを否定し、これらを調和させることの必要性を唱えるものであり、具体的な方法論としては、本書で論じるガットマンの熟議民主主義理論の方が実効性をもつと考えられる。

8　ガットマンの発表論文一覧はhttp://www.upenn.edu/president/images/president/pdfs/Amy-Gutmann-CV-current.pdf（最終確認2017年1月31日）に掲載されている。ただし、掲載されている書誌情報は初出時のものと異なっているものがあるため、確認の上、可能な限り、初出時の情報を掲載していく。

9　著書2の1999年改訂版は神山正弘による邦訳が2004年に出版されている（邦訳は英文文献一覧の部分で書誌情報を明記している）。ただし、本書では神山訳と訳語の見解が異なる部分もあるため、原典をもとに訳出していくこととする。またその際、翻訳の該当ページはあえて付記しないものとする。

10　ガットマンは、前述のように、デニス・トンプソンとの共著『なぜ熟議民主主義なのか』（Why Deliberative Democracy?）を2004年に、『妥協の精神』（The Spirit of Compromise）を2012年に刊行している。本書では、1980年代から1990年代にかけてガットマンの教育理論に大きな展開があったことを明らかに

註　241

するために、こうした著作は検討の外に置いている。また、アンソニー・アッピアとの分担執筆による共著『カラー・コンシャス』が1996年に刊行されている。アッピアとガットマンが各々独立した論文1本を掲載する形となっており、ガットマンの執筆箇所は、先に掲げたガットマンの発表論文の論文37となる。このような性質の著作であるため、著作と位置づけ検討するのではなく、論文37として検討することとする。さらに、1987年刊行の『民主主義的教育』が1999年に改訂版が出されていることを確認する必要がある。1999年改訂版は1987年版に新しい序章と終章を付したものである。しかし、追加章以外の章は大幅な改訂がなされてはいない。新しく加えられた終章は「市民的ミニマリズム、多文化主義、コスモポリタニズムの挑戦」と題されており、市民教育の教育目的の範囲、多文化主義に対する承認と寛容の課題、アイデンティティをめぐる普遍主義と愛国主義の対立の問題が検討されている。こうしたテーマに対するガットマンの見解は、本書第Ⅱ部で検討する。

■ 第1章　『リベラルな平等論』（1980年）に見られる政治参加論と教育

1　"liberal equality"という用語に関して、ガットマンは次のように述べている。「リベラルな平等とは、簡潔に言えば、人々が自らの人生計画を探究する自由を平等に認められている状態のことである。」[Gutmann 1987b : 137] ガットマンの説明によれば、リベラルな平等とは、自由をすべての人に平等に保障するということになる。ガットマンは、人間活動の前提として自由を擁護していると考えられ、それゆえに、あらゆる人々が善き生を探求できる条件として自由の機会を平等に保障することの重要性を強調していると考えられる。

2　また、次のような評価を加えている。「強調すべき点は、ロールズが形式的な諸自由を平等化する古典的リベラリズムの立場と、自由の価値を最大化しようとする潜在的にラディカルな平等主義の立場とを結合したということである」[Gutmann 1980a : 123]。

3　ロールズの正義の二原理は、コミュニタリアニズムをはじめとする各論者からの批判を受け、幾度となく修正されている。最終的には『政治的リベラリズム』（*Political Liberalism*, 1993）で定式化されるが、本書においては『正義論』の改訂版に依拠する。

4　この違いは、両者が想定する人間像の違いに由来すると思われる。すなわち、ロールズが人間を「利己的な」（self-interested）存在としているのに対し、ガットマンは「公共的に思考する」（communally minded）存在としていることによるものである。

5　このガットマンの平等主義的理論は、のちに確立されていくガットマンの「民

主主義的教育」理論の根幹となる。

■ 第 2 章 『民主主義的教育』（1987 年）における政治的教育の特質

1 自らの宗教的生き方を子どもにも求めていく親の選択に対するガットマンの見解は、本書第 3 章、第 6 章、および第 7 章で明らかにする。

2 このことは、デュルケムの「われわれ各人にかかる社会的存在を形成すること、それが教育の目的である」[デュルケム 1982：59] という言葉に端的に現れている。

3 宮寺晃夫は、「意識的社会再生産」には、「社会の恒常的な再構成」を目指すという意味と、教育は「意識に訴える方法」を重視すべきであるという二つの意味があるとする。この二重の意味で「社会の意識的社会再生産」を理解すれば、教育においては「個人の思考を理性的なもの」にすることと、「社会全体の進むべき方向を考えさせていくこと」とが内容的に重なる課題となり、このことが教育に関するリベラリズムと共同体主義の立場を統合するとする [宮寺 2000：174-6]。

4 これらに原理に基づいて教育財も分配されるべきだとガットマンは考えている。初等教育における教育財の分配については、『民主主義的教育』第 5 章でのテーマとなっている。この分配論については、本書の第 9 章第 2 節で詳細に検討している。

■ 第 3 章　ガットマンの民主主義的教育理論における「教育権限」問題

1 パターナリズム（paternalism）は、教育に関していえば、父権主義という文脈で否定的な意味にとられることが多い。しかし、ガットマンはこの語を否定的には用いていない。『岩波哲学・思想事典』によれば次のような説明がなされている。「語源的には、親が、子供に対する親の権威によって、あるいは子供を保護するという理由で、子供に強制を加えることを意味する。転じて、国家や社会が同様の理由でその成員に強制を加えることを指す」[廣松渉他編 1998：1273]。ガットマンは、後者の意味でこの語を用いていると考えられる。

2 *Wisconsin v. Yoder,* 406 US 205（1972）

3 第 2 章第 4 節で検討した「意識的社会再生産」も、このような考えに基づいて展開されたものである。

4 論文 9 と論文 10 は内容が重複しているが、論文 10 の方が深い議論となっている。そのため、本節では論文 10 の考察を行うものとする。

5 ヴァウチャー・プランに関するガットマンの批判は、第 3 章第 3 節で詳しく検

討する。

6　ガットマンは『民主主義的教育』の導入部で、自らの「民主主義的教育」理論が「デューイから多大な影響を受けている」[Gutmann 1987a : 13] と述べているが、そのすぐ後の部分で、デューイとの違いを明言している。ガットマンは、デューイの『学校と社会』の中の、「最もすぐれたかつ最も賢明な親が、わが子に望むものこそ、コミュニティがすべての子どもたちのために望まねばならないものである」[Dewey 1915 : 7] という一節を引用して、批判を加える。ガットマンは、最もすぐれた、最も賢明な親がわが子に望むものを、なぜコミュニティがすべての子どもたちのために望まねばならないと言えるのかと問い、個人の論理を社会の論理へと単純に拡大解釈することの問題性を指摘している。ガットマンはデューイの教育目的の設定方法が専制的であると指摘し、専制を回避するために市民の意思決定過程を重視する［宮寺 1990 参照］。

7　例えば、ブルデュー（P. Bourdieu）とパスロン（J. C. Passeron）は学校教育システムにおける成功が、階級を背景とした文化的習慣と、具体的には言語資本（capital linguistique）と密接に関わっていることを解明し、文化的不平等が再生産されていく構造を明らかにした［ブルデュー＆パスロン 1991］。ウィリスもまた、労働者階級の子どもが、学校教育システムへの反抗心から肉体労働へと主体的に就いていく過程を解明しながら、労働者文化が再生産されていく構造を明らかにしている［ウィリス 1996］。一方、ボウルズとギンタスは、教育の構造が資本主義社会の発展に対応しているという対応原理を中心に、社会の平等化装置として見られている学校教育システムが、結局は社会的不平等を助長していることを解明し、社会的再生産論を展開する［ボウルズ＆ギンタス 1986, 1987］。このような教育社会学分野で展開されている再生産論は、社会における不平等の再生産過程を分析することに主眼がおかれている。それゆえ「再生産」には否定的なニュアンスが含まれている。これに対しガットマンの「再生産」（reproduction）には、教育によって社会を絶えずつくりかえていくという積極的な意味が付与されている。

8　*Mozert v. Hawkins Country Board of Education*, 827 F. 2d 1058（1987）を参照のこと。

■第4章　1990年代前半のガットマンの民主主義的教育理論の展開

1　日本において熟議民主主義理論を支持する立場に立つ平井亮輔は、政治的対立の解消を公共的妥協という方法によって目指している。ここでは、諸個人自らが真理であるとして依拠している規準を、一つの絶対的規準によって調停しようとする方法によっては、対立は解消しないとの考えが前提となっている［平井

1999]。ここでいう妥協とは、不一致が解消できないものであることを了解しつつ、それを絶えず問題にしておくということであり、ガットマンの考える民主主義と同義であると言える。

2　本書第2章を参照のこと。

3　創造論を科学として教えることに関しては、論争が続いている。鵜浦裕によれば「連邦最高裁は1987年に『宗教と国家の分離原則（または国教樹立の禁止)』（合衆国憲法修正条項第一条）にもとづき、公立学校の創造論教育に違憲判決を下し」、「それ以来少なくとも法律的には、公立学校で科学の時間に創造論を教えることはできなくなっている」が、「現在でも、学界の非難や司法の禁止を無視し、公立学校における創造論教育を執拗に要求し続けている」人々もいる［鵜浦1998：ii]。サンフランシスコ州立大学ケイヨン事件は、1987年判決後において「創造対進化」論争が続いていることを示す顕著な例である［同上書：第3章]。

4　これは合衆国最高裁でのピコ事件判決を意識していると考えられる。ピコ事件は、「教育委員と彼らが代表する地域社会の価値観に反するという理由で、教育委員会が9冊の本を学校の図書館から除去することを命じた」ことに対して異議が申し立てられたが、最高裁は、「『図書館の本の内容を決定する広い裁量』を持つのは教職員であるとはしたが、その裁量は、『狭い党派的、政治的なやり方で行使されてはならない』とした」ものである［アメリカ自由人権協会 1990：47]。ピコ事件判決については、*Board of Education, Island Trees Union Free School Distinct No. 26 v. Pico*, 457 U. S. 853（1982)を参照のこと。

5　本書第2章第4節を参照にされたい。

6　ブルックリンの高等学校における歴史の授業は次のようなものである。
　　授業は対話的マナー（a Socratic manner）の中で討論が行われた。ブルックナー（教師）は講義を行わなかった。彼は矢継ぎ早に質問をして、生徒たちの間での対話を続けさせた。「なぜ？」「あなたはどう思うの？」「これはなにを意味してるのだい？」……授業が終わる頃までには、生徒たちは第二次世界大戦時のアメリカの外交と国内政治についての内容の非常に多くをカバーしていた。そして、彼らは熱く議論していたのであった。彼らの多くは問題を異なった角度から見ながら、多様な視点を十分に試していた［Gutmann 1987a：106（ただし、この引用はガットマンがDiane Ravitch, *The Schools We Deserve : Reflections on the Educational Crises of Our Times*, New York, Basic Books, 1985, p.288から引用したものである。)]。

7　ダールは民主主義の価値の一つとして、「自己決定の自由を個人が行使する機会を最大限に提供できる」、および、「政治的平等の進化を促すことができる」ということをあげている［ダール 2001：73, 78]。ガットマンが学校教育において民主主義的な熟議を重視するのも、同じ認識をしていると考えられる。

註 245

8 『民主主義と意見の不一致』は、ハーヴァード大学の政治哲学者デニス・トンプソン（Dennis Thompson）との共著であり、全編にわたって両者が執筆する形を取っている。それゆえに、本書におけるガットマン単独の思想を特定することはできない。とはいえ、ガットマンがファースト・オーサーであること、また、本書の内容が熟議のあり方を熟議的民主主義に即して検討するものであるという理由で、ガットマンがこれまで展開してきた「民主主義教育」理論を精緻化するものとして見ることができる。なお、以下で共著者を指す場合、「ガットマンら」と記述することとする。

9 詳しくは［川本 1997］、［井上 1999：第1章］、［渡辺 2000］を参照のこと。

10 この方向づけは、リベラルな立場としてのガットマンが極力避けてきた制限、すなわち、ある特定の価値を人々に押しつけ、それに従って生きさせるという制限を意味すると解釈することも可能である。それゆえ、自由の侵害にあたるという批判を受けることとなる。例えば、スプリングは、次のように述べ、民主主義的意思決定過程を制限する原理の設定方法に関して、ガットマンを批判している。すなわち、「原理を支える権威の出所は、彼女自身と他の政治哲学者であるように思われる」［スプリング 1998：30］と。民主主義的意思決定過程に原理の採用を委ねるとしても、その原理を最初に提示しているのはガットマン自身であり、結局ガットマンは権威主義に陥っていることになると批判が加えられている。しかしながら、それは適切な批判ではない。なぜなら、この互恵性は、自由を侵害するというよりむしろ、自由を促進すると考えられるからである。ガットマンは、熟議を望ましい方向へ導くための前提条件を整えるものの、その後の決定については不確定なままにしておく、つまりオープンエンドな状態にしておくことで、自由を確保している。

■第5章　アメリカ市民教育理論におけるシティズンシップと民主主義

1 キムリッカがラウトリッジ社の『哲学事典』において定義しているように、「シティズンシップは法的な地位を表すのみならず、規範的な理念、すなわち、被統治者が政治的な過程に充分かつ平等に参加すべきだという理念をも表す」［Craig, E., general ed. 1998：362］。シティズンシップは、国家の構成員資格としてのステイタスや一連の権利・義務を指す法的な概念に限定されず、市民の理想的なあり方（具体的には、市民として備えておくべき資質・能力や、公的領域へ参加していく積極性など）まで含み込んだ教育的な概念とされる。

2 「シティズンシップ」は、1990年代に入りようやく注目されたものではなく、それ以前から盛んに議論の遡上に上っている。デリック・ヒーター（D. Heater）によると、「シティズンシップ」概念（邦訳では「市民権」と訳されている）は、

古代ギリシア・ローマ時代に起源を持つ市民共和主義的シティズンシップ（civic republic citizenship）と、近代以降支配的になり、今日までその影響力を保持している自由主義的シティズンシップ（liberal citizenship）の二つの伝統を有するが、この考えに従えば、1990年代以前の議論は、市民社会を形成する上でどちらの概念が有効かをめぐって展開されてきたと見なせる。一方、90年代以降は、多文化化した状況において社会的統合を導くために、シティズンシップの二つの伝統を包括する新たなシティズンシップ概念についての議論が展開されており、90年代以前のシティズンシップに関する議論とは焦点が異なっている。なお、ヒーターは新たな概念としての「多重シティズンシップ」（multiple citizenship）の必要性を主張しており、シティズンシップの確立にとっての教育の役割を強調している［ヒーター 2002：第1章、第2章、第4章、第5章参照］。

3　中村（笹本）雅子は、1960年代の「文化剥奪論」をめぐる論争が、支配者層たるマジョリティ文化を被支配者たるマイノリティ文化が相対化するという意味を有していると分析した上で、その文脈に沿って現代の多文化教育を批判する。中村は、今日進められている多文化教育が、マイノリティの自己理解とアイデンティティ形成を助成するとともに、マジョリティの子どもが多文化理解を深めることを目的としていると指摘しながらも、その中には、マジョリティが無自覚に前提としている自文化の普遍性と規範性を相対化し、問い直すことを課題にすえる教育実践計画がほとんどないと批判する［中村（笹本）1991：139］。また、田中千賀子は、「多文化教育はその発生の経緯から今日でもマイノリティのための教育と見なされることが多く、実践もマイノリティを対象とすることがほとんど」であり、「マジョリティを対象にする多文化教育は、必要性は強調されているものの、研究が遅れている」と指摘している［田中 1996：82］。

4　本章では、リベラル派の論者として、ラヴィッチを中心的に取り上げるが、アーサー・シュレジンガー Jr. も論争において重要な位置を占める。シュレジンガーは、アフリカ中心主義的な教育がアメリカの分裂を招くとして、その危険を警告しており、ラヴィッチと同様、多様な人々の社会的統合を中心課題としている［Schlesinger Jr. 1991：esp. chap.3, chap.5.］。

5　旗手俊彦の分析によると、ロールズ、ドゥオーキン（R. Dworkin）らが主張する権利論的正義論としてのリベラリズムの理論体系においては、権利の享有主体としての個人と、その権利の保障主体としての公権力という二主体のみが想定されており、権利享有主体としての個々人の公共性や中間的な公共空間の構築というテーマが欠落している。旗手は、リベラリズムの問題が「主権的領域の確保のために、請求権的側面を不可欠の要件とした」ことに存しており、「請求権に社会権まで含めたことがリバタリアニズムから批判」され、「請求権を賦与された反面としての公共的義務の担当という側面が欠落」していることがコミュニタ

リアニズムによって批判されたとする。この問題を克服するために、「主体的領域において公共性を担う」ような理論、すなわち、「問題となる場面毎に、当事者がその内容を協議するという理論」の構築が必要であると主張される［旗手2001：148-50］。

6　このような制度上の公正を希求するガットマンは、「自らの故郷に愛着を抱いており、自らの文化的特殊性を伴ってはいるが、他の多様な人々にとっての故郷となる多様な場所からも悦を感じる」コスモポリタン的パトリオティズム（cosmopolitan patriots）の立場をとるアンソニー・アッピア（A. Appiah）とも一線を画す［Appiah 1996：22］。

7　この論争を、リベラルな論者と民族中心主義者との対立ととらえるのではなく、包括的にその意味を見出そうとするのが、中條献である。中條は、「論争は結局、両者ともアメリカ人の統合の問題へと向かっている」と指摘する［中條 1996：53, 58］。また、辻内鏡人は、多文化主義思想は、多様な諸個人が社会で共存していくための思想であり、それゆえ、社会的な統一性を目指す思想であると位置づけている［辻内1994：56-7］。

8　多文化主義に関する教育論争から、教育政策に関する意義を見出している先行研究として、坪井由実の研究をあげることができる。特に、ジェイムズ・バンクス（J. Banks）によるシュレジンガー Jr.の批判を中心に、多文化主義教育の概念の拡張を主張している点、さらに、それが、自由と平等、そして人権と民主主義が尊重される社会を願い統治し得る能力を基礎学力の中心に位置づけた教育実践として規定している点は示唆に富んでいる［坪井 1996：148-171］。しかしながら、坪井の研究では、本書で試みている方法論に関しての言及は見られない。

9　なお、ガットマンの教授の方法論に関しては、本書第4章第1節、および第4章の註6においてもふれている。

■ 第6章　市民教育理論における教育の国家関与と親の教育権限

1　市場主義的な理論の動向としては、90年代初頭のジョン・チャブ（J. E. Chubb）とテリー・モー（T. M. Moe）による市場原理導入の議論［Chubb & Moe 1990］を初めとして、90年代後半には、サミュエル・ボウルズ（S. Bowles）とハーバート・ギンタス（H. Gintis）が、平等主義の名の下で財の効率的な再分配をはかるという、一見矛盾した方法の現実態としてヴァウチャー制を支持する議論を展開している［Bowles and Gintis 1998：chap.1］。ヴァウチャー制のみならず、チャータースクールへの公的支援を求める議論も高まっており、子どもの教育に対する親の多様なニーズを満たす新たな形態の公立学校が、民主主義的な学校としての潜在能力を持つとして肯定的に議論されている［Smith

2001]。

2 そこでの議論の出発点は、ジョン・ロールズの、「現代の民主主義的社会は、
単に包括的な宗教的、哲学的、道徳的教説の多元性によってのみならず、両立し
ないが、理に適った包括的教説の多元性によって特徴づけられている」[Rawls
1996 : xviii] という言葉に表されている。

3 政治哲学者が市民教育に注目していることは、アメリカ政治・法哲学会（The
American Society for Political and Legal Philosophy）の1999年大会のテーマが
「道徳教育と政治教育」（Moral and Political Education）であったこと、さらに
翌2000年大会の「子ども、家族、国家」（Child, Family, and State）において公
教育と親の権限について議論されたことにも表れている。

4 本章では、現代のリベラル派の政治哲学分野で教育について多くの言及を行っ
ている論者を「市民教育論者」として設定する。ただ、現代政治哲学の理論的先
導者としてのロールズにおいては、市民教育に関する言及は少ない。ロールズは
市民教育の役割が、憲法上の権利、市民的権利に関する知識の教授、社会構成員
として子どもを準備すること、社会的協働の公正なる条件を尊重するための政治
的諸徳の涵養である、と述べるにとどまる [Rawls 1996 : 199]。

5 ジェームズ・ドゥワイヤー（J. G. Dwyer）は、「ここ十年で政治哲学者が子ど
もの教育に関して行ってきた議論は、「市民教育」の主唱者と多元主義の擁護者の
間での論争によって支配されてきた」と指摘している [Dwyer 2001 : 314]。
本章では、この市民教育理論上の対立を便宜的に積極論者と消極論者の対立とし
て描くこととする。

6 わが国の教育哲学において現代の市民教育理論、シティズンシップ教育理論を
対象とした研究として小玉重夫『シティズンシップの教育思想』を挙げることが
できる [小玉 2003]。小玉の研究においては、1990年代の英米において、シティ
ズンシップが、リベラリズムの権利論と市場論または共同体論とを結びつける可
能性を有しているものとして注目されている、と指摘されている。また、岡野八
代の政治哲学の研究では、リベラリズムにおけるシティズンシップの位置づけが
明確に分析されている [岡野 2003]。しかし、両氏の研究では、本章で行うよう
な政治哲学理論における市民教育の位置づけについては充分に考察がなされてい
ない。

7 松下論文では、それぞれ「公共的自我」と「非公共的自我」と訳されている。

8 松下はマセードを「相対主義」であると規定しているが [松下 2004 : 47]、本
書ではマセードを市民的徳の寛容に基づいて社会的統合を目指す市民教育論者と
して位置づける点で、松下の認識とは異なっている。

9 裁判の概要については、松下論文において詳細な紹介がなされている。ここで
は、本章での議論で必要な要素を簡潔にまとめることとする [Bates 1993]。モ

ザート裁判は、キリスト教ファンダメンタリストの親の一団が信仰の自由として
の教育権限の保障を求めて、教育委員会と争った裁判である。その発端は、一九
八三年、宗派的な親が子どものリーディングの教科書の中に自らの宗教的信仰と
は矛盾する内容が見られるとして、リーディングの授業への出席を免除してほし
いと学校に嘆願したことである。この親の求めに対して下されたホーキンス地方
教育委員会による授業出席要求の決定を不服とし、親が教育委員会を訴えること
となる。最終的に、一九八七年連邦第六巡回区控訴裁判所において、既定の教科
書の使用を求める公立学校の要求は異議を唱える親と生徒の憲法上の権利を侵害
していない、との判決（以下、「モザート判決」とする）が言い渡される。国家
（州）の教育権限が優先されるとの判断が下されたこの判決は、先例としてのヨ
ーダー裁判最高裁判決（以下、「ヨーダー判決」とする）とは対照的なものであ
った。ヨーダー裁判では、農耕中心の伝統的なコミュニティ生活を子どもに継承
させたいと願うオールド・オーダー・アーミッシュの親が、第8学年以降の義務
教育の免除を求めて州と争い、親の主張が全面的に認められている。モザート裁
判においてヨーダー判決と異なる判決が下されたのは、ライヴリー首席判事が明
確に示すように、ヨーダー裁判での親は子どもを世俗から離れたコミュニティ生
活へと完全に参入させることを前提としていた一方で、モザート裁判における親
は、子どもを社会から完全に退出させるということを望んでいないという理由か
らであった。子どもが多元的な社会で生きるということを前提とする以上、多様
な考えにふれさせる市民教育が親の宗教的な権利に優先される、とモザート判決
では判断されたのである。

10　ガットマンと同様に、批判的思考の育成を含む市民教育が優先されるべきとの
見解を示すのが『市民の育成』（*Creating Citizens*）の著者エイモン・カラン（E.
Callan）と『リベラル・エデュケーションの要求』（*The Demands of Liberal
Education*）の著者メイラ・レヴィンソン（M. Levinson）である。カランはモ
ザート判決に関して、「子どもは倫理的多様性の理解を含む教育を受ける権利を
持っている。モザート裁判の親たちは、この倫理的多様性の理解を妨げることを
望んでいたが、それは誤ったことである。」と述べている［Callan 1997：158］。
その上で、「やや控えめに倫理的多様性にふれさせることは、社会的な分裂を横
断する形の尊重を助成するのと同様に、望ましいものである」と、モザート判決
を支持している［Ibid.：179-80］。レヴィンソンもまた、モザート裁判に関連して、
次のように論じている。すなわち、「人の自律性の極めて重要な一つの部分は、
自分の子どもに自分自身が抱く価値を伝える権利であると提案されている」
［Levinson 1999：53］が、そうした主張の典型例となっているのがモザート裁判
である。しかしながら、「親の自律性に基づく根拠についてのモザート裁判の親
たちの解釈が、それだけで、親が子どもを独占的にパターナリスティックに統制

することに対する十分な論拠となることができたとは信じがたい」という［Ibid. : 54］。

11 ゴールストンが子どもの未来の自由と権利に留意していることは、ゴールストンによるヨーダー判決に関する言及にも見られる。ゴールストンは、アーミッシュのコミュニティ生活に子どもが残る限りにおいて判決は妥当であるとの見解を示しながらも［Galston 2002 : 104］、同時に、仮に子どもが教育の継続を望む意思表明をしていたとしたら、裁判官は州側の主張を認めたであろうとも付け加えている［Ibid.］。ここで示唆されているのは、子どもには未来に表現の自由を行使する権利があるゆえ、親が子どもを隷従状態におとしめることがあれば、自由権の濫用に当たるとの主張である［Ibid. : 105］。

12 「自律性」とは、包括的リベラリズムの中心的な概念であり、その規定にはジェラルド・ドゥオーキン（G. Dworkin）によるものを援用するのが有効である。すなわち、「自律性は、人間が通常の（first-order）選好、欲望、願望などを批判的に反省するためのメタレベル（second-order）の能力であり、高次（higher-order）の選好の観点からこれら選好、欲望、願望を受容したり、変えようと試みたりする能力である。」［Dworkin 1995 : 360］この規定に従えば、自律性は、高次の価値に基づき、自らの価値観とそれに伴う行動を相対化する能力を意味し、それゆえ、教育目的として設定できるものである。

13 このような多様な個人で形成された集団実践を通じて、自らの思考も相対化する自律的反省能力を育成させるという自律性の教育は、カラン、レヴィンソンも支持するものである［Callan 1997 : 175 ; Levinson 1999 : chap. 4］。

14 ガットマンは、寛容の原理に依拠すると、「市民は自らの道徳的理由を心の中に保持しながら、道徳的問題への関与（moral engagement）は避けるという、分離した道を歩むこととなる」と指摘し、これが社会において道徳的分離（the moral separation）を助長し、集合的な道徳の進歩（collective moral progress）をさらに困難にするとも指摘する［Gutmann and Thompson 1996 : 62］。

15 道徳的な意見の不一致によるリベラリズムの対応に対するガットマンの批判と対応については、本書第4章第1節-1においてすでに検討している。

16 ［朝倉 2004 : 第2章、第4章］を参照した。

■ 第7章　ガットマンの民主主義的教育理論におけるアイデンティティをめぐる課題

1 本書第6章第2節参照のこと。

2 「チャドル」はイスラム教の女性が伝統的に着用する、全身を覆う長さのある外衣である。ムスリムの少女が被っていたのは頭を覆うスカーフであり、正確に言えば「チャドル」ではない。ただ、本書では、ガットマンの使用法に即してこ

註　251

のスカーフを「チャドル」と明記する［cf. Moruzzi 1994 : 655］。

3　以上は、［Gutmann 1996a : 162］および［林 2001 : 31-6］を参照している。

4　ただし、この記述は、ガットマンが *The Guardian*（December 1, 1989, p.38）から引用したものである。

5　*Taxman v. Board of Education of the Township of Piscataway*, 91 F.3d 1547.

6　*Washington Post*, Friday, Nov. 21, 1997.

7　このような事実経過を考慮すると、ガットマンの論文37は、第一審での判決の後、第二審での裁判中に考えられたものであると予想される。なお、以下、第三巡回区控訴裁判を「タックスマン裁判」、そこでの判決を「タックスマン判決」と記す。

8　この立場に立つ代表的論者としてボクシルが挙げるのが、ロナルド・ドゥオーキン（R. Dworkin）である。ドゥオーキンは「アファーマティヴ・アクションは、『多様な人種がともに活動し学べる機会を助成することで』人種的偏見を減少させるというよい結果をもたらす」として、アファーマティヴ・アクションを擁護している［Boxill 2003 : 594］。

9　『リベラルな平等論』の中でも、「学校のコミュニティコントロール」という節を設けて、ヴァウチャー・プランについてふれている［Gutmann 1980a : 191-7］。このことからも、1980年代初頭から政治哲学者ガットマンが学校選択について強い関心を持っていたことがうかがえる。

10　チャブとモーは、共著『政治、市場、アメリカの学校』（*Politics, Markets and America's Schools,* 1990）の中で、民主主義的な学校管理と選択制度による学校の運営とを対比して、次のことを示し、民主主義的管理を否定した。すなわち、「選択制度が学校の自由を高め、教育活動の効果を高めるのに対して、教育の民主主義的な管理は必然的に官僚的な手続を生み出さざるをえない」ということをである。彼らは市場原理に絶対的な信頼を寄せており、市場による改革を期待している。「選択は解決法である」という言葉は、この著作の中に頻繁に登場する。なお、学校選択論の動向については、黒崎勲（1994, 2000）を参照にされたい。

11　ただし、ガットマンは、公立学校間での選択にも、最も不遇な生徒が裕福な生徒とともに学べないために、ますます成績が悪化する危険性や、統合学校の理念が崩れるという危険性を指摘しており、慎重な姿勢を見せている。

12　『民主主義と意見の不一致』においては、集団的代表制（group representation）に関する考察において、民主主義と集団の関係について論じられている。とはいえ、市民の代表が、個人の代表であると同時に集団の代表でもあるという認識に留まるもので、必ずしも詳細な考察が加えられているとは言い難い［Gutmann and Thompson 1999a : 151-155］。

13　寛容の徳に対する1990年代のガットマンの議論は、本書第4章第1節において

252

も検討している。

■ 第8章　教育における国家的統合と価値としての政治的平等

1　［ハーヴェイ 2007：第3章］参照。なお、日本において、新自由主義の教育改革が国家の積極的関与によって行われていることは大内裕和によって指摘されている［斎藤、大内 2007：52］。

2　例えば、［Bloom 1987］。

3　代表的論者のサンデルによるリベラリズム批判は、本章第2節－3で考察する。

4　シティズンシップ論を教育哲学の文脈で論じる小玉の研究においても、1990年代以降、各国の教育改革の中でシティズンシップの教育が注目されるようになったと認識されている［小玉2003：11-14］。小玉は、1970年代以降福祉国家的政策を批判した新保守主義の失速をうけ、新たに台頭してきた「第三の道」としての社会民主主義の流れの中に、新たなシティズンシップ概念を位置づけている。

5　ニューヨーク州の社会科カリキュラム改革をめぐる論争は本書第5章でも検討している。

6　ただし、本書では、以下で論じるように、ガットマン（およびトンプソン）は公共的理性を強調するロールズらとは異なる立場をとっていると考えている。

7　カランの論文に対しては、マセードの他にタソス・カゼパイデス（T. Kazepides）、マーク・ホームズ（M. Holmes）、ロビン・バロー（R. Barrow）が批判論文を提出しているが、本章ではリベラル派の市民教育理論における熟議をめぐる二つの立場を明らかにするため、マセードとの論争に焦点化している。

8　括弧内はマセードによる［Callan 1995a：265］からの引用。

9　カランは、「熟議民主主義は、子どもに人間の尊厳を尊重することのみならず、人間の尊厳が政治的協働を維持する上で果たす役割を理解することを教えるであろう。ここでいう政治的協働とは、道徳的に動機づけられた市民が共有することができるような諸条項に基づく政治的協働のことである」［Gutmann and Thompson 1996：66］という解釈を引用している。

10　ただし、熟議民主主義に対しては、その理性主義的性格が批判の対象となっている。ウォルツァーは、政治過程においては、理性的な熟議だけではなく、むしろ情熱（passion）、コミットメント（commitment）、連帯（solidarity）、勇気（courage）、競合（competitiveness）のような価値を含み込むものであると指摘している［Walzer 2004：chap. 5］。ウォルツァーの批判は、熟議民主主義理論において理想的な条件を付与された熟議が平等なる民主的秩序を形成するものとして独立した位置を占めていることに対して、平等なる民主的秩序を形成するものとして熟議が独立した位置を占めていること、およびその熟議が理想的な状況を

要求していることに対して、現実の政治のなかでは有効性を見出せないとするものである。

■ 第9章　教育機会の平等論に対する熟議民主主義の意義

1　ハウとバービュラスの論争については、田原宏人による先行研究において詳細に検討されている［田原 2001］。田原が整理しているように、この論争は、「アクセスの差異的条件と補償努力を強調」する現実主義的な機会均等論と、「機会均等の成功の証拠としての平等な結果を強調」する結果準拠的な機会均等論との関係性をめぐる論争である。ハウが前者は結果の平等を教育の機会均等の規準として暗黙裡に採用しているため、両者の違いは統制すべきインプットに関する規範的問いにのみ関わるにすぎないとしたのに対して、前者を支持するバービュラスが両者は明確に区別されること、また区別すべきことを論じている。本稿は、こうした1980年代の教育機会均等論争の後の動向に焦点を当てている。つまり、国家による教育の平等化政策の行き詰まり、また、教育財の有限性という現実的問題状況の中で、平等な教育機会を保証する水準をどのように設定すべきか、という規範的問いに対して、教育の平等論において民主的な市民による熟議が注目されるにいたった動向を検討の対象としている。なお、参加民主主義による教育機会の平等論を構築したハウについての先行研究として、福島賢二の研究が挙げられる［福島 2009］。

2　ここで言う「集団間の同等性」とは、例えば黒人の集団と白人の集団の間での教育結果の同等性のことを意味している。

3　ロドリゲス判決については、本書序章第1節 -2において、すでにその内容と意義を論じている。

4　例えば、ガットマンの2003年の論文「教育」では、多文化教育や親の学校選択、アファーマティヴ・アクション、熟議的なシティズンシップ教育等については論じられているが、教育資源の分配については論じられていない［Gutmann 2003e］。1990年代以降のガットマンの議論は、個人のアイデンティティの公的承認の問題や社会的な相互尊重の問題へとその中心を移している。

5　武田の分析によれば、1990年代および9・11同時多発テロ前後の世論調査の比較を通して、アメリカ合衆国市民の国家に対する愛着は9・11直後に急激に高まったものの、90年代以来抱えてきた人種的な亀裂はいまだに改善されていない、ということがわかる［武田 2003］。つまり、現在のアメリカ合衆国における国家的統合は、愛国心を核とした垂直的な統合に関しては強化されているものの、人種・民族等の文化的アイデンティティを核とした水平的な統合に関しては改善さ

れるべき課題として残っていることになる。

■ 第10章　熟議民主主義の規範性と実現可能性

1　篠原一によれば、ミニ・パブリックスは、「政治と市民社会との間の循環の確
　保と、ふつうの市民の間の『討議』とそれによる熟慮された意見の形成」という
　課題を克服するためのシステムであり、「ランダム・サンプリングによって社会
　の縮図をつくり、さらにそこから選ばれた少数の人びとが、三・四日生活を共に
　し、拘束のない自由な雰囲気のもとで、自由に発言し、討議」し、その結果が最
　終的に「政治の世界に還元される」形をとる［篠原 2012：243］。
2　同様の批判が、別の観点から、シャンタル・ムフ（Ch. Mouffe）によってなさ
　れている。ムフは、民主主義の論理と自由主義の論理との間の根底的な緊張関係
　が除去することができないにもかかわらず、熟議民主主義理論が「排除なき合意
　の可能性を仮定し」ているがゆえに、「政治的論争に著しい制約を課すことにな
　る」と批判している［ムフ 2006：144］。ムフが主張する闘技的民主主義理論
　（agonistic democracy）では、政治のアリーナは多様なアイデンティティを有す
　る者が政治的主導権を掌握するために互いに議論を通じて競い合う場であるとさ
　れる。この考えに基づけば、「あらゆる合意はある暫定的なヘゲモニーの一時的
　な帰結として、権力のある一つの安定化としてのみ存在するということ、そして
　それにはつねになんらかの排除がともなうことを認めなくてはならない」［前掲
　書：161］。闘技的民主主義の立場からすれば、熟議民主主義理論がめざす理にか
　なった合意は理念的であるばかりか、実現させるためには多くの労力を必要とす
　る非効率なものということになる。
3　このように批判されているガットマンも、熟議能力・資質の育成場面である学
　校教育において、宗教的個人を排除することに対して否定的である。それは、ガッ
　トマンが、フランスの公立学校における宗教的シンボルの着用を禁止したフラ
　ンス政府の判断（いわゆるチャドル事件）に対する批判的意見表明に現れている。
　本書第7章第1節を参照のこと。
4　スウェインが言及する「予防的除外の諸原理」はガットマンとトンプソンが唱
　えるものである。ガットマンらによる論究は本書第4章第1節-1で検討している。
5　ファンは4つの観点から熟議民主主義を検討する必要があると論じる［Fung
　2005：412-416］。それは、（1）社会的不平等の構造の改革という観点、（2）フェ
　イス・トゥ・フェイスのレベルでの熟議の促進という観点、（3）より公正な熟議
　に資する政治・行政制度への改革という観点、最後に（4）社会運動や政党、利
　益集団による政治的動員というそれ自体は熟議的でない力の観点である。ファン

は、公正な熟議民主主義を達成するためには、理想的には実質的な不平等を生み出している社会構造を改革することが求められると考えるものの、それが必ずしも達成できるとは限らないとして、その代替として、熟議において不平等が影響されないように熟議を促進すべきだと考える。この熟議の促進は、熟議型（討論型）世論調査、市民陪審、ナショナル・イッシューズ・フォーラムのような団体による模擬的政治集会、さらには学校自治に対する親の参加などを通じて、問題に対する派閥分裂のような課題を克服できると考える。ただし、権力を有する集団によってこうした促進が制限される可能性もあると指摘する。こうした事態から、第三の、公正な熟議を促進する政治・行政制度上の改革が必要だと考える。ファンは、1988年のシカゴの改革について言及しているが、この観点においても、改革前の権力が熟議的改革に賛同せず、抵抗することの問題点が生じる。そうした場合には説得が行われるべきだと考えるが、それが不調に終わる場合は、社会運動、政党、利益集団などによって強力な政治的動員をはかるべきだと考える。

■ 終章　価値多元的社会と政治的教育哲学

1　高橋哲は、1990年代の教育への市場原理の導入という改革の結果、子どもの学習権（とそれを下支えする親の教育権、および親の信託を受けた教師の教育権）を拡張すれば市民的公共性の創出が予定調和的に期待できるとする考え方が成り立たないほど教育の私事化は進んでいったと指摘している［高橋 2005］。教育の公共性と私事性との対立問題への理論的対応が迫られているのである。

2　ここで言う「成功の見込み」は、「労働の世界へのアクセス、および競争経済の中で収入と富を得るために必要なスキルへのアクセス」といった「道具的便益」を得ることと、「小説を読んだり、料理を作ったり、楽器を演奏したり、スポーツをしたりすることで得られる大きな喜び」のような「内在的便益」を得ること、その双方を意味している［Brighouse 2003 : 473］。

参考文献

● 欧文文献

Anderson, E., (2007) "Fair Opportunity in Education : A Democratic Equality Perspective," in : *Ethics*, vol. 117.

Anderson, H. (2003) "On Pragmatism and the Consequences of Multiculturalism," in : *Philosophy of Education 2003*.

Appiah, K. A. (1996) "Cosmopolitan Patriots," in : J. Cohen, ed., *For Love of Country : Debating the Limits of Patriotism*, Boston : Beacon Press.

Asante, M. K. (1991) "The Afrocentric Idea in Education," in : *The Journal of Negro Education*, vol.60, no.2.

Banks, J. A. (1995) "Multicultural Education : Historical Development, Dimensions, and Practice," Banks, J. A., and Banks, C. A. M., eds., *Handbook of Research on Multicultural Education*, Macmillan.

Banks, J. A. (2004) "Introduction : Democratic Citizenship Education in Multicultural Societies," Banks, J. A. ed., *Diversity and Citizenship Education*, Jossey-Bass.

Banks, J. A. et al. (2005) *Democracy and Diversity : Principles and Concepts for Educating Citizens in a Global Age*, Center for Multicultural Education, University of Washington.

Bates, S. (1993) *Battleground*, Henry Holt and Company.

Ben-Porath, S. R. (2003) "Radicalizing Democratic Education : Unity and Dissent in Wartime," in : *Philosophy of Education 2003*.

Bird, C. (2010) "Mutual Respect and Civic Education," in : Sardoc, M. ed., *Toleration, Respect and Recognition in Education*, Wiley-Blackwell.

Blake, N., Smeyers, P., Smith, R. and Standish, P. eds. (2003) *The Blackwell Guide to the Philosophy of Education*, Blackwell Publishing.

Bloom, A. (1987) *The Closing of the American Mind*, Simon & Schuster, 1987.〔ブルーム，A. (1988)『アメリカン・マインドの終焉』菅野盾樹訳、みすず書房〕

Boler, M. (2000) "An Epoch of Difference : Hearing Voice in the Nineties," in : *Educational Theory*, vol. 50, no. 3.

Boxill, B. (2003) "Affirmative Action in Higher Education," in : Curren, R. ed. *A Companion to the Philosophy of Education*, Blackwell Publishing.

Bowles, S. and Gintis, H. (1998) "Efficient Redistribution : New Rules for Markets, States and Communities," in; Bowles, S., and Gintis, H., *Recasting Egalitarianism : New Rules for Communities, States and Markets*.〔ボールズ，S.・ギンタス，H. (2002)「効率的再分配：市場、国家およびコミュニティのための新たなルール」ボールズ，S.・ギンタス，H.『平等主義の政治経済学』遠山弘徳訳、大村書店、所収〕

Brighouse, H. (2003) "Educational Equality and Justice," in : Curren, R. ed., *A Companion to the Philosophy of Education,* Blackwell Publishing.

Brighouse, H. (2010) "Educational Equality and School Reform," in : Brighouse, H., Tooley, J. and Howe, K. (Haydon, G. ed.) , *Educational Equality*, Continuum.

Brighouse, H. and Swift, A. (2006) "Parents' Rights and the Value of Family," in : *Ethics*, vol. 117.

Brighouse, H. and Swift, A. (2009) "Educational Equality versus Educational Adequacy : A Response to Anderson and Satz," in : *Journal of Applied Philosophy,* vol. 26, issue 2.

Burbules, N. C. (1990) "Equal Opportunity or Equal Education?," in : *Educational Theory*, vol. 40, no. 2.

Burbules, N. C. (2000) "A Half-Century of *Educational Theory* Perspectives of the Past, Present, and Future," in : *Educational Theory*, vol. 50, no. 3.

Burbules, N. C. and Sherman, A. (1979) "Equal Educational Opportunity : Ideal or Ideology," in : *Proceedings of the Philosophy of Education Society.*.

Callan, E. (1995a) "Common Schools for Common Education," in : *Canadian Journal of Education*, vol. 20, no. 3.

Callan, E. (1995b) "Rejoinder : Pluralism and Moral Polarization," in : *Canadian Journal of Education*, vol. 20, no. 3.

Callan, E. (1997) *Creating Citizen : Political Education and Liberal Democracy*, Oxford University Press .

Callan, E. (2004) "Citizenship and Education," in : *Annual Review of Political Sci-*

ence, no. 7.

Conover, P. J. and Searing, D. D.（2000）"A Political Socialization Perspective," in : McDonnell, L. M. and Timpane, M. eds., *The Democratic Purposes of Education*, University of Kansas Press.

Chubb, J and Moe, T.（1990）*Politics, Markets and America's Schools*, The Brookings Institution.

Craig, E. general ed.（1998）*Routledge Encyclopedia of Philosophy*, vol. 2, Routledge.

Curren, R.（1994）"Justice and the Threshold of Educational Equality," in : *Philosophy of Education 1994*.

Curren, R. ed.（2003）*A Companion to the Philosophy of Education*, Blackwell Publishing.

Dewey, J.（1915）*The School and Society*, revised ed., The University of Chicago Press.〔デューイ，J.（1998）『学校と社会・子どもとカリキュラム』市村尚久訳、講談社〕

Dryzek, J. S.（2000）*Deliberative Democracy and Beyond : Liberals, Critics, Contestations*, Oxford University Press.

Dworkin, G.（1995）"Autonomy," in; Goodin, R.E. and Petti, P. eds., *A Companion to Contemporary Political Philosophy*, Blackwell.

Dworkin, R.（1977）*Taking Rights Sereously*, Harvard University Press.〔ドゥウォーキン，R.（2003）『権利論 増補版』木下毅・小林公・野坂泰司共訳、木鐸社〕

Dworkin, R.（2000）*Sovereign Virtue : The Theory and Practice of Equality*, Harvard University Press.〔ドゥウォーキン，R.（2002）『平等とは何か』小林公他訳、木鐸社〕

Dwyer, J. G.（2001）"Changing the Conversation about Children's Education," in : Macedo, S. and Tamie, Y. eds., *NOMOS XLIII : Moral and Political Education*, New York University Press.

Edwards, A. M.（1996）*Educational Theory as Political Theory*, Avebury.

Enslin, P. and White, P.（2003）"Democratic Citizenship," in : Blake, N., Smeyers, P., Smith, R. and Standish, P. *The Blackwell Guide to the Philosophy of Education*, Blackwell Publishing.

Fernandez, C. and Sundström, M.（2011）"Citizenship Education and Liberalism : A State of the Debate Analysis 1990-2010," in : *Study of Philosophy of Education*, vol. 30.

Fish, S.（1999）"Mutual Respect as a Device of Exclusion," in : Macedo, S. ed., *De-*

liberative Politics, Oxford University Press.

Fishkin, J. S. (2009) *When the People Speak,* Oxford University Press. 〔フィシュキン，J. (2011) 『人々の声が響き合うとき』曽根泰教監修、岩木貴子訳、早川書房〕

Fung, A. (2004) *Empowered Participation : Reinventing urban Democracy,* Princeton University Press.

Fung, A. (2005) "Deliberation before the Revolution : Toward an Ethics of Deliberative Democracy in an Unjust World," in : *Political Theory,* vol. 33, no. 3.

Galeotti, A. E. (1993) "Citizenship and Equality : The Place for Toleration," in : *Political Theory,* vol. 21, no.4.

Galston, W. A. (1989) "Civic Education in the Liberal State," in : Rosenblum, N. L. ed., *Liberalism and the Moral Life,* Harvard University Press.

Galston, W. A. (1991) *Liberal Purposes,* Cambridge University Press.

Galston, W. A. (1995) "Liberal Virtues and the Formation of Civic Character, " in : Glendon, M. and Blankenhorn, D. eds., *Seedbeds of Virtue,* Madison Books.

Galston, W. A. (1999) "Diversity, Toleration, and Deliberative Democracy," in : Macedo, S., ed. *Deliberative Politics,* Oxford University Press.

Galston, W. A. (2002) *Liberal Pluralism,* Cambridge University Press.

Gastil, J. and Levine, P. eds. (2005) *The Deliberative Democracy Handbook : Strategies for Effective Civic Engagement in the 21st Century,* Jossey-Bass. 〔ギャスティル，J.・レヴィーン，P. 編 (2013) 『熟議民主主義ハンドブック』津富宏他監訳、現代人文社〕

Gilles, S. (1996) "On Educating Children : A Parentalist Manifesto," in : *The University of Chicago Law Review,* vol. 63.

Gutmann, A. (1980a) *Liberal Equality,* Cambridge University Press.

Gutmann, A. (1980b) "Children, Paternalism and Education : A Liberal Argument," in : *Philosophy and Public Affairs,* vol. 9, no. 4.

Gutmann, A. (1981) "For and Against Equal Access to Health Care," in : *Milbank Memorial Fund Quarterly,* vol. 59, no. 4.

Gutmann, A. (1982a) "What's the Use of Going to School? The Problem of Education in Utilitarianism and Rights Theories," in : Sen, A. and Williams, B. eds., *Utilitarianism and Beyond,* Cambridge University Press.

Gutmann, A. (1982b) "Moral Philosophy and Political Problems, in : *Political Theory,* vol. 10, no. 1.

Gutmann, A. (1983a) "Is Freedom Academic? : The Relative Autonomy of Universities in a Liberal Democracy," in : Chapman, J. W. and Pennock, J. R. eds.,

NOMOS XXV : Liberal Democracy, New York University Press .

Gutmann, A. (1983b) "How Liberal Is Democracy?," in : MacLean, D. and Mills, C. eds., *Liberalism Reconsidered,* Rowman and Allanheld.

Gutmann, A. (1985a) "The Rule of Rights or the Right to Rule?," in : Chapman, J. W. and Pennock, J. R. eds., *NOMOS XXVIII : Justification in Ethics, Law and Politics,* New York University Press.

Gutmann, A. (1985b) "Should Public Schools Teach Virtue?," in : *Report from the Center of Philosophy and Public Policy,* vol. 5, no. 3.

Gutmann, A. (1985c) "Democratic Schools and Moral Education," in : *Notre Dame Journal of Law, Ethics and Public Policy,* vol. 1, no. 4.

Gutmann, A. (1985d) "Communitarian Critics of Liberalism," in : *Philosophy and Public Affairs,* vol. 14, no. 3.

Gutmann, A. (1987a) *Democratic Education,* Princeton University Press (New edition, 1999).〔ガットマン，A.（2004）『民主教育論』神山正弘訳、同時代社〕

Gutmann, A. (1987b) "Equality," in : Coleman, J., Connolly, W., Miller, D. and Ryan, A. eds., *Encyclopedia of Political Thought,* Basil Blackwell.

Gutmann, A. (1988a) "Distributing Public Education in a Democracy," in : Gutmann, A. ed., *Democracy and the Welfare State,* Princeton University Press.

Gutmann, A. (1988b) "Democratic Theory and the Role of Teachers in Democratic Education," in : Hannaway, J. and Crowson, R. eds. *The Politics of Reforming School Administration* [*Yearbook of the Politics of Education Association*], Falmer Press.

Gutmann, A. (1989a) "The Central Role of Rawls's Theory," in : *Dissent,* Summer 1989.

Gutmann, A. (1989b) "Undemocratic Education," in : Rosenblum, N. L. ed., *Liberalism and the Moral Life,* Harvard University Press.

Gutmann, A. (1990a) "Democratic Education in Difficult Times," in : *Teachers College Record,* vol. 92, no. 1.

Gutmann, A. (1990b) "Educating for [Multiple] Choice," in : *New Perspectives Quarterly,* Fall 1990.

Gutmann, A. (1991) "What Counts as Quality in Higher Education?," in : Finifter, D. H., Baldwin, R. G. and Thelin, J. R. eds., *The Uneasy Public Policy Triangle in Higher Education : Quality, Diversity, and Budgetary Efficiency,* Macmillan.

Gutmann, A. (1992a) "Democratic Politics and Ethics," in : Shea, W. R. and Spadafora, A. eds., *From the Twilight of Probability : Ethics and Politics ,* Science

History Publications.

Gutmann, A. (1992b) "John Rawls," in : Benewick, R. and Green, P. eds., *Twentieth Century Political Thinkers*, Routledge.

Gutmann, A. (1993a) "Democracy and Democratic Education," in : *Studies in Philosophy and Education*, vol. 11.

Gutmann, A. (1993b) "Can Virtue Be Taught to Lawyers?," in : *Stanford Law Review*, vol. 45, no. 6.

Gutmann, A. (1993c) "Democracy," in : Goodin, R. E. ed., *Companion to Contemporary Political Theory*, Basil Blackwell.

Gutmann, A. (1993d) "The Disharmony of Democracy," in : Chapman, J. W. and Shapiro, I. eds., *NOMOS XXXV : Democratic Community*, New York University Press.

Gutmann, A. (1993e) "Democracy and Philosophy : Does Democracy Need Foundations?," in : *Politisches Denken Jahrbuch 1993*, Verlag J. B. Metzler.

Gutmann, A. (1993f) "The Challenge of Multiculturalism in Political Ethics," in : *Philosophy and Public Affairs,* vol. 22, no. 3.

Gutmann, A. ed. (1994) *Multiculturalism : Examining the Politics of Recognition*, Princeton University Press. 〔ガットマン, A. 編 (1996)『マルチカルチュラリズム』佐々木毅他訳、岩波書店〕

Gutmann, A. (1995a) "Civic Education and Social Diversity," in : *Ethics*, vol. 105, no. 3.

Gutmann, A. (1995b) "The Virtues of Democratic Self-Constraint," in : Etzioni, A. ed., *New Communitarian Thinking : Persons, Virtues, Institutions, and Communities,* University of Virginia Press.

Gutmann, A. (1995c) "How Limited Is Liberal Government?," in : Yack, B. ed., *Liberalism Without Illusions : Essays on Liberal Theory and the Political Vision of Judith N. Shklar,* Chicago University Press.

Gutmann, A. (1995d) "Justice Across the Spheres," in : Miller, D. and Walzer, M. eds., *Pluralism, Justice, and Equality,* Oxford University Press.

Gutmann, A. (1996a) "Challenges of Multiculturalism in Democratic Education," in : Fullinwider, R. ed., *Public Education in a Multicultural Society : Policy, Theory, Critique,* Cambridge University Press.

Gutmann, A. (1996b) "Democratic Citizenship," in : Cohen, J. ed., *For Love of Country : Debating the Limits of Patriotism*, Beacon Press. 〔ガットマン, A. (2000)「民主的市民権」ヌスバウム, M. 編著『国を愛するということ』辰巳伸知・能川元一訳、人文書院、所収〕

Gutmann, A. (1996c) "Democracy, Philosophy, and Justification," in : Benhabib, S. ed., *Democracy and Difference : Contesting the Boundaries of the Political,* Princeton University Press.

Gutmann, A. (1996d) "Responding to Racial Injustice," in : Appiah, A. K. and Gutmann, A. *Color Conscious : The Political Morality of Race,* Princeton University Press.

Gutmann, A. (1996e) "Democracy and Its Discontents," in : Sarat, A. and Villa, D. R. eds., *Liberal Modernism and Democratic Individuality : George Kateb and the Practice of Politics,* Princeton University Press.

Gutmann, A. (1997) "What Is the Value of Free Speech for Students?," in : *Arizona State Law Journal,* vol. 29, no. 2.

Gutmann, A. (1998a) "How Can Universities Teach Professional Ethics?," in : Bowen, W. G. and Shapiro, H. T. eds., *Universities and Their Leadership* , Princeton University Press.

Gutmann, A. (1998b) "How Affirmative Action Can (and Cannot) Work Well," in : Post, R. and Rogin, M, eds., *Race and Representation : Affirmative Action* , Zone Books.

Gutmann, A. (1998c) , "Freedom of Association : An Introductory Essay," in : Gutmann, A, ed., *Freedom of Association,* Princeton University Press.

Gutmann, A. (1999a) "What Is So Special about Democracy?," in : *The Millennium Journal 2000,* University of Hong Kong.

Gutmann, A. (1999b) "Distributing Higher Education," in : Pescosolido, B. A. and Aminzade, R. *The Social Worlds of Higher Education : Handbook for Teaching in a New Century,* Pine Forge Press.

Gutmann, A. (1999c) "Deliberative Democracy and Majority Rule," in : Koh, H. H. and Slye, R. C., eds., *Deliberative Democracy and Human Rights,* Yale University Press.

Gutmann, A. (1999d) "How Not to Resolve Moral Conflicts in Politics," in : *Ohio State Journal of Dispute Resolution,* vol. 15, no. 1.

Gutmann, A. (1999e) "Religious Freedom and Civic Responsibility," in : *Washington and Lee Law Review,* vol. 56, No. 3.

Gutmann, A. (1999f) "Liberty and Pluralism in Pursuit of the Non-Ideal," in : *Social Research,* vol. 66, no. 4.

Gutmann, A. (1999g) "Should Public Policy Be Class Conscious Rather than Color Conscious?, in : Steinberg, S. ed., *Race and Ethnicity in the United States : Issues and Debates,* Blackwell.

Gutmann, A. (2000a) "What Does 'School Choice' Mean?," in : *Dissent*, summer 2000.

Gutmann, A. (2000b) "The Civic Ends and Means of Education," in : *Passing the Test : The National Interest in Good Schools for All*, Washington, D.C. : Center for National Policy.

Gutmann, A. (2000c) "Why Should Schools Care about Civic Education?," in : McDonnell, L. M. and Timpane, M. eds., *The Democratic Purposes of Education*, University of Kansas Press.

Gutmann, A. (2000d) "Religion and State in the United States : A Defense of Two-Way Protection," in Rosenblum, N. L. ed., *Obligations of Citizenship and Demands of Faith, Religious Accommodation in Pluralist Democracies*, Princeton University Press.

Gutmann, A. (2001a) "Liberalism," in : Smelser, N. J. and Baltes, P. B. eds., *International Encyclopedia of Social and Behavioral Sciences*, Pergamon.

Gutmann, A. (2001b) "Multiculturalism and Identity Politics," in : Smelser, N. J. and Baltes, P. B. eds., *International Encyclopedia of Social and Behavioral Sciences*, Pergamon.

Gutmann, A. (2002a) "Assessing Arguments for School Choice : Pluralism, Parental Rights, or Educational Results?" in : Wolfe, A. ed., *School Choice : The Moral Debate*, Princeton University Press.

Gutmann, A. (2002b) "Civic Minimalism, Cosmopolitanism, and Patriotism : Where Does Democratic Education Stand in Relation to Each?," in : Macedo, S. and Tamir, Y. eds., *NOMOS XLIII : Moral and Political Education*, New York University Press.

Gutmann, A. (2002c) "Can Publicly Funded Schools Legitimately Teach Values in a Constitutional Democracy? : A Reply to McConnell and Eisgruber," in : Macedo, S. and Tamir, Y. eds., *NOMOS XLIII : Moral and Political Education*, New York University Press.

Gutmann, A. (2002d) "Identity and Democracy : A Synthetic Perspective," in : Katznelson, I. and Milner, H. V. *Political Science : State of the Discipline*, W.W. Norton.

Gutmann, A. (2003a) *Identity in Democracy*, Princeton University Press.

Gutmann, A. (2003b) "Unity and Diversity in Democratic Multicultural Education : Creative and Destructive Tensions," in : Banks, J. A. ed., *Diversity and Citizenship Education : Global Perspectives*, Jossey-Bass/Wiley.

Gutmann, A. (2003c) "Rawls on the Relationship between Liberalism and Democracy," in : Freeman, S. ed., *The Cambridge Companion to Rawls*, Cambridge University Press.

Gutmann, A. (2003d) "The Authority and Responsibility to Educate," in : Curren, R. ed., *A Companion to the Philosophy of Education*, Blackwell Publishing.

Gutmann, A. (2003e) "Education," in : Frey, R.G. and Wellman, C. H. eds., *A Companion to Applied Ethics*, Blackwell Publishing.

Gutmann, A. and Thompson, D. (1985) "The Theory of Legislative Ethics," in : Callahan, D. and Jennings, B. eds., *Representation and Responsibility : Exploring Legislative Ethics*, Plenum Press.

Gutmann, A. and Thompson, D. (1990) "Moral Conflict and Political Consensus," in : Douglass, R. B., Mara, G. and Richardson, H. eds., *Liberalism and the Good*, Routledge.

Gutmann, A. and Thompson, D. (1995) "Moral Disagreement in a Democracy," in : *Social Philosophy and Policy*, vol. 12, no. 1.

Gutmann, A. and Thompson, D. (1996) *Democracy and Disagreement*, Belknap Press of Harvard University Press.

Gutmann, A. and Thompson, D. (1997) "Deliberating about Bioethics," in : *Hastings Center Report*, vol. 27, no. 3.

Gutmann, A. and Thompson, D. (1999a) "Deliberation and Moral Disagreement," in : *Kettering Review*, vol. 17, no. 1.

Gutmann, A. and Thompson, D. (1999b) "Disagreeing about Deliberative Democracy : Reply to the Critics," in : Macedo, S. ed., *Deliberative Politics : Essays on Democracy and Disagreement*, Oxford University Press.

Gutmann, A. and Thompson, D. (2000a) "The Moral Foundation of Truth Commissions," in : Rotberg, R. and Thompson, D. eds., *Truth Vs. Justice*, Princeton University Press.

Gutmann, A. and Thompson, D., (2000b) "Deliberative Democracy," in : Clarke, P. B. and Foweraker, J. eds., *Encyclopedia of Democratic Thought*, Routledge.

Gutmann, A. and Thompson, D. (2000c) "Why Deliberative Democracy Is Different," in : *Social Philosophy and Policy*, vol. 17, no. 1.

Gutmann, A. and Thompson, D. (2002a) "Just Deliberation About Health Care," in : Danis, M., Clancy, C. and Churchill, L. eds., *Ethical Dimensions of Health Policy*, Oxford University Press.

Gutmann, A. and Thompson, D. (2002b) "Democratic Decisions About Health Care : Why Be Like NICE?" in : New, B. and Neuberger, J. eds., *Hidden Assets : Values and Decision-making in the NHS*, King's Fund Publishing.

Gutmann, A. and Thompson, D. (2002c) "Deliberative Democracy Beyond Process," in : *Journal of Political Philosophy*, vol. 10, no. 2.

Gutmann, A. and Thompson, D. (2003) "Democracy and Disagreement," in : Dahl, R. A., Shapiro, I. and Cheibub, J. A. eds., *The Democracy Sourcebook*, MIT Press.

Gutmann, A. and Thompson, D. (2004) *Why Deliberative Democracy?*, Princeton University Press.

Howe, K. R. (1989) "In Defense of Outcomes-Based Conceptions of Equal Educational Opportunity," in : *Educational Theory*, vol. 39, no. 4.

Howe, K. R. (1990) "Equal Opportunity *Is* Equal Education (within Limits) ," in : *Educational Theory*, vol. 40, no. 2.

Howe, K. R. (1994) "Non-Exclusion is not the Same as Inclusion : A Response to Curren," in : *Philosophy of Education 1994.*

Johanek, M. and Puckett, J. (2005) "The State of Civic Education : Preparing Citizens in an Era of Accountability," in : Fuhrman, S. and Lazerson, M. eds., *The Public Schools*, Oxford University Press.

Kohli, W. (2000) "Educational Theory in the Eighties : Diversity and Divergence," in : *Educational Theory*, vol. 50, no. 3.

Kymlicka, W. (1995) *Multicultural Citizenship*, Oxford University Press. 〔キムリッカ, W. (1998)『多文化時代の市民権』角田猛之他訳、晃洋書房〕

Kymlicka, W. and Norman, W. (1995) "Return of the Citizen : A Survey of Recent Work on Citizenship Theory," in : Beiner, R. ed., *Theorizing Citizenship*, State University of New York Press.

Kymlicka, W. and Norman, W. (2000) "Citizenship in Culturally Diverse Societies : Issues, Contexts, Concepts," in : Kymlicka, W. and Norman, W. eds. *Citizenship in Diverse Societies*, Oxford University Press.

Levinson, M. (1999) *The Demands of Liberal Education*, Oxford University Press.

Levinson, M. (2003) "Challenging Deliberation," in : *Theory and Research in Education*, vol.1, no.1.

Levinson, M. (2007) "Common Schools and Multicultural Education," in : *Journal of Philosophy of Education*, vol. 41, no.4.

Levinson, N. (1998) "Learning to Live Together, or Moral Deliberation 101," in : *Philosophy of Education 1998.*

Macedo, S. (1995a) "Liberal Civic Education and Religious Fundamentalism : The Case of God v. John Rawls?" in : *Ethics*, vol. 105, no. 3.

Macedo, S. (1995b) "Liberal Civic Education and Its Limits, " in : *Canadian Jour-*

nal of Education, vol. 20, no. 3.

Macedo, S. (2000) *Diversity and Distrust*, Harvard University Press.

MacIntyre, A. (1981) *After Virtue*, University of Notre Dame Press (2nd Edition : 1984). 〔マッキンタア, A. (1993)『美徳なき時代』篠崎榮訳、みすず書房〕

McGough, S. M. (2004) "Fifty Years of Equality?," in : *Philosophy of Education 2004*.

Mill, J. S. (1859) *On Liberty* (in : Williams, G. ed. *Utilitarianism, On Liberty, Considerations on Representative Government, Remarks on Bentham's Philosophy*, Orion Publishing Group, 1999). 〔ミル, J. S. (1971)『自由論』塩尻公明・木村健康訳、岩波書店〕

Mill, J. S. (1861) *Considerations on Representative Government* (in : Williams, G. ed. *Utilitarianism, On Liberty, Considerations on Representative Government, Remarks on Bentham's Philosophy*, Orion Publishing Group, 1999). 〔ミル, J. S. (1997)『代議制統治論』水田洋訳、岩波書店〕

Moruzzi, N. C. (1994) "A Problem with Headscarves : Contemporary Complexities of Political and Social Identity," in : *Political Theory*, vol. 22, no. 4.

Newman, A. (2005) "Education for Deliberative Character : The Problem of Persistent Disagreement and Religious Individuals," in : *Philosophy of Education 2005*.

Newman, A. (2009) "All Together Now?; Some Egalitarian Concerns about Deliberation and Education Policy-Making," in : *Theory and Research in Education*, vol. 7, no. 1.

Nussbaum, M. (1996) "Patriotism and Cosmopolitanism," in : Cohen, J. ed., *For Love of Country : Debating the Limits of Patriotism*, Beacon Press. 〔ヌスバウム, M. (2000)「愛国主義とコスモポリタニズム」ヌスバウム, M. 編著『国を愛するということ』辰巳伸知・能川元一訳、人文書院、所収〕

Pamental, M. (1998) "What is it to be a Deliberative Democrat?" in : *Philosophy of Education 1998*.

Parker, W. C. (2006 (2008)) "Public Discourses in Schools : Purpose, Problems, Possibilities," *Educational Researcher*, vol. 35, no.8 (Reprinted in : Arthur, J., and Davies, I., eds., *Citizenship Education, vol. 4 ; Action for Citizenship Education*, SAGE Publications, 2008).

Ravitch, D. (1990) "Multiculturalism : E Pluribus Plures," in : *The American Scholar*, vol.59, no.3.

Rawls, J. (1971) *A Theory of Justice*, Harvard University Press (revised edition : 1999). 〔ロールズ, J. (2010)『正義論 改訂版』川本隆史他訳、紀伊國屋書店〕

Rawls, J.（1993）*Political Liberalism*, Columbia University Press（pbk. edition : 1996）.

Raz, J.（1988）"Autonomy, Toleration, and the Harm Principle," in : Mendus, S. ed. *Justifying Toleration*, Cambridge University Press.〔ラズ, J.（1996）「自律・寛容・加害原理」ラズ『自由と権利』森際康友編訳、勁草書房、所収〕

Rebell, M. A.（2008）"Equal Opportunity and the Courts," in : *Phi Delta Kappan*, February 2008.

Reich, W.（2007）"Deliberative Democracy in the Classroom : A Sociological View," in : *Educational Theory*, vol. 57, issue 2.

Sandel, M. J.（1996）*Democracy's Discontents*, Harvard University Press.〔サンデル, M. J.（2010）『民主政の不満（上）／（下）』金原恭子・小林正弥訳、勁草書房〕

Sandel, M.J.（1998）*Liberalism and the Limits of Justice,* 2nd.ed. Cambridge University Press.〔サンデル, M. J.（1999）『自由主義と正義の限界〈第二版〉』菊池理夫訳、三嶺書房〕

Sanders, L.（1997）"Against Deliberation," in : *Political Theory*, vol. 25, no.3.

Satz, D.（2007）"Equality, Adequacy, and Education for Citizenship," in : *Ethics*, vol. 117.

Schlesinger, Jr., A. M.（1991）*The Disuniting of America : Reflections on a Multicultural Society*, Whittle Direct Books.

Scully, P. L., and McCoy, M. L.（2005）"Study Circles : Local Deliberation as the Cornerstone of Deliberative Democracy," in : Gastil, J. and Levine, P. eds. *The Deliberative Democracy Handbook : Strategies for Effective Civic Engagement in the 21st Century*, Jossey-Bass.〔スカリー, P. L.・マッコイ, M. L.（2013）「学習サークル」ギャスティル, J.・レヴィーン, P. 編『熟議民主主義ハンドブック』津富宏他監訳、現代人文社、所収〕

Sherry, S.（1995）"Responsible Republicanism : Educating for Citizenship," in : *The University of Chicago Law Review*, vol. 62, no.1.

Siegel, H. ed.（2009）*Oxford Handbook of Philosophy of Education*, Oxford University Press.

Smith, S.（1997）"Democracy, Plurality, and Education : Deliberating Practices of and for Civic Participation," in : *Philosophy of Education 1997*.

Smith, S.（2001）*The Democratic Potential of Charter School*, Peter Lang Publishing.

Spring, J.（1994）*Wheels in the Head : Educational Philosophies of Authority, Freedom, and Culture from Socrates to Paulo Freire*, McGraw-Hill.〔スプリン

グ，J.（1998）『頭のなかの歯車——権威・自由・文化の教育思想史』加賀裕郎・松浦良充訳、晃洋書房〕

Stout, M（2003）"Is Multicultural Theory Relevant to Education? : Response to essay by Anderson" in : *Philosophy of Education 2003*.

Strike, K.（1984）"Fiscal Justice and Judicial Sovereignty," in : *Educational Theory, vol. 34, no. 1*.

Swaine, L.（2009）"Deliberate and Free : Heteronomy in the Public Sphere," in : *Philosophy and Social Criticism, vol. 35, no. 1-2*.

Talisse, R.（2005）*Democracy After Liberalism : Pragmatism and Deliberative Politics*, Routledge.

Walzer, M.（2004）*Politics and Passion : Toward a More Egalitarian Liberalism*, Yale University Press.〔ウォルツァー，M.（2006）『政治と情念』齋藤純一他訳、風行社〕

Williams R. E. et al.（1996）"Brief for the Equal Employment Advisory Council as amicus curias in Taxman," No. 96.

Young, I. M.（1990）*Justice and the Politics of Difference*, Princeton University Press.

Young, I. M.（1995）"Polity and Group Difference : A Critique of the Ideal of Universal Citizenship," in : Beiner, R. ed., *Theorizing Citizenship*, State University of New York.

Young, I. M.（2000）*Inclusion and Democracy*, Oxford University Press.

Young, I. M.（2001）"Activist Challenges to Deliberative Democracy," in : *Political Theory, vol. 29, no. 5*.

● 邦文文献

朝倉輝一（2004）『討議倫理学の意義と可能性』法政大学出版局。

アメリカ自由人権協会（1990）『生徒の権利——学校生活の自由と権利のためのハンドブック』THE RIGHTS OF STUDENTS和訳会訳、教育資料出版会。

池田賢市（2001）『フランスの移民と学校教育』明石書店。

井上達夫（1999）『他者への自由』創文社。

井上達夫（2002）「他者に開かれた公共性」佐々木毅、金泰昌編『日本における公と私』岩波書店。

鵜浦裕（1998）『進化論を拒む人々——現代カリフォルニアの創造論運動』勁草書房。

ウィッティー，J.（2004）『教育改革の社会学——市場、公教育、シティズンシッ

プ』堀尾輝久、久冨善之監訳、東京大学出版会。

ウィリス, P.（1996）ハマータウンの野郎ども』熊沢誠、山田潤訳、筑摩書房。

岡野八代（2003）『シティズンシップの政治学』白澤社。

加賀裕郎（1995）「現代の民主主義と教育」杉浦宏編著『アメリカ教育哲学の動向』
　晃洋書房。

勝野正章（2001）「教師の教育権理論の課題──黒崎勲氏の公立学校選択論に対す
　る批判的検討を通して」日本教育法学会編『講座現代教育法2　子ども・学校
　と教育法』三省堂。

歓喜隆司（1988）『アメリカ社会科教育の成立・展開過程の研究──現代アメリカ
　公民教育の教科論的分析』風間書房。

桂木隆夫（1998）『新版・自由社会の法哲学』弘文堂。

唐木清志（2001）「アメリカにおける総合的学習の展開──「サービスラーニン
　グ」における「リフレクション」の意義」高山次嘉監修『共生と社会参加の
　教育──総合的学習と社会科・公民科授業の創造』清水書院。

唐木清志（2005）「学際的サービスラーニング・プログラムにおける社会科の役割
　── 'City Youth' の分析を通して」日本社会科教育学会『社会科教育研究』
　No. 94。

川本隆史（1997）『ロールズ──正義の原理』講談社。

キムリッカ, W.（2002）『現代政治理論』千葉眞・岡崎晴輝他訳、日本経済評論社。

清田夏代（2003）「学校選択制度と民主主義──抑制と均衡の原理に基づく学校選
　択についての一考察」日本教育制度学会『教育制度学研究』第 10 号。

黒崎勲（1989）『教育と不平等──現代アメリカ教育制度研究』新曜社。

黒崎勲（1994）『学校選択と学校参加』東京大学出版会。

黒崎勲（2000）『教育の政治経済学──市場原理と教育改革』東京都立大学出版会。

経済産業省（2006）「シティズンシップ教育と経済社会での人々の活躍についての
　研究会　報告書」。

小玉重夫（1999）『教育改革と公共性──ボウルズ＝ギンタスからハンナ・アレン
　トへ』東京大学出版会。

小玉重夫（2000）「公教育と市場──相互連関とその再編」『教育学研究』第67巻
　第3号。

小玉重夫（2003）『シティズンシップの教育思想』白澤社。

斎藤純一（2000）『公共性』岩波書店。

斎藤隆夫・大内裕和（2007）「熟議　教育・国家・格差」『現代思想』第35巻5号

篠原一（2004）『市民の政治学』岩波書店。

篠原一（2012）「若干の理論的考察」篠原一編『討議デモクラシーの挑戦──ミ
　ニ・パブリックスが拓く新しい政治』岩波書店。

鈴木宗徳（2012）「公共性と熟議民主主義を分離・再接続する――「ミニ・パブリックス」の可能性」舩橋晴俊、壽福眞美編著『規範理論の探究と公共圏の可能性』法政大学出版局。

白石裕（1996）『教育機会の平等と財政保障――アメリカ学校財政制度訴訟の動向と法理』多賀出版。

白石裕（2007）「アメリカ学校財政制度訴訟の新展開（1）――平等論から適切・妥当性論への志向」『早稲田大学大学院教育学研究科紀要』第17号。

椙山正弘（1997）『アメリカ教育の変動――アメリカにおける人間形成システム』福村出版。

武田康裕（2003）「アメリカ・ナショナリズムと九・一一の衝撃――国民統合と対外態度の変容」大津留（北川）智恵子・大芝亮編著『アメリカのナショナリズムと市民像――グローバル時代の視点から』ミネルヴァ書房。

高橋哲（2005）「教育の公共性と国家関与をめぐる争点と課題」『教育学研究』第72巻第2号。

田中千賀子（1996）「多文化教育実践の分類と教育効果に関する一考察――事例研究の分析を通して」アメリカ教育史研究会研究成果報告書『アメリカ多文化主義における国民統合と教育に関する史的研究』。

田中宏明・竹野茂他（2006）「シティズンシップ教育とサービス・ラーニング――『ブッシュの新しい愛国主義』批判とコスモポリタニズム」『宮崎公立大学人文学部紀要』第13巻、第1号。

田畑真一（2011）「熟議デモクラシーにおけるミニ・パブリックスの位置づけ――インフォーマルな次元での熟議の制度化」須賀晃一、齋藤純一編『政治経済学の規範理論』勁草書房。

田原宏人（2001）「その後の教育機会均等論争（1）」『札幌大学総合論叢』第11号。

田村哲樹（2008）『熟議の理由――民主主義の政治理論』勁草書房。

ダール，R. A.（2001）『デモクラシーとは何か』中村孝文訳、岩波書店。

辻内鏡人（1994）「多文化主義の思想的文脈――現代アメリカの政治文化」『思想』1994年9月号。

辻内鏡人（1999）「多文化パラダイムの展望」油井大三郎、遠藤泰生編『多文化主義のアメリカ――揺らぐナショナル・アイデンティティ』東京大学出版会。

辻内鏡人（2001）『現代アメリカの政治文化――多文化主義とポストコロニアリズムの交錯』ミネルヴァ書房。

坪井由実（1996）「現代アメリカ大都市学区における多文化教育政策の展開」アメリカ教育史研究会研究成果報告書『アメリカ多文化主義における国民統合と教育に関する史的研究』。

デュルケム，E.（1982）『教育と社会学』佐々木交賢訳、誠信書房。

中岡成文（1996）『ハーバーマス──コミュニケーション行為』講談社。

中條献（1996）「アメリカ史研究と多文化主義──『アメリカ史研究の統合』をめ
　　ぐる議論を中心に」アメリカ教育史研究会研究成果報告書『アメリカ多文化主
　　義における国民統合と教育に関する史的研究』。

中村（笹本）雅子（1991）「現代アメリカ文化とマイノリティーの教育──『文化
　　剥奪』から文化民主主義へ」『アメリカ研究』第25号。

ハーヴェイ, D.（2007）『新自由主義──その歴史的展開と現在』渡辺治監訳、作
　　品社。

旗手俊彦（1999）「法の帝国と参加民主主義── from Liberal Legalism to Deliber-
　　ative Democracy as Postliberalism」井上達夫他編『法の臨界 I　法的思考の
　　再定位』東京大学出版会。

旗手俊彦（2001）「市民的リベラリズムと現代日本の市民教育」今井弘道編『新・
　　市民社会論』風行社。

ハーバーマス, J.（1994）『公共性の構造転換──第二版』細谷貞雄・山田正行訳、
　　未来社。

林瑞枝（2001）「イスラム・スカーフ事件と非宗教性──問われる共和国的統合」
　　三浦信孝編『普遍性か、差異か──共和主義の臨界、フランス』藤原書店。

バンクス, J. A.（1999）『入門　多文化教育──新しい時代の学校づくり』平沢安
　　政訳、明石書店。

バンクス, J. A.他（2006）『民主主義と多文化教育──グローバル化時代における
　　市民性教育のための原則と概念』平沢安政訳、明石書店。

平井亮輔（1999）「妥協としての法──対話的理性の再編にむけて」井上達夫他編
　　『法の臨界 I　法的思考の再定位』東京大学出版会。

廣松渉他編（1998）『岩波　哲学・思想事典』岩波書店。

ヒーター, D.（2002）『市民権とは何か』田中俊郎・関根政美訳、岩波書店。

福島賢二（2009）「「参加民主主義」による教育機会の平等論の構築── I. M.
　　ヤングとK. ハウの「正義」・「平等」概念を中心にして」『日本教育行政学会
　　年報』第35号。

ブルデュー, P・パスロン, J.（1991）『再生産──教育・社会・文化』宮島喬訳、藤
　　原書店。

ボウルズ, S.・ギンタス, H.（1986／1987）『アメリカ資本主義と学校教育1／2』宇
　　沢弘文訳、岩波書店。

堀尾輝久（1957）「大衆国家と教育（一）──天皇制下における〈大衆〉化問題の
　　特殊性を中心として」日本教育社会学会『教育社会学研究』第12集。

松下丈宏（2004）「宗教的多元社会アメリカ合衆国における公教育の正統性問題に
　　関する一考察──「市民的寛容」の強制を巡って」日本教育学会『教育学研究』

第 71 巻第 1 号。

宮崎猛（1998）「アメリカにおける『サービスラーニング』の動向と意義」日本社会科教育学会『社会科教育研究』No. 80。

宮寺晃夫（1997）『現代イギリス教育哲学の展開——多元的社会への教育』勁草書房。

宮寺晃夫（2000）『リベラリズムの教育哲学——多様性と選択』勁草書房。

宮寺晃夫（2004）「「規制緩和」後の国家／市場と教育——配分主体の特定化をめぐって」『教育学研究』第 71 巻第 2 号。

ムフ, Ch.（2006）『民主主義の逆説』葛西弘隆訳、以文社。

メンダス, S.（1997）『寛容と自由主義の限界』谷本光男他訳、ナカニシヤ出版。

森茂岳雄（1996）「ニューヨーク州の社会科カリキュラム改訂をめぐる多文化主義論争—— A. シュレジンガー, Jr. の批判意見の検討を中心に」アメリカ教育史研究会研究成果報告書『アメリカ多文化主義における国民統合と教育に関する史的研究』。

森茂岳雄（2004）「多文化主義をめぐる議論」小田隆裕、柏木博他編『事典現代のアメリカ』大修館書店。

森分孝治（1994）『アメリカ社会科教育成立史研究』風間書房。

山田陽（2012）「熟議民主主義と政治的平等」宇野重規、井上彰、山崎望編『実践する政治哲学』ナカニシヤ出版。

ローティ, R.（2000）『偶然性・アイロニー・連帯』斎藤純一他訳、岩波書店。

ロールズ, J.（2004）『公正としての正義・再説』エリン・ケリー編、田中成明他訳、岩波書店。

渡辺幹夫（2000）『ロールズ正義論の行方——その全体系の批判的考察〈増補新装版〉』春秋社。

人名索引

【ア行】

アサンテ（M. Asante）　114-5, 123

アッカーマン（B. Ackerman）　183

アレント（H. Arendt）　18

アンダーソン，エリザベス（E. Anderson）　196, 201-2, 209

アンダーソン，ヘイズ（H. Anderson）　13, 20

池田賢市　145

ウィッティー（G. Whitty）　178

ウィリアムズ（B. Williams）　37

ウェイド（R. C. Wade）　180

ウォルツァー（M. Walzer）　37, 252

エドワーズ（A. M. Edwards）　14-5

エンスリン（P. Enslin）　8, 196

岡野八代　248

【カ行】

加賀裕郎　15

ガットマン（A. Gutmann）　ii，3，8-22, 30-1, 33, 35-7, 41-7, 49-51, 53-5, 57-85, 87-108, 111, 113, 117-22, 124, 127-36, 138-44, 147-75, 177, 183, 188, 190-1, 193, 195-6, 198-201, 209, 213-9, 221, 227-37, 240-7, 249-54

勝野正章　17

唐木清志　180

ガレオッティ（A. E. Galeotti）　146-7, 151

カレン（R. Curren）　6, 11-2, 19, 240

歡喜隆司　111

カント（I. Kant）　7, 36, 78

ギンタス（H. Gintis）　18, 178, 243, 247

キムリッカ（W. Kymlicka）　116, 122, 180-2, 245

黒崎勲　17, 33-4, 251

コーエン（J. Cohen）　183

小玉重夫　18-9, 178, 248, 252

コノヴァー（P. Conover）　225

ゴールストン（W. A. Galston）　18, 84, 121, 128, 130, 132-8, 189-91, 230-1, 250

【サ行】

サッツ（D. Satz）　196, 199-201, 209-10, 233

サンダース（L. Sanders）　220

サンデル（M. J. Sandel）　73, 183-4, 252

シアリング（D. Searing）　225

ジェフリーズ（L. Jeffries）　114

シーゲル（H. Siegel）　239

シェリィ（S. Sherry）　117

シュレジンガー Jr.（A. M. Schlesinger, Jr.）　114, 246-7

ジル（S. G. Gilles）　16, 116, 121

スウィフト（A. Swift）　210, 236

スウェイン（L. Swaine）　219-20, 254

スカリー（P. L. Scully）　207

ストライク（K. Strike）　5, 198

スプリング（J. Spring）　14-5, 245

スミス（S. Smith） 11-2, 19
清田夏代 17

【タ行】

田原宏人 253
田村哲樹 196
チャブ（J. E. Chubb） 163, 247, 251
辻内鏡人 181-2, 247
デューイ（J. Dewey） 14-6, 33, 76, 243
ドゥオーキン, ロナルド（R. Dworkin） i,
　246, 251
ドゥオーキン, ジェラルド（G. Dworkin）
　250
ドゥワイヤー（J. G. Dwyer） 248
ドライゼック（J. S. Dryzek） 182
トンプソン（D. Thompson） 9-10, 90,
　183, 188, 213, 218, 221, 240, 245, 252,
　254

【ナ行】

中條献 247
中村（笹本）雅子 246
ニューマン（A. Newman） 13, 20, 218-9,
　223-4
ヌスバウム（M. Nussbaum） 120

【ハ行】

パーカー（W. Parker） 206-7
旗手俊彦 239, 246-7
バード（C. Bird） 217-8
バーバー（B. Barber） 183
ハーバーマス（J. Habermas） 104-5,
　139-40
バービュラス（N. Burbules） 5-6, 197,
　253
パメンタル（M. Pamental） 12-3, 19, 240
バンクス（J. A. Banks） 197, 203-4, 209,

247
平井亮輔 243
ファン（A. Fung） 223-4, 254-5
フィシュキン（J. Fishkin） 212
フィッシュ（S. Fish） 216-8
ブリッグハウス（H. Brighouse） 210,
　236-8
ヘイドン（G. Haydon） 16
ベンサム（J. Bentham） 36, 42, 45
ベンハビブ（S. Benhabib） 12, 183
ボクシィル（B. Boxill） 158-9, 251
ベン・ポラス（S. Ben-Porath） 13, 20
ボウルズ（S. Bowles） 18, 178, 243, 247
ホッブス（T. Hobbes） 38
ホワイト, ジョン（J. White） 16
ホワイト, パトリシア（P. Whitte） 8,
　16-7, 196

【マ行】

マセード（S. Macedo） 18, 119, 128,
　130-5, 185, 187-9, 191, 231, 233, 248,
　252
マコイ（M. L. McCoy） 207
マゴーフ（S. M. McGough） 4-5, 197
マッキンタイア（A. MacIntyre） 34-5,
　73
松下丈宏 17-8, 129, 248
宮寺晃夫 i, 16-7, 19, 178, 242-3
ミル, ジェームス（J. Mill） 36, 45
ミル, ジョン・スチュアート（J. S. Mill）
　37, 42, 45, 53, 55, 87, 102
ムフ（Ch. Mouffe） 254
メンダス（S. Mendus） 102-3
モー（T. M. Moe） 163, 247, 251
森分孝治 111-2

【ヤ行】

ヤング（I. M. Young） 183, 192, 221-2

【ラ行】

ラヴィッチ（D. Ravitch） 114-5, 124, 246
ラズ（J. Raz） 102
レヴィンソン（M. Levinson） 119, 197,

204-6, 209-10, 249-50
ロック（J. Locke） 36, 55, 102
ロールズ（J. Rawls） 18, 24-5, 30, 33-5,
37-45, 47, 49, 51, 53, 60, 63-4, 76, 82,
87, 98, 108, 116, 129, 183-6, 190, 227,
239, 241, 246, 248, 252

事項索引

【ア行】

アイデンティティ集団（identity group）
166-70

アイデンティティ・ポリティクス　22, 29,
141, 165, 168, 177, 231, 235

アファーマティヴ・アクション　5, 27, 152-
60, 175, 232, 251, 253

意識的社会再生産　9, 20-1, 31, 53, 55,
58-60, 62, 73, 79-80, 83-4, 87, 92, 94-5,
109, 117, 119, 141, 227-9, 242

一方向の保護（one-way protection）
171-2

ヴァウチャー・プラン　77, 161-3, 242,
251

ウェーバー判決　157

受け入れ・調整の諸原理（principles of ac-
commodation）90, 135

オールド・オーダー・アーミッシュ　65,
249

【カ行】

格差原理　34, 40, 60, 198

家族国家論（the theory of the family
state）55, 57, 228

寛容（toleration）13, 18, 84, 89-91, 95,
102-3, 119-20, 132-5, 146, 148-9, 151,
164, 170-1, 179, 184, 187, 190-1, 200,
205, 215, 225, 230, 235, 241, 248, 250,
252

機能的無教養者（functional illiterate）　94

規範的教育哲学　i, 16, 19

基本的機会（basic opportunity）　5, 101,
167, 230

基本的自由（basic liberty）　41, 101, 148,
230

教育

　＿＿＿＿の公共性論　18

　＿＿＿＿の充分性（adequacy）論　196,
199, 201, 208, 233

　自由のための　＿＿＿＿（education for
freedom）70-1

　コスモポリタニズムの＿＿＿＿　120

教育機会の平等　3-5, 11, 49, 81-2, 195-9,
201-3, 208-9, 233, 238, 253

教育権限　10, 15, 21, 54, 56, 60, 63, 66, 83,
87-8, 92, 127-30, 132-3, 138, 228-9,
231, 249

　国家の＿＿＿＿　21, 63, 132, 231

　親の＿＿＿＿　88, 128-30, 132-3, 229, 231

グラッツ判決　160

ケイヨン事件　244

厳格な分離（strict separation）171-2

原初状態（the original position）34, 39,
41, 64

権利　ii, 3, 23, 29, 40-1, 45-6, 48-9, 56-7,
60, 63-4, 66-74, 78-9, 83, 88, 99-100,
108, 118, 120, 127-33, 136-7, 141, 144,
146, 149, 154, 157, 163, 165, 169-70,
181-2, 184, 191-2, 195, 197, 217, 222,
228-9, 236-7, 245-6, 248-50

公開性（publicity）101, 213

公共的自我　18, 129, 248

公正な機会（fair opportunity）40, 102, 167, 230

功利主義（utilitarianism）23, 36-42, 69-70

公共的理性（public reason）12-3, 20, 183, 214, 252

構造的不平等　221-2, 224

合理的選択　38, 56-7, 65, 67-8, 70, 72, 85, 229

互恵性（reciprocity）91, 101-2, 104, 107-8, 118, 120, 130, 133-4, 136-7, 171, 174, 186-7, 207, 213-6, 218, 223, 230, 234, 245

コミュニタリアニズム（communitarianism）23, 34-5, 73-4, 112, 116, 179, 241, 247

コミュニティ・コントロール　33, 47-9

【サ行】

最大化（maximization）12, 38, 56-7, 70-2, 81, 172, 214, 241

サービス・ラーニング（service learning）180, 193

参加民主主義（participatory democracy）3, 5, 9, 15, 19, 21-2, 30-1, 51, 83, 87, 220, 227, 229, 234, 236, 253

暫定協定（modus vivendi）214

シヴィック・リベラリズム　119, 132

自己発達（self-development）42-3, 45, 48-9, 63, 72

事実上の分離学校（de facto segregated schools）205

自尊感情（self-respect）43-4

シティズンシップ　i-iii, 8, 12, 26, 68, 111-3, 115-7, 119-20, 122-3, 125, 131, 146, 180-4, 189-90, 192-3, 196, 199-200, 202, 209-10, 230, 232, 245-6, 248, 252

差異化された_____（differentiated citizenship）論　192-3

シティズンシップ教育　i-iii, 8, 15, 142, 195-7, 199, 201, 203-4, 206, 208, 210, 233, 235, 248, 253

市民教育センター（the Center for Civic Education）179

自民族中心主義（ethnocentrism）106, 114

市民的平等（civic equality）166-70, 210

自律性（autonomy）13-4, 23, 54, 66, 76, 82, 102, 119, 133-6, 189, 202, 213, 218-20, 223, 231, 234, 236-7, 249-50

宗教的寛容（religious toleration）90, 134-5, 146, 148

熟議型世論調査（deliberative polling）212

熟議的転回（deliberative turn）（民主主義理論の）142, 179, 182-3, 190, 192, 195, 232

熟議民主主義（deliberative democracy）3, 9-13, 19-22, 27-30, 62, 78, 83, 87-9, 96-7, 99-101, 104, 108, 111, 135, 137-9, 141-4, 165, 168, 174-5, 177, 179-80, 188, 190, 192-3, 195-7, 199, 206, 208-225, 227, 229-36, 239-40, 243, 252, 254-5

_____の六つの原理　101

集団代表制　221-3, 234

諸家族の国家論（the theory of the state of families）55, 57, 228

諸個人の国家論（the theory of the state of individuals）55, 57, 228

思慮分別（prudence）214-5

スタディー・サークル（study circle）207-8

正義の参加に関する側面（the participatory face of justice）44

正義の二原理　34, 37, 39-41, 45, 241

正義の分配的側面（the distributive face of

justice) 44

『正義論』 34, 37-8, 41, 98, 116, 241

政治参加 (political participation) 31, 37, 42-8, 50-1, 53, 78-9, 83, 93, 108, 183-5, 201, 227, 232, 235

政治的活動主義 (political activist) 224

政治的社会化 (political socialization) 61, 80, 229

『政治的リベラリズム』 183, 241

説明責任 (accountability) 101, 213, 221, 230

選好的雇用 (preferential hiring) 153-6

相互尊重 13, 46, 83-4, 90-1, 95, 97, 102-3, 106-8, 111, 118, 120-1, 133-4, 139, 141, 148, 164, 184, 190, 200, 205, 213, 215-8, 220, 223, 225, 229-30, 234, 253

【タ行】

『代議制統治論』(Considerations on Representative Government) 42

多文化教育 113, 197, 203-6, 209, 246, 253

多文化主義 i, 7, 13, 25-6, 30, 106, 112, 114, 123, 143, 152, 177, 181-2, 192, 197, 209, 230-1, 241, 247

タックスマン判決 153-4, 157, 160, 251

チャドル事件（スカーフ事件） 144, 146-7, 149-51, 175, 232, 254

手続き的民主主義 (procedural democracy) 99-102, 229

道徳教育 23, 74-7, 141, 160-1, 248

道理性 (reasonableness) 186-7

【ナ行】

二方向の保護 (two-way protection) 28, 171-3

ニューヨーク州社会科カリキュラム改訂 112

能力主義 (meritocracy) 81-3

【ハ行】

パターナリズム 22, 63-5, 68, 85, 242

バッキ判決 157

パトリオティズム (Patriotism) 117, 120, 247

ピコ事件 244

非差別の原理 14, 59, 62, 73, 77, 92-4, 154

ピスカタウェイ郡教育委員会 152

批判的思考 (critical thinking)（の教授） 93, 117, 131-4, 136, 180, 187, 216, 219, 249

平等化 (equalization) 5, 33, 45, 47, 61, 81-2, 146, 197, 241, 243, 253

平等主義 i-ii, 4, 8-9, 20-1, 35-44, 50, 53-54, 60-63, 78, 82-83, 87, 98, 104-5, 165-166, 198-199, 205, 227-228, 230, 234-235, 241, 247

平等なる自由 (equal freedom) 70, 167-70

平等なる尊厳 (equal-dignity) 46, 48-50

非抑圧の原理 14, 59, 92, 94--5, 118, 154

普遍化原則 104-5, 139

不偏性 (impartiality) 214-5

ブラウン訴訟 (Brown v. Board of Education of Topeka) 判決 3-4, 197

分析的教育哲学 i, 16

補償教育 (compensatory education) 18, 34

保守主義 (conservatism) 58, 66, 69-72, 177, 179, 192, 252

【マ行】

ミニ・パブリックス 212, 254

『民主主義的教育』 9, 11-2, 14-5, 20-2, 31, 50, 53-5, 60-3, 72-3, 75, 78, 81, 84, 87, 92, 101, 161, 198, 228, 241-3

民主主義的教育 (democratic education)

3, 8-9, 11, 13, 15, 17, 19-22, 24-6, 29-31, 54-5, 57, 59-62, 75, 78-81, 83-5, 88-9, 91, 93-4, 97, 101, 105-7, 113, 117-20, 122-3, 125, 143, 150, 152, 160, 162, 166, 175, 195, 227-31, 234-6, 243

民主主義的基準点（democratic threshold） 11, 197

民主主義的権限原理（the democratic authorization principle） 83, 198

民主主義的正義（democratic justice） 167-8, 173-4, 232

『民主主義におけるアイデンティティ』 9-10, 21, 26, 141, 165, 168, 174, 232

プエブロインディアン（the Pueblo） 169

『民主主義と意見の不一致』 9-12, 21, 24, 87-8, 97, 101, 105, 107, 141, 143, 165, 174, 213, 217, 229, 245, 251

民主的平等（E. アンダーソンによる） 196, 201-2, 204, 209

モザート裁判 18, 85, 128-33, 138, 144, 231, 249

【ヤ行】

ヨーダー裁判（アーミッシュ裁判） 18, 66, 128-9, 131, 144, 229, 249-50

予防的除外の諸原理（principles of preclusion） 90, 220, 254

【ラ行】

ライシテ 144, 146-7, 151

立憲民主主義（constitutional democracy） 29, 96, 99-102, 215, 229

リバタリアニズム（Libertarianism） 112, 116-7, 122, 246

リベラリズム－コミュニタリアニズム論争 35, 73

リベラルな社会に特有の徳 189

『リベラルな平等論』 9-10, 21-2, 31, 33, 35-7, 50-1, 53-4, 61, 63, 72, 82, 87, 108, 227-30, 251

ロドリゲス判決 4, 198-9, 253

あとがき

　2015年6月、公職選挙法等の一部を改正する法律が成立し、選挙権年齢が満18歳へと引き下げられた。選挙権年齢の引き下げ後初めて実施された2016年7月の参議院議員選挙では、18歳の投票率が51.28%、19歳の投票率が、42.30%、18・19歳の投票率は46.78%という結果であった［2016年9月9日、総務省による全数調査の発表］。全体の投票率54.70%に比して低い投票率であり、若者の政治離れが是正される結果とはならなかったが、選挙権年齢の引き下げは、わが国の民主主義のあり方や主権者教育のあり方を考える機会を社会に提供することとなった。参加民主主義、熟議民主主義、シティズンシップ、社会的平等をめぐる教育哲学研究としての本書が、こうした時代状況の中で広く検討されることを期待したい。と同時に、現代教育の動向を政治哲学の議論を援用しながら分析し、そのあるべき姿を描き出そうとする本書の研究が、わが国の教育哲学において市民権を得ていくことを期待したい。

*

　本書は、博士学位請求論文「エイミー・ガットマン教育理論における民主主義概念の展開——現代アメリカ教育哲学における平等論の変容との関連において」（2014年10月、東京大学に提出、2015年3月、博士（教育学）の学位取得）を加筆・修正したものである。平成28年度科学研究費助成事業（科学研究費補助金）（研究成果公開促進費）の助成（課題番号：16HP5206）を受け出版のはこびとなった。

　本書のもとになった博士学位請求論文は、2002年以降に発表した以下の

諸論文を中心に構成されている。発表年順にその一覧を示す。

(1)「政治的参加と教育——J. Rawls の『分配的正義』論に対する Amy Gutmann の批判を中心に」（筑波大学大学院教育学研究科『教育学研究集録』第26集、2002年、13〜23頁）

(2)「教育による公共性の創出——Amy Gutmann の『意識的社会再生産』概念を中心に」（教育思想史学会『近代教育フォーラム』第11号、2002年、189〜203頁）

(3)「現代アメリカ教育理論における Civic Education ——多文化社会のシティズンシップと民主主義との関連に注目して」（筑波大学『教育学系論集』第27巻、2003年、77〜89頁）

(4)「教育に対する国家関与と親の教育権限——エイミー・ガットマンの『討議的民主主義』理論の視点から」（教育哲学会『教育哲学研究』第90号、2004年、104〜115頁）

(5)「教育における国家的統合と価値としての政治的平等——1990年代リベラル派の市民教育理論に焦点を当てて」（日本教育学会『教育学研究』第74巻第3号、2007年、77〜89頁）

(6)「価値多元化社会における政治的教育哲学——エイミー・ガットマンの思想的変遷から見えるもの」（教育哲学会『教育哲学研究』第96号、2007年、178〜183頁）

(7)「現代アメリカ合衆国のシティズンシップ教育理論と討議的民主主義——教育目的としての批判的思考の育成をめぐって」（教育哲学会『教育哲学研究』第97号、2008年、176〜181頁）

(8)「公教育の「正当性」論のための基礎研究——現代リベラリズムの視点から」（教育哲学会『教育哲学研究』第103号、2011年、130〜135頁）

(9)「「熟議民主主義」は何をもたらすか——多様性と統合の綱引き」（宮寺晃夫編著『再検討 教育機会の平等』岩波書店、2011年、221〜243頁）

(10)「熟議民主主義の規範性と実現可能性——市民教育理論の文脈から排除問題を再考する」（広田照幸・宮寺晃夫編著『教育システムと社会——その理論的検討』世織書房、2014年、341〜358頁）

あとがき　285

*

　本書を刊行するまでに、多くの方々のご指導とお力添えをいただいた。まずは、博士学位請求論文の審査の労をとっていただいた、審査委員主査の小玉重夫先生（東京大学教授）、審査委員の大桃敏行先生（東京大学教授）、勝野正章先生（東京大学教授）、川本隆史先生（国際基督教大学教授）、片山勝茂先生（東京大学教授）に感謝を申し上げたい。現代の日本のシティズンシップ教育研究の第一人者である小玉先生には草稿段階でガットマンの思想の展開の大枠に関わる重要な指摘をいただき、まとまりある論文の完成へと導いていただいた。片山先生には、細かな修正意見、指導をいただき、現代英米圏の社会哲学の理解の不十分さを正せたとともに、非常に多くの訳語の不備を修正することができた。日本におけるロールズ研究の第一人者である川本先生から、主としてロールズ思想の解釈に対する指導を受けられたことも、ガットマンの教育理論の理解の不十分さを補っていただいた。卒業生、修了生ではない外部者の論文に対し、教育学分野の第一級の諸先生方が多くの時間を割いて審査していただいたことは、研究者としてこの上ない喜びであった。

　また、学会活動、特に教育哲学会、教育思想史学会での諸先生方との交流からも多くの刺激をいただいた。なかでも、原聡介先生（東京学芸大学名誉教授）、森田尚人先生（元中央大学教授）、松浦良充先生（慶應義塾大学教授）、には、院生時代からこれまで、多くの励ましをいただいたと感じている。原先生は常に近代教育問題の超克、すなわち教育における〈自由〉と〈平等〉の価値対立の超克を課題として意識し研究すべきだと示されていた。〈自由〉と〈平等〉はいかに両立可能か。本書での研究の根幹にある大きな課題である。本書がこの課題に対しどれだけのことを示せているか。それを自己認識するまでには、これまで以上に学会での知的交流が必要だと感じている。

　教育社会学者の広田照幸先生（日本大学教授）に対しても感謝申し上げたい。共同研究の連携協力者として声をかけていただき、教育哲学研究者として教育社会学研究者と知的交流の機会を得られたことは、研究の深化につながった。教育社会学研究者の熱のある議論に圧倒されながら、その中で自らの研究・主張をなんとか理解してもらおうとした経験は、厳しい経験でもあったが、研究者として成長を促してもらえた。社会学者の稲葉振一郎先生（明

治学院大学教授）から30代の研究者のあり方を直接教示いただく機会に恵まれたのも、広田先生の声かけがなければかなわなかったことである。

　そして、学部生時代からいままで多くのご指導をいただいている宮寺晃夫先生（筑波大学名誉教授）、新井保幸先生（淑徳大学教授）には格別なお礼を申し上げたい。新井先生には、教育哲学の扉をはじめに示していただいた。学部時代の先生の授業「教育哲学」で、物事を探究するとはいかなることか、高等教育での学びのいろはを初めて学んだと思っている。教育哲学への扉を開いていただいたのは宮寺先生である。学部時代の先生の授業「現代教育論演習」で、読み、書き、議論しながら、現代教育事象を探究する経験を得たことが、現在の研究の基盤となっている。卒業論文指導、修士論文、博士論文指導等、マンツーマンで読み合わせさせていただいた丁寧かつ時間をかけたご指導は、いま思い返しても感謝の言葉しかなく、他者にわかる表現で質の高い内容の論文を常に意識する研究姿勢へとつながっている。

　本書のサブタイトルは、宮寺先生の第一著書『現代イギリス教育哲学の展開──多元的社会への教育』を意識している。専門的な研究を専門外の人にもわかりやすいと感じられるよう努力したつもりであるが、少しでもこの著作に近づいていればと願うばかりである。

　出版にあたっては、世織書房の伊藤晶宣氏の目にとめていただき、非常に有益なコメントをいただきながら、読み物としての研究書の質を高めることができた。また、門松貴子氏には出版に関わる多くの尽力をいただいた。深く感謝申し上げたい。

　このほか、本務校である鎌倉女子大学の諸先生方、学会活動で知的交流を行った方々、大学院時代の同僚、これまで私的に支えてもらった妻かおり、成長のすごさを日々感じさせてくれるわが子、遥香、敬大、雄大、にも感謝したい。

　研究を本書としてまとめ上げるまでに長い時間をかけてしまった。本書を父に直接渡すことはできないことが悔やまれるが、母とともに支え続けてくれた父にこの書を送りたい。

著者

〈著者プロフィール〉

平井悠介（ひらい・ゆうすけ）

1978年生まれ。筑波大学大学院博士課程人間総合科学研究科教育学専攻単位取得退学。鎌倉女子大学児童学部講師を経て、現在、准教授。専門は教育哲学。博士（教育学）。

主な著書に『教育システムと社会——その理論的検討』（広田照幸・宮寺晃夫編著、分担著、世織書房、2014年）、『再検討　教育機会の平等』（宮寺晃夫編著、分担著、岩波書店、2011年）、主な論文に「道徳教育とシティズシップ教育の接合の可能性と課題」（『児童研究』第94号、2015年）、「教育における国家的統合と価値としての政治的平等——1990年代アメリカのリベラル派の市民教育理論に焦点を当てて」（『教育学研究』第74巻第4号、2007年）、「教育に対する国家関与と親の教育権限——エイミー・ガットマンの「討議的民主主義」理論の視点から」（『教育哲学研究』第90号、2004年）などがある。

エイミー・ガットマンの教育理論
——現代アメリカ教育哲学における平等論の変容

2017年2月27日　第1刷発行 ©

著　者	平井悠介
装幀者	M. 冠着
発行者	伊藤晶宣
発行所	（株）世織書房
印刷・製本所	（株）ダイトー

〒220-0042　神奈川県横浜市西区戸部町7丁目240番地　文教堂ビル
電話 045-317-3176　振替 00250-2-18694

落丁本・乱丁本はお取替えいたします　Printed in Japan
ISBN978-4-902163-92-6

教育システムと社会 ● その理論的検討

広田照幸・宮寺晃夫＝編

3600円

【第2版】右派の／正しい教育 ● 市場、水準、神、そして不平等

マイケル・アップル／大田直子＝訳

4600円

人間学

栗原彬＝編

2400円

意味が躍動する生とは何か ● 遊ぶ子どもの人間学

矢野智司

1500円

共生社会への教育学 ● 自律・異文化葛藤・共生

岡田敬司

2400円

〈価格は税別〉

世織書房